张龙 著

高校劳动教育的
课程建设、体系构建与创新发展

化学工业出版社
·北京·

内容简介

本书以劳动教育相关理论为切入点，重点探讨了新时代高校劳动价值观理论、劳动教育的工作职责和实施手段、基础劳动教育课的落实和实施、基于“工匠精神”的劳动实践观和价值观建立等相关内容。内容包括：教育及其发展规律、高校教育管理的理论与改革、教育过程理论与劳动教育发展逻辑、高校劳动教育组织与课程建设、高校劳动教育现状与体系构建、高校劳动教育的实效性及其开展对策、多维度的高校劳动教育创新及实践路径研究。

本书可供高校学生工作者、高校思想政治教育研究人员学习参考。

图书在版编目（CIP）数据

高校劳动教育的课程建设、体系构建与创新发展/张龙著. —北京：化学工业出版社，2021.4

ISBN 978-7-122-38986-2

Ⅰ.①高… Ⅱ.①张… Ⅲ.①大学生-劳动教育-研究-中国 Ⅳ.①G40-015

中国版本图书馆CIP数据核字（2021）第072518号

责任编辑：王 烨 陈 喆　　文字编辑：李 曦

责任校对：宋 夏　　装帧设计：刘丽华

出版发行：化学工业出版社（北京市东城区青年湖南街13号 邮政编码100011）

印　　装：北京建宏印刷有限公司

710mm×1000mm 1/16 印张$14\frac{3}{4}$ 字数255千字 2021年12月北京第1版第1次印刷

购书咨询：010-64518888　　售后服务：010-64518899

网　　址：http://www.cip.com.cn

凡购买本书，如有缺损质量问题，本社销售中心负责调换。

定　　价：98.00元

前言

人的全面发展是一切教育活动的主旨，劳动是实现人的全面发展的必由之路。劳动教育是高校深化教育改革、落实素质教育一个重要的切入点，高校开展劳动教育意义重大。准确把握劳动教育的内涵和本质，把握时代的发展规律，把劳动教育融入高校教育教学全过程、全方位、各环节，有助于促进高校育人理论和实践的进一步发展和完善，有助于提升高校学生的劳动素养，从而真正实现人的全面发展。深入探讨高校劳动教育的课程建设、体系构建与创新发展，可以促进对高校劳动教育工作的正确方向及创新路径的准确把握，对高校劳动教育工作有深远的意义。

鉴于此，笔者撰写了《高校劳动教育的课程建设、体系构建与创新发展》一书，本书以教育与高校教育管理为切入点，先对高校劳动教育的发展、组织、课程、体系等方面做了全面的介绍，接着深入探讨高校劳动教育的实效性以及多维度创新实践路径，达到理论与实践相结合，有助于读者对高校劳动教育有全面的认识。

本书在内容编排上共设七章：第一章作为本书论述的基础和前提，主要阐释教育与社会及人的发展、教育的本质及其基本规律；第二章是高校教育管理及其理论阐释、高校教育管理的改革与创新；第三章探讨教育过程理论与劳动教育发展逻辑；第四章分析高校劳动教育组织机构及其职责、高校劳动教育的理论与实践课程、高校劳动教育的课程建设；第五章论述高校劳动教育存在的问题及成因分析、高校劳动教育完善策略、高校劳动教育体系及其构建；第六章对高校劳动教育的实效性及其开展对策进行解读；第七章突出创新实践性，研究了高校劳动教育实践路径创新研究、基于创新创业教育的高校劳动教育创新研究、基于供给侧思维的高校劳动教育推进路径研究、基于立德树人的高校劳动教育创新路径研究。全书内容翔实、丰富，具有较强的理论性、实践性、实用性。

笔者在撰写本书的过程中，得到了许多专家学者的帮助和指导，在此表示诚挚的谢意。由于笔者水平有限，加之时间仓促，书中所涉及的内容难免有疏漏之处，希望各位读者多提宝贵意见，以便笔者进一步修改，使之更加完善。

著者

2021年2月

目录

第一章　教育及其发展规律……1

第一节　教育与社会及人的发展……2

第二节　教育的本质及其基本规律……48

第二章　高校教育管理的理论与改革……73

第一节　高校教育管理及其理论阐释……74

第二节　高校教育管理的改革与创新……86

第三章　教育过程理论与劳动教育发展逻辑……100

第一节　教育过程理论解读……101

第二节　劳动与高校教育方针概述……139

第三节　高校劳动教育的时代背景与价值……140

第四节　劳动教育再发展的逻辑思路……147

第四章 高校劳动教育组织与课程建设 …… 151

第一节 高校劳动教育组织机构及其职责 …… 152
第二节 高校劳动教育的理论与实践课程 …… 157
第三节 高校劳动教育的课程建设 …… 161

第五章 高校劳动教育现状与体系构建 …… 167

第一节 高校劳动教育存在的问题及成因分析 …… 168
第二节 高校劳动教育完善策略 …… 172
第三节 高校劳动教育体系及其构建 …… 179

第六章 高校劳动教育的实效性及其开展对策 …… 183

第一节 高校劳动教育的内容与特性表现 …… 184
第二节 高校劳动教育的实效性探析 …… 193
第三节 高校劳动教育实效性开展对策 …… 195

第七章　多维度的高校劳动教育创新及实践路径研究……203

第一节　高校劳动教育实践路径创新研究……204
第二节　基于创新创业教育的高校劳动教育创新研究……211
第三节　基于供给侧思维的高校劳动教育推进路径研究……217
第四节　基于立德树人的高校劳动教育创新路径研究……221

参考文献……225

第一章

教育及其发展规律

教育就是根据一定社会的要求和个体的身心发展规律，在教育者的积极主导和受教育者的主动参与下，有目的、有计划、有组织、全面系统地对受教育者的身心施加影响的社会活动过程。本章重点探讨教育与社会及人的发展、教育的本质及其基本规律。

01 第一节 教育与社会及人的发展

一 教育与社会发展的关系

教育同社会发展的关系是教育的基本问题之一。人类社会从诞生起就处于不断的发展之中。换言之，所谓社会发展，即社会物质文明和精神文明、社会物质生活和精神生活的改进以及社会形态的转变。社会发展既包括社会的逐渐进化，又包括社会的质的飞跃。根据历史唯物主义的基本原理，人类社会发展的根本动因是生产力和生产关系、经济基础和上层建筑的矛盾运动。教育之所以在社会发展中占有重要的位置，其原因在于教育具有促进社会发展的独特功能。教育自身的存在和进步受制于生产力与生产关系的矛盾运动，同时又以自身的作用促进着社会的发展与完善，从而使彼此间存在着相互作用的联系或关系。

（一）教育具有社会历史性

1. 教育源于社会需要与人的发展需要的辩证统一

任何事物都有其发生发展的过程，教育也有自己的起源、发展历程。教育的起源问题关系着教育属性的确定，因此一直是人们探讨教育的焦点，并因其见解的分歧而形成了不同的观点和主张，其中影响较大的是生物起源论和心理起源论。利托尔诺在《教育之演化》一书中提到教育是一种在人类社会范围以外，远在人类出现之前就已产生的现象，根据对动物生活的观察认为在动物世界里存在着教育。依照进化论的原则，非但在脊椎动物里，在非脊椎动物里也有教育过程甚至学习过程的存在。至于后来出现的人类教育，不过是继承了已存在的教育形式，使其获得了新的性质而已。根据生物起源论的观点，动物界中大动物对小动物的照顾与爱护就是最初的教育行为。从生物学的观点出发，可以把动物生存竞争和天性本能看成是教育的基础，动物是基于生存的天性本能而产生了把“知识”“技巧”传授给小动物的行为，这种行为便是教育的最初形式与发端。生物起源论主张教育从其起源而言，是一个生物学的过程，不仅一切人类社会有教育，甚至在高等动物中间，也有简单形式的教育。教育是扎根于本能的不可避免的行为，生物的冲动是教育的主流。教育的生物起源论观点把教育的起源归为动物的本能行为，把教育过程看成是按照生物学规律进行的本能过程，这就完全把教育概念生物学化了，否认了教育的社会性质。

关于教育起源的另一种理论是心理起源论。心理起源论从心理学观点出发，主张生物起源论者忽视了人的心理与动物心理的本质区别，心理起源论根据原始社会尚无传授各种知识的教材和相应的教学方法，认为教育起源于孩子对成人无意识的模仿。美国教育家孟禄在《教育史教科书》中提到，原始社会的教育使用的方法从头至尾都是简单的、无意识的模仿，原始共同体中孩子对年长成员的无意识的模仿就是原始人的教育的起源。

教育的心理起源论看到了生物起源论的问题所在，提出模仿是教育起源的新说，有其合理的一面，但把全部教育都归结为无意识状态下产生的模仿行为，不懂得人之所以成为人是因为其有意识的本质规定，不懂得人的一切活动都是在意识支配下的目的性行为。因而，这种观点是与人类教育的大前提相矛盾的。教育的生物起源论和心理起源论虽然从不同角度揭示了教育的起源，但其共同问题是都否认了教育的社会属性，否认了教育是一种自觉有意识的活动，把动物本能和孩子无意识的模仿同有意识的教育混为一谈，因而都是不正确的。

马克思主义教育学在教育起源的问题上，在肯定教育的生物起源论和心理起源论这两种有益的尝试和提出问题的贡献的基础上，通过科学分析人类教育产生的历史，认为教育起源于社会需要和人的发展需要的辩证统一。在人类社会的最初形态，即原始社会里，所谓社会需要主要是指物质资料生产的需要。物质资料的生产活动是人类社会最基本的活动，是人类社会赖以存在和发展的基础这个历史唯物主义的基本原理。对于在人类社会初始阶段，刚完成由古猿到人的转变的人类而言尤其如此。这是因为在人类社会的最初阶段，生产力发展水平极为低下，生产没有剩余。在这种情况下，维持自身生存的需要问题就是解决生命得以延续的必需的物质生活资料问题。然而，人对物质生活资料的获取依靠的不是动物式的本能，而是人所独有的全新形式，即劳动。

人类的劳动与动物的本能完全不同：人类劳动的根本标志是制造工具；人类劳动是一种有目的有计划的自觉行为；人类劳动从一开始就是在一定的社会关系中进行的，是一种社会性的活动；人类劳动不是对自然界的消极被动的适应，而是对自然界的积极改造。劳动把人从动物界中提升出来。为此，恩格斯在《劳动在从猿到人转变过程中的作用》一文中概括指出，劳动是一切人类生活的第一个基本条件，而且达到这样的程度，以致在某种意义上不得不说：劳动创造了人本身。

马克思、恩格斯在《德意志意识形态》一书中，不仅指出了人类的起源，而且说明人类从动物界中脱离出来，其先决条件在于他们开始生产他们所必需的生活资料，同时表述了关于人类社会起源的思想，即任何人类历史的第一个前提无疑是有生命的个人的存在。这一思想，后来在恩格斯发表的《劳动在从猿到人转变过程中的作用》一文中得到更为明确的阐述。这些论述说明，人类社会的历史是和人类的产生一道开始的，即人类与人类社会是同时起源的。马克思主义关于人类和人类社会起源的原理适用于说明教育的起源问题。主要包括以下两个方面：

① 人类的教育是伴随人类社会的产生而产生的，促使人类教育起源的直接动因是劳动过程中人们传递生产经验和生活经验的实际社会需要。劳动是人类生活的第一个基本条件。劳动是从制造工具开始的，即使是制造最简单的工具以及掌握使用工具的经验，都必须由有经验的长辈对年青一代进行指点和传授，以保证社会生产的接续和满足人类自身生存的物质条件。

换言之，人类使用和制造工具的经验和技术，人类从事狩猎、采集、种植、畜养、筑房、制陶、纺织的知识和经验，大家庭、大部落尊敬长辈、互助互援、遵守礼法、遵从部落成训、传播历史、遵守习惯风俗等维系人际关系的各种社会规范等，都需要由老一辈向年青一代进行必要的传授和训练。这种传授和训练活动就是人类最初的教育形式。而促使这种教育形式起源的直接动因是人类传递劳动经验和社会行为规范的实际需要。

在原始社会，孩子自幼就生活在父辈经验的陶冶中，成年人在制造器具时，在养护动物、播种收割时，即由观察而充当帮手，慢慢变成独立的劳动者。不仅如此，从孩提时起，成年人就对他们进行训练，以使他们适应社会生活，如婚姻传统、风俗习惯等。通过这些方面的训练和传授，保证个体能够适应其所处的社会和自然环境。

② 教育起源于人的自身发展和社会化的需要。人类自身的生产需要以物质资料的生产为基础。因此，生产经验的传授与学习是第一位的。但是，一个不容忽视的客观事实是人们最早接触的是社会环境，而后接触的才是生产斗争。年青一代如果不经历人类社会有意识有目的的教育过程，如果没有长辈对他们的传授和影响，就不可能具有社会性这个人的本质属性，就难以适应人类社会特有的生活。人类世代积累起来的经验、知识、技能、生活规范等精神文明就会因此而终止。

人的成长是一个过程，从出生到成长为一个具有劳动能力的社会成员，至少要经历十几年的时间。在此期间从成人那里得到的知识、经验、技能、社会规范等，虽然从最终目标看是将来从事社会的物质生产劳动，在宏观上促进了社会生活的延续和发展，是出于社会方面的需要；但从直接结果看则是发展了身心，实现了精神成长，在微观上促使人远离动物界，趋于社会化与文明化。基于此，教育的起源同其他社会现象、其他社会实践活动的出现一样，说到底总归是由于社会生活的需要。不过，由于教育的对象是人而不是物，因此，教育的起源就不仅有与其他社会现象起源的共同之处，即随着人类社会的出现而出现，出于人类谋求社会生活的需要，而且有其自身的特质，即教育起源于个体发展和社会化的需要[1]。

在成长为具有劳动能力的社会成员之前，人们首先面临的是社会环境，再以后才是自然环境。这时，他们的主要任务是学习社会的礼仪规范，掌握各种生产知识经验，发展他们运用这些经验的能力和本领。他们跟随着家庭、公社、部落中的长者和有经验的人，在长者的示范和口授之下学习打猎、捕鱼、准备食物、建筑房屋、语言艺术及原始的习俗等适应社会、适应自然、维护群体关系所必需的内容。在发展过程中，他们学会了祖先缔造的文化，掌握了各种生产经验，学习使用他们周围的物质，运用习得而来的各种生产方法，逐渐走向社会。社会经验逐渐占据主导地位，社会规范逐渐成为主导观念，社会道德逐渐成为主导内容。他们学会了语言，学会了生产，学会了处理人与人之间的关系。直到此时，人们才完成个体身心的发展进而转向服务于社会需要的劳动。此后，满足社会生活需要与实现个体身心的发展，两者便紧密地交织在一起，始终同步进行着。

人类社会所特有的教育活动是起源于人的社会需要和人的自身发展需要的辩证统一。富于社会经验的长辈在向年青一代传授劳动经验、生产技能、社会行为规范以满足延续社会需要的同时，也就以蕴含在传授内容中的文化，促进了个体身心的发展和精神世界的完善。因此，社会需要的实现和个体发展需要的满足是同一传授过程中两个不同的方面。无论把哪一个方面作为教育的起源都必然内在地包含着另一方面的活动。教育起源于两种需要的辩证统一。

2.教育是人类社会特有的自觉活动

人与动物的本质区别不仅在于人能制造工具，还在于人所从事的一切活动都是在人所独有的意识的支配下的有目的有计划的自觉行为。因此可以断言，教育仅存在于人类社会，为人类社会所特有，在动物界不存在可称为教育的现象。

---

[1] 石佩臣：《教育学基础理论》[M].教育科学出版社，2018，第29-114页。

① 教育是一种有意识的活动。马克思主义哲学和科学心理学的研究证明，动物只拥有生命物质最基本的反映形式，即刺激感应性和动物的心理，只有人才有意识。动物对客观存在的反映依靠的是特定的感觉器官和结构简单的大脑，而人却不同。人不仅可以通过特定的感官反映外在的刺激，更为重要的是，人能通过抽象的理性思维反映事物的本质和规律。动物即使经过训练也达不到这一点，这就说明动物是不具有意识的。

所以，意识为人类所独有，而教育就是在人的意识的支配下进行的。与动物对下一代的照顾和生存技能的传递有着本质的不同。动物对下一代的照顾完全是出于天生的生存本能，这种本能是由遗传而继承下来的简单的行为定型。教育则不同，教育不是产生于本能的需要，而是出自人所意识到的社会需要。无论是生产经验的传授，还是社会行为规范的示范指导，都是一种有目的有意识的行为，这些行为是在意识的驱动下产生的。所以，教育不是生物现象而是社会现象。

② 教育也是人类社会所特有的传递经验的形式。动物在种系发展过程中，对于怎样适应周围环境更有利于自身的生存，也有一种信息的储存和传递，其信息主要储存在遗传基因中，以遗传的方式而不是以教育和学习的方式传递下去。在高等动物中，除本能外，当然也有经验和智力活动的存在，年长的动物也有应对同类和人类的丰富的经验和教训。但是，这些后天获得的生存本领和经验，因为动物没有意识和复杂的语言，所以不能以教育这种传授方式为其他动物所掌握或进行历史性的保留，作为个体的经验，只能随个体的死亡而消失。

人类在长期的种系发展过程中形成的经验和智力，也在遗传素质中有所表现。但是对于人类而言，遗传不是传递经验和智力的主要形式。人类对经验和智力的获得主要是通过后天的教育和学习。人类之所以能做到这一点，是因为有意识。人能把自己的需要报告给自己，人能意识到经验的不足和欠缺。人类又有语言和文字，借助语言文字的信息载体功能，人类的经验既可以存在于个体意识之中，也可以存在于个体意识之外，脱离个体而独立存在。人类不仅可以获得感官所及范围之内的经验，而且可以超越时间限制和空间地域的阻隔，从过去到现在，从宏观到微观，掌握全社会全人类的所有财富。人类传递经验的这一特点也证明了教育是一种社会现象。

3.教育属于社会历史范畴

教育不仅为人类社会所特有，而且随着人类社会的发展变化而发展变化。在人类历史上，人类社会形态的发展和更替，同时也伴随着教育的演进和更迭。人类社会每个历史阶段都有一个形成和发展以及由一个历史阶段向更高一级历史阶段变革的过程，教育也相应地经历了一个形成、发展以及由一种社会性质的教育向另一种社会性质的教育转变的过程。人类社会每一个历史阶段都有特定的生产力和生产关系，有特定的社会发展形态和特征。与此相应，每一个历史阶段的教育都反映着特定的生产力发展状况和生产关系性质，带有所处时代的鲜明特点。人类社会迄今为止经历了不同的社会历史形态，相应地有着不同社会性质的教育，由此证明了教育是伴随着社会历史的前进而动态发展的，具有社会历史性。

（1）原始社会的教育　原始社会是人类历史上最初的社会形态，也是一个漫长的历史阶段。尽管不同的原始社会有着不同的教育情况，但不同程度地存在着一些共同因素。原始状态的社会生产状况和社会生活方式，决定了教育的原始性质。

① 教育活动与生产活动的不分化性。原始社会的教育是完全融合在生产和生活过程中，密切结合生产和生活实践进行的。由于生产力发展水平较低，教育还没有从社会生产和社会生活中分化出来，成为一种独立于劳动过程之外的专门活动，也没有专门从事传授或教导活动的教师。教师的职责是由父母和社会中有经验的人承担的。

② 教育机会的均等性。原始社会的教育具有原始状态下的机会均等特征。由于生产力水平低下，社会上没有私有财产，体力劳动和脑力劳动也没有分离，整个社会的成员都是教育者，亦都是受教育者。

③ 教育内容和教育方法的贫乏和简单性。原始社会没有正规的学校和专职教师，没有文字和教材，教育内容是与生产直接相关的经验与技能和与生活密切联系的各种行为规范，教育方法多来自对成年人日常工作的观察和他们的示范与口授。

总之，原始社会的教育是原始社会生产方式的产物。原始教育中虽然存在每个人平等的现象，但这是一种最原始的社会公平，不能将其视为社会发展的理想状态。

（2）古代社会的教育　古代社会有专门的教育机构和专职教育人员。伴随着生产力的发展和社会分工的出现，社会上出现了专门从事传授活动的知识分子和专门进行教育的场所即学校。学校的产生标志着教育步入了一个新的历史发展阶段，因为学校是专门的教育场所，须有固定的场地、专职的教育人员、专门致力于学习的教育对象，有计划、有组织的教育活动，比较丰富和系统的教学内容，从而使教育从一般的生产和生活过程中分化出来成为一种独立存在的社会活动形式。

古代社会教育内容依据政治需要和文化发展而定，重视社会典章制度的教育，轻视生产知识的传授。古代一向把儒家经典奉为学生的必读教材。在教育方法上崇尚书本，在教学组织形式上采取个别施教或集体个别施教。古代社会的手工业生产方式决定了教育的个别施教形式。

（3）近代社会的教育　近代社会教育是一个多层次多系统的网络，既有普通基础教育，又有各种类型的职业教育和技术教育；既有培养高级专业人才的高等教育，也有对劳动者进行单一训练的专门教育，还有各种成人继续教育等。近代社会科学技术的进步和发展为教学领域提供了新的教学设备和手段，使教师采用多种教学手段，使教学方法和教学手段有了改进和更新。

（4）现代社会的教育　现代教育的特点主要表现在：义务教育的年限普遍延长，学校教育制度日益完善，教育的生产性增强，民主、平等、自由成为教育的共性追求。最先进的社会主义教育充分显示了社会主义制度的先进性和为人民服务的立场。主要表现在：社会主义教育是人民的教育，真正在追求教育机会的均等；社会主义教育以先进的共产主义思想教育学生；积极吸收先进的科技成果充实教学内容，主张民族平等，尤其重视少数民族教育事业的发展；强调建立师生间平等协作互助的关系，教师把教育视为自己神圣的职责和光荣的使命。

综上所述，教育产生、发展的过程及教育活动的性质充分证明，教育是随着社会的发展而发展，随着社会的变化而变化的，教育是一种社会现象。

（二）社会发展与教育的关系

教育是社会现象，教育的社会性特点决定了教育不能脱离社会，教育同社会发展的关系问题，是教育理论的重要课题，主要表现在以下方面：

（1）教育同社会发展的关系问题是教育观的首要问题　教育同社会发展的关系、教育同人的发展的关系，是教育的基本关系，也是教育观的基本问题。在这两方面关系中，教育同社会发展的关系又是首要的方面。因为教育为谁培养人，培养怎样的人，怎样培养人，都来自社会的要求，是由社会所决定的。而作为教育对象的人的发展也取决于社会，人的本质是一切社会关系的总和。所以，教育同社会发展的关系，是教育基本问题中的首要问题。教育同社会发展的关系问题是一个非常重要的问题。对这一问题的认识具有重要意义，直接关系到对教育本质、教育地位和教育作用的科学揭示。因此，一切教育理论和教育观，都要首先对这一问题给予回答。也正因为对教育与社会发展关系有不同认识，历史上形成了不同的教育观，产生了不同的教育派别。

教育同社会发展的关系问题，最根本的是谁决定谁的问题，即是教育决定社会发展，还是社会发展决定教育，这是教育观的核心。马克思主义诞生以前的教育家、思想家虽曾就此有过不断的探索，但由于受到历史条件和世界观的限制，都未能对这一根本问题给予科学回答。他们把教育看作决定社会发展的根本力量，颠倒了社会发展与教育的关系。他们都把教育看作社会发展的决定性力量，认为教育是超政治、超经济的，因而都未能正确认识教育同社会发展的关系。这一重大问题只有在马克思主义产生之后，在辩证唯物主义和历史唯物主义的指导下，才真正得到科学的解决。

（2）马克思主义教育观的重要贡献　马克思主义在辩证唯物主义科学世界观的指导下，认真考察了教育的历史和现实，最终发现不是教育决定社会发展，而是社会发展决定了教育。教育总是随着政治、经济的变化而变化的，教育是由社会生活条件、社会政治经济制度决定的。因此，教育取决于社会关系是普遍规律。马克思主义在人类教育思想史上，第一次正确揭示了社会发展与教育的关系，确立了社会关系决定教育的基本原理，为教育观的科学化奠定了理论基础。

（3）社会的构成要素与教育　根据马克思主义辩证唯物主义与历史唯物主义的基本观点，社会发展决定教育，因此有必要首先对社会及其构成要素进行分析。马克思主义认为，社会是人们相互交往的产物，是社会关系的总和。生产关系总合起来就构成所谓的社会关系，构成所谓的社会，并且是构成一个处于一定历史发展阶段的社会，具有独特特征的社会。

交互作用就是联系，而人们的联系首先是在生产、分配和交换过程中发生的经济交往。经济交往建立生产关系。以经济交往作为基础，继而发生政治交往和思想沟通，从而建立与生产相适应的政治关系和意识形态。所有这些关系总合起来就构成社会。社会是由地理环境、人口与物质生活资料的生产方式三个基本要素构成的。其中对社会发展起决定作用的是物质生活资料的生产方式。

地理环境是人类社会发展的必要条件之一。人类要生产出自己所需的物质资料，就必须由自然界提供材料。自然界给人类提供了生息的场所和人类生活繁荣幸福的物质资源。人的存在离不开自然，人类教育的发展同样离不开自然的物质保障。人口也是社会存在和发展的一个必要条件。人口数量的多少、增长的快慢、聚居的密度等，都对社会发展起着加速或延缓的作用。只有人口发展和物质生产发展之间保持适当的比例关系，且不断提高人口的素质，才能促进社会的发展。

社会物质资料的生产方式是社会发展和变革的最终决定力量。生产方式包括生产力和生产关系两个方面。生产力和生产关系的矛盾运动是社会经济发展的根本原因。生产方式之所以是一切社会发展和变革的决定性力量，是因为物质资料的生产是人类社会赖以生存的基础。有了这个基础，才能谈得上政治、法律、科学、文化等。自然环境和人口也必须通过生产方式的作用才能最终影响社会生活。因此，生产方式不但在物质生活诸条件中起决定作用，决定着社会的物质生产过程和人们的物质关系，而且也决定着社会的精神文化发展过程和人们的思想关系，决定着整个社会生活的性质、面貌和发展变化，所谓社会存在决定社会意识的真谛也就在于此。

马克思主义从对社会构成要素及其相互关系的分析中揭示了社会的发展规律。马克思主义关于社会发展决定教育的原理，也正是对这一历史唯物主义观点的具体运用。因此，在探讨教育同社会发展的关系时，必须坚持马克思主义这一历史唯物主义观点，从教育同社会构成要素的关系上考察教育的本质和作用。

1.社会发展对教育起决定作用

社会发展既包括物质生活条件的发展，也包括社会关系的发展，是地理环境、人口、生产力、社会关系的统一发展。社会发展对教育的决定作用，也主要体现在地理环境、人口状况、社会生产力和社会关系对教育的制约和决定作用等方面。

（1）地理环境对教育的影响　人类社会的地理环境即社会的自然环境，包括社会地理位置、气候、地貌和各种自然资源等人类生存和发展的诸种自然条件的总和。不同的地理环境制约着社会的发展，其中也包括对教育的影响。不同的自然地理环境有着加速或阻滞教育发展的作用。不同的地域决定了不同的教育条件，不同的教育条件决定了不同的教育质量。人类是整个自然界的一部分。人类教育的发展受到自然环境的影响，还表现在教育同样受到生态平衡规律的制约。所以，无论是地理位置、气候条件、交通状况、资源多少等都以不同的方式、从不同的方面制约着教育发展的规模速度、质量等。

（2）人口状况对教育的限制　人口是指一定社会中集居在一定地区生活的人的群体。马克思主义强调，人口是一个具有许多规定和关系的丰富的群体。人口是人类社会存在和发展的基础。人口既有量的特征，又有质的差异。人口增长速度的快慢、数量的多少、质量的高低都同教育有着密切的联系，主要包括以下方面：

① 人口年龄构成制约各级教育发展规模与进程。人口的年龄构成标志着需

要受各级教育的实际人数。学龄人口的数量及发展趋势决定着学校的规模、数量和教育投资计划。人口自然增长率的迅速上升和下降都对教育有着重大影响。迅速上升的人口必然给教育事业带来压力，导致班级人数增多、课堂教学质量难以保证、升学竞争激烈、校舍设备不足、学校发展不均衡等，从而使教育改革实践难以进行，教育事业不能健康发展。反之，则会导致教育投资的浪费。因此，一个国家在一定时期办多少学校、投入多少教育经费、聘用多少教学人员，是随着受教育者的数量的变化而变化的。

② 人口就业结构制约学校教育结构。所谓就业结构，是指劳动力在国民经济各部门中就业的比例。近年来，科学技术的迅速发展和经济结构的显著变化，带来了人口就业结构的变化。这种变化主要表现为劳动力的转移，即劳动力从农业、工业向服务业转移，从体力劳动向脑力劳动转移，从一般技术产业向高新技术产业转移。这种转移的结果是服务行业、脑力劳动部门、高新技术生产部门的就业人员比例加大，一般技术部门、体力劳动部门就业人数则逐渐减少。就业结构的变化决定了就业人员知识结构的变化。就业结构的复杂性决定了教育结构的多样性。

教育结构指各级各类学校以及各种专业、各种程度教育的构成。各级，即学校的层次程度；各类，即学校与专业的种类。所谓改革教育结构，就是根据国民经济发展的需要和劳动力就业结构的变化特点，使学校教育结构与人口就业的结构在级与级、类与类方面形成合适的比例，从而为人口就业创造条件。

③ 人口地域分布制约学校布局。人口分布是指在一定区域里的人口增长状况和居住地的人口密度。人口的地理分布和流动是政治、经济、自然环境等多种因素综合作用的结果。不同密度的人口分布不仅决定着教育发展的规模和学校布局，而且影响着受教育者人均教育费用。在人口分布合理的地区，教育相对能够从容发展。在人口过于稀疏的地区，经常出现学校布局不够合理的现象，进而影响该地区教育的发展。一般情况下，人口密度均匀的地区，办学规模相对适度，受教育者人均教育费用也相对较少。因此，人口状况对教育的发展有着多方面的制约和影响。认真探讨人口规律，提高人口素质，不仅是人口学的重要内容，也必须引起教育学者的充分注意。

（3）社会生产对教育的制约　马克思主义强调，一定的教育是由一定的生产关系决定的，但归根结底取决于生产力的发展，即使是教育目的、教育内容、教育结构等，看起来是一定社会政治经济的直接反映，但从根本上而言无不受到生产力的制约，主要表现在以下方面：

① 生产力发展状况制约着社会的教育目的。教育是培养人的过程。培养怎样的人，首先是由政治经济发展水平决定的。由于一定的政治经济总是建立在一定的生产力发展水平之上，所以人的培养规格和内容就必然受到生产力发展水平的影响。随着近代机器大工业的兴起使社会的生产劳动发生了质的变化，手工业生产阶段的简单劳动开始为复杂劳动所取代。新的生产力对从事这种生产劳动的人提出了新的要求，即劳动者凭手工劳动时积累的技艺和经验已经不能适应现代机器生产的劳动过程，而需要掌握一定的知识和文化。

现代生产所需要的知识、技能及其工艺流程等，只有经过学校的专门培养才能掌握。因此，学校的培养目标开始发生质的飞跃，学校除培养一般人才外，开始把培养有文化的工人和各种专门的生产人才作为教育的重要内容。因此，学校教育目的必然要反映生产力的要求，受生产力发展的制约，这是一个普遍规律，生产力的要求终究要在教育目的中得到反映。

② 生产力发展状况影响着教学内容与学科设置。生产力的发展必然引起科学知识的不断积累和发展，这为学校教学内容的丰富和更新，为学科设置的调整提供了可能的客观条件。同时，生产力的发展又要求教育培养出来的人能够适应当时生产力发展的需要，能够具有生产所需的知识和技术，这又对教学内容的选择和改革及学科设置提出了要求。从教育的发展历史看，由于时代不同，科学技术发展水平不同，各个时代所使用的生产工具不同，生产力发展对人才规格的要求不同，学校的课程门类、课程结构、课程内容也各不相同。

随着科学技术与生产力的联系日益紧密，社会生产力迅速提高，新兴生产部门不断涌现，职业门类越来越多，对参与生产过程的劳动者的文化水平要求也越来越高。社会生产力的新发展不断促进着学校教学内容的改革与更新。随着学科设置的调整，生物工程、光电纤维、电子计算机等陆续进入课程领域。教学内容的发展历史表明，学校的课程，特别是自然科学方面的内容是直接受制于生产力发展的。没有生产力和科学技术的进步就不会有教学内容的补充和更新。

③ 生产力发展状况制约着教育事业发展的规模速度和教育结构的改变。办教育必须以一定的人力、物力、财力做基础，必须以现实生产力发展水平所能提供的物质条件为前提。当一个社会的生产力发展水平还很低，社会上的大多数人还要整日为保证必需的生活资料而从事繁重的体力劳动时，他们不可能去接受教育。这样，教育事业发展的规模就必然受到限制。

教育经费直接影响校舍设备、师资条件等办教育所需的一切物质资源。所以，教育事业的发展规模和速度必须适应当时社会生产力的发展状况。这种适应不仅是说发展教育必须首先考虑生产力发展水平所能提供的物质条件和可能，还要考虑生产力发展对教育提出的要求。只有使教育的发展与生产力的发展相吻合，二者才能相得益彰，互相促进。生产力不仅制约着教育发展的规模和速度，也影响着教育的结构变化。马克思在《资本论》中指出，大工业生产的发展不但改变着普通教育，而且使整个教育结构都在发生变化。他认为在近代资本主义社会中，工艺学校、农业学校、职业学校的出现，就是在大工业基础上自然发展起来的一个要素。

综上所述，社会生产力状况是发展教育的物质基础，教育的发展永远受到物质生活条件的制约，这是不以人的意志为转移的客观规律。马克思主义一直强调办教育必须考虑物质基础，物质生产对社会发展、对文化教育有最终的决定作用。

④ 生产力发展状况影响着教学方法、教学设备和教学组织形式的改革。学校的教学方法、教学形式、教学设备也是生产力和科学技术发展程度的反映。随着生产和科学技术的发展，大面积的班级授课取代了个别施教；生动的直观教学、演示实验、参观实习等教学方法开始进入教学领域，辅助教师的口头讲授；电影电视、录音录像、计算机、多媒体等先进的教学设备使传统的教学方式获得新的生机，增强了教学效果，提高了学生的学习兴趣。然而，这些变化都是与物质生产的发展和科学技术的进步分不开的。换言之，没有现代科学技术的发展，就不会有多种形式的远距离教育，就不会有各种现代化的教学手段。

（4）社会关系对教育的决定作用　教育取决于生活条件，归根结底要受到社会生产的制约。这是社会通过生产力决定教育发展的作用方式之一。教育发展的历史证明，教育同社会生产的发展并不表现为完全的同步现象。教育同社会生产发展状况之所以存在不同步现象，是因为直接起决定作用的因素是社会关系。社会生产对教育的作用虽然是根本的，但并不直接决定教育，直接决定教育的是社会关系。

社会关系即社会生产关系的总和。根据历史唯物主义原理，这些生产关系的总和构成社会的经济结构，即有法律的和政治的上层建筑竖立其上并有一定的社会意识形态与之相适应的现实基础。换言之，生产关系的总和即经济基础，是一切上层建筑得到支撑的决定性因素。生产力对社会面貌的影响是通过生产关系发生作用的。教育虽然归根结底决定于生产力，但生产力的这种决定作用不是直接完成的，而是要通过社会关系的中介，以社会关系的好恶为转移的。所以，社会关系从总体上直接决定教育的一切。

社会关系包括物质关系和思想关系两个方面。物质关系是经济关系，即生产关系的总和；思想关系是围绕经济基础而形成的思想意识形态等上层建筑现象。物质关系和思想关系都对教育具有决定性的意义，主要表现在以下方面：

① 社会关系的性质决定了教育的性质。一定的教育具有怎样的性质，这是由那个社会的社会关系性质直接决定的。有怎样的社会关系就有怎样性质的教育。教育的性质不仅取决于社会关系的性质，教育的发展变革也直接取决于社会关系的发展变化。当新的社会关系代替旧的社会关系时，就必然产生与之相适应的新教育。

② 社会关系决定着教育的宗旨和目的。教育的根本任务是培养人。但在一定的社会中，培养怎样的人，具有怎样的政治方向和思想意识，为谁服务，这是由一定社会的政治经济决定的。教育目的是一个社会的政治经济制度对教育所提出的主观要求的集中体现，直接反映着利益和需要。因而，在不同政治经济制度的社会里便有着不同的教育目的。

③ 社会关系也决定着教育的权利和机会。社会关系对教育权利和机会的决定作用主要表现在两个方面：一是对教育领导权的决定；二是对受教育权的决定。同时，社会关系也决定着受教育的权利和机会。在社会主义社会中，新的社会关系使每一个社会成员都拥有实际上的政治经济上的完全平等，因此，每一个社会成员真正享有同等的受教育权利和机会。进入何种学校，不是看家庭的经济能力、社会职位的高低，而是取决于个人的智力、能力、才学、兴趣、理想。由此可见，不同社会的社会关系，决定着不同的受教育权。

④ 社会关系也决定着教育的内容、教育的结构和教育管理体制。教育内容是教育目标的具体体现。不同社会关系下的教育有着不同的教育内容，尤其是社会科学方面的内容。教育内容直接受制于社会关系的需要。即使是自然科学方面的内容也不会自然而然地进入教育领域，而要先得到社会关系的承认和接纳。

社会关系也决定着教育的结构，结构即教育的构成。教育的构成涉及两个维度：一是级别，即层次、程度；二是类别，即类型、种类。教育结构的复杂多样，归根结底是由生产力结构、就业结构、生产部门结构的复杂多样性决定的。但生产部门所需要的人才规格层次和类型则首先是由国家权力机关直接决定的，是由总的教育规划战略决定的。社会权力机关根据生产第一线对不同层次、不同类别人才的需要，确定各级各类学校的规模、比例、招生数量、专业设置等，以求教育的发展与生产发展的需要尽可能在级与级、类与类上保持协调。教育的管理体制更直接受制于社会关系。不同的社会政治经济制度决定着不同的教育体制。上述各种事实证明，通过社会关系影响教育，乃至决定教育，这是社会发展对教育起决定作用的客观规律的集中体现。

2.教育的永恒性与动态性

教育的永恒性是指教育不仅与人类社会同时产生，而且只要人类社会存在就必须有教育，教育与人类社会共始终。这是因为教育作为人类社会进行社会物质财富和劳动力再生产以及人的社会化的手段，是任何一个社会、任何一个历史阶段都不可缺少的重要条件。人类存在，生产劳动继续进行，也就必然需要教育。教育与人类社会同生存、共发展。没有教育，新的一代不能继承老一代的生产和生活经验，人类社会就不能顺利地向前发展。因此，教育是年青一代健康成长和社会生活继续发展的不可缺少的手段，正是从这个意义而言，教育是人类社会的永恒的现象。

教育是永恒的，是随着社会的发展变化而发展变化的，具有动态性的特点。教育的发展既受生产力发展水平的制约，也受特定生产关系的制约。生产力发展水平的动态变化与社会生产关系的变革更迭，都会导致教育水平、教育性质的改变。在人类历史上，有怎样的社会形态便有怎样的教育。在某一种社会形态内，科学技术的发展也必然影响着教育内容、教育方法、教育手段、教育设备等方面的改进、丰富和完善。科学技术的迅速发展为社会生产过程中劳动生产率的提高注入了无限生机和活力，同时也对人才规格提出了新的要求，从而促进教育思想、教育内容的改革。因此，教育从来就是伴随着社会历史的发展变化和科学技术的进步而不断完善自己、满足社会需要的。

3.教育具有相对独立性

教育的发展受到生产力和生产关系的制约，随政治、经济的变革而变革，但是，教育也具有相对独立性，主要表现在以下方面：

（1）教育与社会政治经济的发展存在着不平衡性　教育反映着一定的政治经济发展水平，并随着一定政治经济的变化而变化。但这种反映和变化有时并不是直接、即刻的，或是同现有的政治经济、科技发展、社会需要完全并行一致的。在历史上，作为意识形态的教育，经常落后于现存的政治经济。特别是学校的教育内容，滞后性就更为明显。教材内容是科学研究成果中形成定论的理论、原理等，是具有一定稳定性的基础知识、基本概念和基本理论。教材内容与飞速发展的科技相比，同样具有滞后的特征。相反，有时新的政治经济没有形成，某些新的教育思想、教育主张也会提前出现，为新的政治经济的产生做准备。超前于特定社会的思想和主张当然避免不了具有科学假设的成分，如教育未来学、教育预测学等。

（2）教育是由政治经济决定的，但同时教育对政治经济又有积极的反作用

一定的教育都是由一定社会的政治经济决定的，但是教育并不是消极被动的，教育对政治经济也有积极的反作用。教育对政治经济的反作用是教育价值的体现，是教育为社会、政治、经济服务的特点。这种积极作用正是教育能动作用的反映，也是教育具有相对独立性的重要表现。

（3）教育作为一种独立的活动形式与其他意识形态有着相互影响关系　教育以其培养人的独特品质而成为一种有别于文学、艺术、科学等独立的社会意识形态之一。教育既以自身的活动影响着其他意识形态，同时又受到其他意识形态的影响。一定的哲学思想、政治思想不仅影响着一定的教育思想观点和主张，从而导致不同教育观的诞生和教育改革思潮的兴起，还制约着教育内容的改革和教育方法的更新。所以，教育的发展是与这些社会因素的发展分不开的，尤其是教育思想、教育内容、教育方法时刻摆脱不了其影响；同时，教育也以其独特的活动产生积极的作用，促进政治、哲学、伦理、科学、艺术、文学等的发展。

（4）教育具有历史继承性　主要表现在以下方面：

① 每一个社会的教育都是在以前的社会文化发展基石上建立起来的，都与前一历史时期的教育理论和实践有着一定的历史渊源关系。任何一种新教育，如果企图摒弃以往的一切，从零开始，是不现实的。因此，必须善于以批判的眼光，承接历史发展的精华，剔除旧时代的糟粕，使其古为今用。

② 教育在发展过程中，通常将某些适应生产力发展要求和人的身心发展规律，符合人的认识形成特点，具有真理性、永恒性的内容继承下来，纳入新的教育理论体系，即择优而取。

③ 科学无国界，属于全人类共同财富的内容、方法、技术等，只要对发展教育有益，教育工作者也经常将其吸取、借鉴、利用，从而打破空间之隔，根据自己的民族特点和教育实际，选择一切有价值的东西去完善与发展自己的教育活动，即洋为中用。

总之，教育作为人类延续、社会发展不可缺少的条件，其自身的存在和发展，不仅受到一定社会政治、经济、生产力的制约，还反作用于一定社会的政治、经济、生产力；同时，教育也要受到自身内在规律的制约，具有历史继承性的特点。

（三）教育职能与社会作用

科学地回答教育的职能和作用问题是一个艰巨的任务。马克思主义教育基本原理以大量客观事实和科学研究的成果为依据，以辩证唯物主义和历史唯物主义为指导，对教育的职能和作用问题，做出了科学的回答。

1.教育职能

（1）促进社会延续与发展的职能　马克思主义强调，制约人类社会延续与发展的根本机制是物质生活资料的生产和人类自身生产的相互作用。物质生活资料的生产是一切人类生存的第一个前提，也就是一切历史的第一个前提；同时，人类自身的生产又是物质生活资料生产的基础。教育作为专门培养人的社会实践，作为人的社会化的基本手段，是人类社会所具有的一种普遍的永恒的现象。

马克思主义“两种生产”理论表明，没有物质生活资料的生产，人无法生存，自然也就不存在人类社会的历史。反之，如果没有人类自身的生产，就不存在人的物质生产活动，当然也就不会有人类社会的延续。所以，人类社会的存在与发展，需要两种生产并存，统一发生作用。物质资料生产和人类自身的生产在人类社会发展史上是互为前提、互为因果的。任何社会的存在和发展都必须不间断地进行物质生活资料的生产，而这个活动是靠人类完成的。人是生产劳动的主体。人作为劳动力是生产劳动的重要构成因素。

人并非生来就会劳动，人要由一个自然实体变成一个能够制造和使用生产工具的劳动力，其间要经历一个复杂的转化过程，而这一过程又不是自然完成的。这是因为劳动力并不仅是人的体力的运用，还是由多种因素构成的复合体。劳动者的劳动能力的运用不仅需要智力和体力，还需要目的性和意志力。人的意志力作为精神因素也是构成一个现实劳动力的必要条件。要生产融合智力、体力、道德、精神于一体的劳动力，生产一定社会下合格的社会成员，不能仅靠生理方面的自然成熟，还要靠劳动中的自发成长，而且必须通过一定的教育和培养。所以，劳动力的生产绝不只是人口数量的简单增加。新一代要能适应一定的社会生活，要能运用一定生产力水平下的生产工具，要能在一定的社会关系中生活，在一定的生产关系下生产，成为合格的社会成员，就需要教育，需要劳动经验和文化科学技术的培养和提高，包括世代相传的技能的积累。所以，从人类社会的发展历史而言，教育是培养合格劳动力和一定社会合格成员的工具，是不同时代之间接续和联系的手段，是使社会生活得以延续和发展的纽带。

（2）加速个体身心发展和社会化进程的职能　培养人是教育最基本的职能，

也是教育的特质所在。人类教育发展至今，之所以有别于生产劳动等其他社会活动形式，其根本原因就在于教育自始至终保持着培养人的职责，保持着社会上其他任何活动形式都不具有的，通过学校进行知识传授、技能培养、体质增强、品德提高的职能。人类在发展的过程中，创造发明了多种多样的人才培养方式，但是在众多形式中，唯有教育，特别是学校教育显示了人才培养上的突出优越性，因而最终成为普遍认可的最佳形式。

教育之所以能取得培养人的社会独占地位，是因为教育能以其高度的组织性与计划性、明确的目的性与方向性，利用最短的时间和最高的效率完成培养人的任务；教育部门之所以有别于社会上的其他部门而成为一种培养人的专门部门，也是因为教育始终把培养人作为自己的基本职责。教育如果失去了培养人的基本职责，那么也就失去了其自身的特质。教育正是因为有了培养人的职能才称其为教育。

教育对人的培养，是试图使人成为一定社会所需要的人，即通过教育加速实现人的社会化，实现由生物个体向社会个体的转变。每个人都要经历由生物个体向社会成员的转变过程。这个转变的目的就是使每一个不知不识的生物个体成长为一定社会所需要的人，成为能够适应社会要求，与社会规范自觉保持动态平衡的人，这就是人的社会化的实现。所谓人的社会化，就是个人学习社会知识、技能、行为规范，逐渐适应社会生活，成为社会成员，满足社会需要的过程。

人的社会化是一个过程，这个过程的实现可以通过多种形式。其中教育是促使人实现社会化，加速人自然成长，实现向社会成员转变的最有效形式。教育以系统的教育内容和教师传授的有效形式，使学生在比较短的时间内明确生活目标、社会信仰追求、伦理道德行为规范、社会需要与价值取向，掌握应有的社会生活基本技能，明确应该承担的社会责任与角色等，成为一个社会成员，也就是成为这个社会的拥护者、建设者与保卫者。为此，必须广泛地学习社会的政治思想、伦理道德、自然与社会科学方面的知识，做到既奉献于、适应于社会，又合理地取之于、消费于社会。学校中教学科目的设置，教师辛勤的讲解与指导，各种活动的安排等，目的就在于促使学生个体社会化的实现。

（3）传递与创新知识的职能　人类在长期的社会实践中创造了两种财富：以物质形态表现出来的物质文化即人的智力的物化和以语言文字形态记载下来的精神文化。这两种社会财富之所以能得以保存，并世代相传地发展下去，不是靠人的生物遗传实现的，而是靠教育将这些人类认识的成果传递给新的一代实现的，这就是所谓的社会遗传。实现社会遗传的方式很多，但最基本最有效的方式是教育。各种先进的打印技术、复印技术的发明，广播、电视、互联网等各种现代化传播手段和媒介的出现，为知识的传递提供了极为广泛的通道。但是，教育作为人类传递知识的一种最基本形式，并未丧失其价值。人们最初对知识的获得仍然要依赖于教育。人们可以通过各种现代化的信息媒介去获得理解各种知识和技术，但是这必须在有了一定的知识基础和理解能力之后才能进行。这种知识基础和理解能力就需要教育提供。人依靠教育传递知识的职能形成自学能力后，才有可能充分利用现代化信息工具不断完善自己。

从人类社会知识的继承与发展而言，教育的传递职能就更为明显。从某种意义而言，没有教育对知识的传递和积累、创新和发展，人类文明的历史长河就会停止流动。人类之所以能借助历史的经验，推动社会不断前进，正是由于有了教育这个传递与积累知识的重要环节，由此得以承上与启下，使人类了解过去，从历史中吸取经验和教训。

教育不仅能以自身的活动实现知识的纵向传递，亦可突破空间与地域的阻隔，进行横向的交流。国与国之间虽远隔千山万水，但人类的真理、先进的科学技术是任何天然屏障都阻隔不了的。各种先进的交通工具和信息传播媒介的诞生，把不同地域之间的距离缩短。各国之间频繁的教育交流，把知识的传递由局部推向全球。

2.教育的社会作用

教育的根本职能是通过人的培养促进人的社会化进程的实现。但教育不是为培养人而培养人，而是通过培养人，产生促进社会物质生产，促进社会经济、政治、科学技术、精神文明发展的社会作用。

（1）教育对物质生产的积极作用　主要表现在以下方面：

① 教育是劳动力再生产的重要手段。马克思主义经济学认为，生产力是人类控制与征服自然的能力，是由有目的的活动或劳动本身、劳动对象和劳动资料共同构成的，是物的因素和人的因素相结合的总体能力。作为物的因素的生产资料和人的因素的劳动力是生产力的基本构成要素，二者互为前提、相互促进。物质资料是劳动力再生产的基础，没有这个基础，劳动力就不能生存，生产也就不能进行下去。反之，没有劳动力的生产和再生产，不仅物质资料的生产和再生产不能进行，已进行的生产过程也要中断。所以，劳动者是生产力诸因素中最重要的因素。

劳动者在生产过程中的地位之所以比生产力中的其他任何因素都重要，原因在于劳动者是活劳动力，劳动者的劳动是活的劳动。而劳动者的劳动之所以能成为活的劳动，是由于人的劳动不单单是体力的运用，还有重要的智力的运用。因此，在现代化生产的今天，衡量劳动力的大小，不光要衡量体力的大小，更要衡量一个劳动者智力的高低。

不论是体力的改善还是智力的提高，都要靠教育去完成。人的体力虽然属于身体的自然能力，但体质的增强与体能的发展，也要靠良好的教育培养和训练。至于智力的提高，则更要靠教育的有意识培养。在科学技术迅速发展的今天，不仅科学文化知识的掌握、生产技能的形成离不开教育的系统训练，就是劳动经验的传递也要靠教育才能实现高速度与高效率。

按照现代生产要求，劳动力是指具有一定智力、生产知识经验和劳动技能的人。当一个人尚未具备任何科学知识、生产经验与劳动技能时，只是一个潜在的可能的生产力。科学是知识形态的生产力，是一种生产的精神潜力。要使人的天然的潜在能力变成现实的劳动能力，要使科学知识摆脱潜在状态成为直接现实的生产能力，就要靠教育实现科学知识与人的结合，从而使人的自然本性得到加工，自然潜能得到完善，自然智力得到开发，使人由潜在的可能的劳动力转变成直接的现实的生产力，由只具备一般的人的本性的人发展成为社会总体劳动中具有专门劳动技能的一员。所以，教育作为人类自身生产的社会实践，当之无愧地成为劳动力生产的基本手段。

教育不仅能够实现劳动力的生产，而且可以不断实现劳动力的再生产。劳动力的再生产，不仅要以数量的增加去满足社会生产的扩大和发展需要，更为重要的是要以质量的不断提高去促进社会生产的不断跃进和革新。伴随着社会生产发展，当今的教育模式已经转变为继续教育、终身教育。这些新的教育形式，不仅可以保证劳动力与生产部门对人的数量需求的平衡，还可以促进人的劳动能力的不断更新、完善和提高，满足生产不断进步对人才质量提出的需求。教育对劳动力的这种不断的再生产，可以重新构建人的知识结构，提高劳动者对现代生产的适应性。

② 教育是经济发展的重要因素。经教育而实现的劳动力再生产，由于提高了劳动力的知识水平和技术素质，便成为提高劳动生产率的重要因素之一，成为经济发展的前提和基础。在传统落后的社会观念中，教育被认为是一种消费事业。但历史的进步和科技的发展，促使更多的人认识到教育是促进一个国家经济发展的长久之计，教育可以为社会带来经济价值。

在现代化生产中，推动经济发展的不再是依靠增加劳动力的数量或延长劳动时间和增加劳动强度，而主要是依靠提高工人的熟练程度和科学技术在生产上迅速应用的程度，其作用已超过了资本和劳动力数量的增加。人力资本对经济发展的作用越来越大。教育在经济发展中之所以有如此明显的作用，与教育能实现科技人才的积累和工人熟练程度的提高是分不开的。只要能拥有创造发明新科技的人，有能制造、操作先进生产设备的人，国民经济就能很快地恢复发展起来。总之，现代教育可以为经济持续稳定发展提供良好的基础和条件，为经济各部门提供比例合理的人才队伍，从而成为经济发展中不可或缺的重要因素。

③ 教育也是科学技术知识再生产的重要手段。高等学校是教学与科研的统一体。通过教学，可以实现高效率的科学知识再生产，完成培养人的光荣任务和使命。由学校教育实现的科学知识再生产是一种无限的永恒的再生产。只要人类需要进行劳动力的培养和训练，需要对年青一代进行知识的武装，以开发智力、培养能力、发展创造思维，需要向全体社会成员进行科学知识的普及，以提高全体公民的科学文化素质，就需要通过教育进行科学文化知识的传播，需要把已经成形的科学理论传授给新一代，为新一代所掌握和继承。

科学知识的一次传授过程便是一次再生产的过程。只要人类社会发展下去，这种生产便将永远地进行下去。这种再生产也是一种扩大的再生产。因为由教育所进行的这种知识传授，可以使原来为少数几个人所掌握的科学知识被众多的人所了解，不断扩大传播范围。师生之间这种代代相传的信息传播，就使得科学知识的再生产扩大、提升到无尽无休的范围和程度。

由教育进行的科学知识再生产又是一种高效率的再生产。学校中的知识传授是在教师的精心安排下，对科学知识进行反复筛选，从中挑选出人类经验的精华，通过有效的教育形式、科学的教学方法和先进的教学手段，在特定的教育过程中完成这种再生产的任务。这样做可以避免人类在获得这些知识时所经历的漫长而曲折的道路，以最短的时间、最高的效率、最简便的途径使年青一代完成认识的任务。换言之，由教育所进行的科学知识再生产的效率是任何其他活动形式都无法比拟的。

（2）教育对政治经济制度的积极作用　教育受政治经济的制约和决定，同时，教育也反过来积极作用于社会的政治经济，为社会政治经济的完善和发展服务，主要体现在以下方面：

① 教育为维护政治经济制度培养一定社会所需要的人。教育是培养人的工具，通过培养具有一定社会、一定阶级意识的人来为一定的政治经济服务。这是任何社会的政治经济制度在其巩固过程中都必须依靠教育的原因所在。社会主义

国家要巩固自己的政治经济制度，必须培养自己的建设者和接班人，也需要更好地发挥教育的作用。通过教育，青年一代提高了科学文化素质，成为社会主义社会的积极成员，自觉地为巩固和发展社会主义贡献着力量。

② 教育为维护政治经济制度传播一定的社会思想和道德规范。教育也是传播思想意识和道德规范的重要手段，教育通过影响社会的舆论、思潮和风尚为维护政治经济服务。学校从来就是精神生产的重要阵地，是通过师生之间的政治理论传播，通过社会科学内容的讲授，向受教育者灌输一定的政治、哲学、道德等思想和行为规范，使其形成一定的道德品质。同时，教育者还充分利用社会上的各种宣传媒介，如网络、报纸、杂志、广播、电视等，形成一定的社会舆论，对社会风气、道德面貌以及政治思潮产生影响，借以影响和争取群众，从而达到维护社会政治经济制度的目的。

③ 直接介入社会政治活动，发挥教育对社会政治的积极促进作用。学校对社会政治活动的直接介入，有时表现为学校响应社会的政治号召，组织学生直接参与社会政治活动，把学生作为一支现实的政治力量使用。适当地组织学生参与社会政治活动，不仅可以扩大政治活动的声势，推动政治活动的开展，还是一种使学生接触社会政治、参加社会实践的重要育人途径。

学生在这些政治活动中可以提高政治觉悟，形成政治思想和观点，锻炼从事政治活动的能力，并把学校和社会更加紧密地联系在一起。当然，学校组织学生直接参与社会政治活动的大前提必须是为了育人，如果单纯地把学生当成现实的政治力量使用，忘记了学校的育人职能，那么这种参与就丧失了教育的性质。为此，学校应时刻牢记和坚守自身的育人使命。

（3）教育对社会文化发展的积极作用　教育不仅具有经济功能、政治功能，还有文化功能。教育与文化有着密切的联系。文化是人类在社会发展过程中创造的物质财富和精神财富的总和。在狭义上讲，文化是指社会意识形态以及与之相适应的制度和组织机构。从文化系统而言，教育是文化的一个因素，换言之，教育是根据一定社会占统治地位的阶级的价值而设计、创建的一种文化形式和文化行为。教育以文化作为其内容，同时教育又是文化传递和发展的手段。

① 教育是传递文化的重要手段。文化传递是指文化系统的世代相接。前人创造、积累起来的文化通过各种途径传递给后人，后人在继承前人成果的基础上，有所更新，有所创造。文化的传递是文化发展的前提条件，一切后来的文化都是在前代文化的基础上发展起来的。

文化的传递有多种途径，其中教育的作用最为显著。一种文化，只有通过教育的方式转移到人的观念之中，使之成为人类从事社会生产和生活的精神武器，才能显示出其生命力和价值。因此，教育首先是作为人类文明和文化的传递工具而存在的。教育自诞生起就承担起了传递文化的任务。特别是学校教育产生以后，人们更集中地通过学校来传递民族精神遗产以及与之有关的文化特质，以此来保存具有悠久历史的文化传统。当代社会，随着科学技术的发展，文化的传递手段越来越多，但教育的文化传递功能不会因此而丧失。这是因为较之其他传递手段，教育具有明确的目的性、高度的组织性、较强的系统性等优点，这些优点是其他传递手段不能相比也不能替代的。

② 教育具有选择文化的功能。经过教育而进行的文化传递是在严格选择基础上进行的。进入传递过程的文化是经过了层层的科学筛选之后保留下来的人类文化精华。教育对文化的选择主要包括以下方面：

第一，教育对文化的选择是根据社会发展和个体身心发展的需要进行的。社会需要体现社会的人才目标，即要符合教育目的；个体身心发展需要则要求选择出来的文化有利于个体的智力发展和完美人格的形成。

第二，教育对文化的选择是按照严格的标准进行的，这个标准包括所选择的文化应该是科学的、时代的、优秀的、辩证的，对过去具有诊断性，对现实具有指导性，对未来具有预见性。

第三，教育对文化的选择是通过多种途径实现的，包括通过培养目标选择文化，通过课程、教材选择文化，通过课程专家和教师选择文化。通过层层筛选，保证了进入传递过程的文化的范例性、结构性、少而精。

第四，教育对文化的选择又是动态的。伴随时代的发展和社会需要的变化及对文化选择研究的深入，文化选择的范围逐渐扩大。经过这番选择的人类文化，后人更容易继承，对社会进步的推动作用更大。

③ 教育具有交流文化的功能。文化是在相互交流、相互引进、相互吸收、相互融合的过程中不断发展的。文化只有在受到外来文化的挑战和影响时，才能看清自己的位次和发展程度，实现自身的更新与超越。从这个意义而言，没有文化交流就没有文化的发展。中华文化是汉民族文化与各兄弟民族文化发展融合的结果；同样，欧洲文化也是在吸收印度文化、阿拉伯文化和中华文化的过程中不断丰富的。因此，从文化开放的角度看，世界各民族、各国家之间的文化交流与合作，既为彼此对各种文化进行比较研究提供了条件，同时也加速了各国各民族文化相互吸收的过程。

文化交流的途径是多方面的，经由教育所进行的文化交流途径包括：校际互访、互聘；国家、国际性的学术交流会议；学术资料交流；互派留学生；合作研究；短期考察等。教育对文化并非只是引进和吸收，更重要的是教育能运用民族的、科学的价值尺度对外来文化进行评析和鉴别，接受有益的，摒弃无益的，从而培养青年一代进行文化交流的能力和正确评价各种文化的文化价值观，减少文化吸收的盲目性，增强文化吸收的目的性、可控性和实效性。

④ 教育具有创新文化的功能。教育在传播文化的同时，还担负着创造文化的重任。教育对文化的创新有三个层次：重组、更新和创造。文化的重组即教育对进入教育过程中的社会文化，要根据学生的认知发展规律，将自然生成的文化进行教育性的重组和重构，使文化成为易被学生所接受的内容。文化的重组过程融进了教育者的创新思维，饱含着教育者开拓性的创造劳动。人类文化没有这一步教育性的重构，就不会成为系统的文化科学知识，不会顺利高效地变成新一代的精神财富。文化的更新即教育在继承人类已有文化的同时，亦不断根据时代的发展，以新的文化取代过时的文化。文化的创造即通过学校的科学研究，创造新的科技成果，从而为社会文化的发展和丰富贡献力量。特别是经由高等学校进行新文化的创造是世界各国高等教育的普遍规律。

总之，文化的生命力不仅在于文化的保存和积累，还在于其更新和创造，只有不断更新的文化才能源远流长。教育的生命力也不仅在于反映现实的社会文化状况，适应固有的文化模式，更重要的是要对人类已有的文化遗产有所更新和创造，这样才能既促进文化的发展，又培养出符合社会需要的人才，完成发展文化、培育人才的重任。

3.教育的职能与作用的关系

职能和作用是同一内涵、同一性质的概念，且在日常语言交流中被人们广泛地通用。但是，职能和作用彼此又存在着区别。所谓职能，即事物或机构所具有的或所承担的专门职责和功能。例如国家机关、企业和事业单位，由于分工需要而设立专管某项业务的部门和机构，也叫职能部门和机构。

所谓作用，即通过人、事物、机构所具有的职责和能力而产生出来的一种功效与结果。如人的眼、耳、鼻、舌，它们的职能是视、听、嗅、尝，而作用则是通过视而获得有关事物的形象，通过听而得悉有关事物的声音，通过闻感受到某物品的气味，通过尝而感受某物品的味道。由此可见，职能与作用既有区别又有联系。职能是作用的前提和基础。没有相应的职能就谈不到作用的产生，作用是通过职能实现的。同时，两者又有所不同。从联系的通道而言，职能是人、事物、机构自身所具有的自身存在的东西，二者的联系是直接的。而作用则要通过职能的正常运行才能产生，所以作用位居职能之后。

通观世界上的一切事物、机构都各有自己的职能和作用，教育当然也不例外。教育的职能就是教育自身所具有的职责和功能；教育的作用就是教育通过自身职能的调动和运行而产生的社会功效。教育是通过自身传递知识、培养人才等基本职能的发挥而产生促进政治变革、经济发展、科技进步等社会作用的。因此，教育的职能与作用之间，就层次而言，要先履行职能，进而才能产生作用。

4.教育对社会的作用方式

任何社会意识形态都从不同的方面、以不同的方式来反映社会存在，同时也以各自独特的方式，从不同的途径去作用于社会。教育是通过对人的培养，实现促进社会发展与完善的社会作用的。教育有两个基本功能：一是促进人发展的本体功能；二是促进社会发展的社会功能，而促进社会发展的功能又是通过促进人的发展而实现的。通过科学知识的传授实现人的身心的加速发展，这是教育本质决定了的教育的最基本的功能。

教育在漫长的发展过程中，其性质随着社会的变化而变化，其内容随着生产力和科学技术的发展而发展。然而，尽管教育性质改变，内容更新，形式完善，系统扩大，但是其作为一种有别于其他任何一种社会意识形态形式的传授科学知识、培养思想品质、提高个体改造世界能力的造就人、培养人的功能却是始终如一的，而这也正是教育本质的充分体现。然而，教育对人的塑造不单是为了满足个体身心发展的需要，更重要的是满足社会发展的需要，即为社会培养人或培养社会人，从而发挥促进社会发展的作用。

教育对于社会发展的作用是多方面的，有政治、经济、科技、文化等方面的作用。但从实现方式而言，教育的所有社会功能的实现都先要以人的培养为基础、为中介，即教育是先通过作用于人，然后延展出去作用于社会；是先通过人的培养和发展，然后实现促进社会发展的目标的。

教育对社会发生作用的特点可概括为功能的全方位与重心移动。功能的全方位指教育对社会发展的影响和作用始终是以整体多方面的形式完成的。在理论观念形态上，可以把教育的社会作用相对划分成政治的、经济的、文化的、科技的、人口的、法制的、生态的等不同种类，但落实到社会实践中，教育则是以多种功能的全面辐射，以各种功能交织于一起的全面作用而满足社会需要、促进社会进步的，不可能人为地将其截然割裂开来，单独地、孤立地实现某个方面的影响作用。这是因为教育是一个整体，由此而产生的各种影响和作用也是多方面的。

教育功能的全方位并不意味着教育对社会发展的各种作用是以同等的力度完成的，反之，在以往各个历史阶段，教育功能的侧重点都有所不同，即教育功能的重心随不同历史时期社会需要的不同而发生移动。教育作用的重心移动是由一个国家不同历史时期的中心任务决定的，是伴随社会基本矛盾和社会需要的变化而产生的。就一个国家而言，在不同的历史时期，国家确定的总任务不同，工作重心不同，教育功能的重心就会发生转移，即侧重点的转移。教育作用的全方位与重心移动是辩证的统一。强调重心移动不是以某种突出的功能代替、排斥其他功能，不是重心上的反复，否则就违反了教育规律，有悖于教育功能基本原理。

（四）教育实现中华民族复兴的使命

教育的基本使命是培养人，是立德树人。教育的发展改革意义重大，强化教育在社会主义现代化建设中的地位和作用，全面推进教育的发展改革进程，是实现中华民族复兴的基本路径。

1.教育在社会主义现代化建设中的地位

教育在社会主义现代化建设中占有突出的战略地位。科学技术是第一生产力，经济建设必须依靠科技进步和劳动者素质的提高。科学技术人才的培养，基础在教育。要实现现代化的宏伟目标，必须加快发展教育，提高劳动者素质，转化人才资源优势。在社会主义现代化建设中之所以要坚持教育的战略重点和优先发展地位，其客观依据包括以下方面：

① 现代社会科技是第一生产力，科技进步靠人才，人才培养靠教育。要实现现代化，就需要各种各样的专门人才。人才的培养，依赖于教育。从根本而言，科技的发展，经济的振兴，乃至整个社会的进步，都取决于劳动力素质的提高和大量合格人才的培养。教育的一个根本职能就是通过高效率的科学知识生产与再生产，实现劳动力的生产与再生产。通过这种连续不断的、优质高效的扩大的再生产过程，不断改变社会成员的素质结构和劳动者的智力水平，改变脑力劳动者与体力劳动者的比例，增加高新技术人才的数量，从而为社会经济的发展输送各种各样的合格人才。教育是提高人口素质、培育人才的重要手段，在国家发展进步中具有战略地位。

② 教育是提高劳动生产率的重要因素之一。劳动生产率的提高取决于多种

因素，其中最重要的条件是要有足够数量的劳动技术人才和提高科学技术发展水平。而劳动技术人才的培养要靠教育和训练。教育不仅可以通过自身的活动提高劳动力的质量，使他们掌握一定的劳动技能生产经验，改变人的劳动能力，还可通过高等学校的科学研究工作，生产新的科学技术，发明创造新的生产工具，提高科学技术发展水平，加速科学技术在生产上的应用，达到提高生产率的目的。

教育不仅可以促进社会生产的高效率，也可以实现社会生产的大规模与高水平发展，为现代化建设带来经济价值。现代社会的再生产是以现代科学技术为基础的现代化大生产，是现代科学技术在生产上的广泛应用。每一次再生产都要求设备的不断更新，生产工艺的不断变革，生产周期的不断缩短，都可能会使整个生产部门发生革命，从而引起劳动的变换、职能的改变和工人的全面流动。

现代社会生产的新特点决定了劳动力的每一次再生产都必须寻求在更高质量、更高水平上进行，决定了教育对现代人才的培养必须以现代生产的客观需要为尺度，与生产部门对人才规格的需要相吻合。由于教育的自身机制要求教育通过有效的训练过程，把社会上自然、简单的劳动力变成复杂的劳动力，这样教育就能够促进社会生产以更大的规模、在更高的水平上进行，从而在相同时间内创造出更大的经济价值。

③ 教育又是建设社会主义精神文明的重要内容和手段。社会主义精神文明建设的根本任务是适应社会主义现代化建设的需要，培养有理想、有道德、有文化、有纪律的社会主义建设者和接班人，提高整个中华民族的思想道德素质和科学文化素质。社会主义精神文明建设包括文化建设和思想建设两个方面。

发展文化离不开教育，因此，教育的实施和普及是提高全民族科学文化知识的重要条件。思想建设的主要内容概括起来就是革命理想、共产主义道德和自觉纪律、民主与法制观念等。这些思想品德的形成，也必须依靠各种教育手段。所以，教育是实现精神文明的基本途径。总之，把教育作为经济建设的战略重点是符合社会主义建设客观规律的决策，也是教育为社会主义现代化建设服务的必然要求。

2.社会主义教育的基本任务

社会主义的教育是社会主义事业的一个重要组成部分，承担着为社会主义建设各条战线输送合格人才的光荣使命，承担着传播、生产社会主义精神文明的重要职责。虽然教育由不同的级别和种类构成，不同级别与种类的教育所传授的特定内容有所不同，但其基本任务却是相同的：根据社会主义现代化建设的需要，把全体人民培养成德、智、体、美全面发展的社会主义建设者和接班人。

社会主义教育的基本任务是由社会主义教育的性质和基本职能决定的，是社会主义政治经济需要和社会主义现代化建设的人才规格要求在教育上的具体体现。但是，在不同的社会里，由于社会的政治经济制度不同，社会生产力发展水平不同，科学技术发展程度不同，教育也就有着不同的任务。

社会主义社会是以生产资料公有制为基础，消灭了阶级剥削的社会，任务是发展生产力，实现人民的共同富裕。社会主义的社会性质决定了社会主义教育的基本任务是面向全体人民，不分民族与种族，通过科学文化知识的传授与各种技能的训练和培养，使受教育者自觉成为德智体美全面发展，有觉悟、有道德、有文化的社会主义事业建设者。

社会主义生产力的发展水平决定了社会主义教育的层次结构。但不论实施何种层次的教育，都必须充分反映社会主义建设的需要，反映社会主义政治经济的要求，把每一位受教育者都培养成有理想、有道德、有文化、有纪律的合格的社会成员。社会主义教育是通过多种形式多种类型进行的。虽然形式不同，类型多样，但基本任务都是根据党的教育方针和教育目的，为社会主义培养各级各类的合格人才，提高全体社会成员的科学文化素质和思想道德素质。

社会主义教育是各种形式、各种类型、各种程度教育的总体，社会主义教育的根本任务是社会主义全面发展教育中各组成部分基本任务的高度概括，代表着社会对教育的根本要求，是一切教育应予完成的基本使命。各形式、各类型、各层次教育的任务是这个总任务的具体化。高等学校的基本任务，是贯彻执行教育与生产劳动相结合的方针，培养社会主义建设所需要的各种专门人才。

社会主义现阶段生产力发展的状况决定了基础教育双重任务的客观必然性。社会主义的生产力决定了各级人才的不同走向，社会主义建设的需要决定了各级人才教育的全面培养任务的综合落实。教育要为社会主义现代化建设培养更多的优秀人才，为中华民族的伟大复兴立德树人。

二 教育与人的发展的关系

人是教育的对象，教育能促进人的发展但又要受到人的身心发展规律的制约。教育的社会功能和作用，都是要通过教育对人的身心发展的促进而实现的。只有通过对人的培养，使受教育者身心形成一定的品质，教育的价值才能得以实现。所以，研究教育与人的发展关系，是教育学基本问题的另一个重要方面。

教育学要阐明教育规律，成为一门真正的科学，就不能不探讨教育与人的发展关系。

（一）人的本质观与教育

1.人的本质观的教育学意义

人要生存和发展，就必须认识自己。所以，关于人的本质问题成为社会学、文学、伦理学、心理学、教育学等各门学科所共同关心的课题。尤其对于教育学，这一问题更具有特殊意义。因为教育对象是人，教育是专门培养人的社会活动。教育想要有效地培养人，就必须了解人，必须了解人的本质及其客观规律。历史上人的本质观的探讨，与教育思想都有着密切联系。对人的本质的认识不同，对于教育的本质、作用、任务，以及教育方法的观点也就不同。

古代的教育思想，同样受到人的本质观的影响。孟子从人性本善出发，认为人的美德来自先天，因而认为教育的作用即在于恢复人的善性，教育作用就是“求其放心”，教育方法上倡导“存心”“养性”“自求”和“自得”。荀子认为人的本性可以通过教育改变，所以，主张教育的作用在于使人改恶从善，因而在教育方法上特别重视后天环境的影响作用等。人的本质观与教育思想密切相关。对人的本质认识不同，教育思想也就不同。马克思主义人的本质观的产生为教育思想的科学化奠定了理论基础。

2.马克思主义关于人的本质的观点

人的本质概括而言就是指人之所以为人的特有的质的规定性。以往历史上的人的本质观，都想揭示人的特有本质，但是由于受各自世界观和历史条件的限制，都没能对人的本质做出科学说明。马克思主义提出的人的本质观点，不是单纯思辨的产物，而是基于对人类历史的全面考察，同时又是在对历史上一切有价值的优秀遗产的批判继承中形成的。马克思主义根据辩证唯物主义和历史唯物主义世界观，把人放到社会现实中进行观察，从而科学地揭示了人的本质的秘密，创立了科学的人的本质观。

马克思主义是从人的一般本质和特殊本质两个方面不断揭示人的本质的。对人的本质的特有规定性的认识，只能先从人与动物的区别开始。对于人与动物的区别，马克思主义认为人类特性是自由的自觉的活动。有意识的生命活动把人同动物的生命活动直接区别开来。正是由于这一点，人才是类存在物。把人同动物的区别归结于人的自由自觉性，就是肯定了人的主观能动作用。仅承认人的主观能动作用还不够，因为这还不足以界定人同动物的本质区别。

马克思主义在肯定了人的自由自觉性之后，更进一步揭示了人的自由自觉性的实质表现。马克思主义强调，人类的自由自觉活动的类特征是劳动，是劳动把人同动物最终区别开来。马克思和恩格斯在《德意志意识形态》中提到，这些个人把自己和动物区别开来的第一个历史行动不在于他们有思想，而在于他们开始生产自己的生活资料；当然人的这种生产活动是有意识的自由自觉活动，即人的劳动。恩格斯在《自然辩证法》中提到，动物仅仅利用外部自然界，简单地通过自身的存在在自然界中引起变化；而人则通过他所做出的改变来使自然界为自己的目的服务，来支配自然界。这便是人同其他动物的最终的本质的差别，而造成这一差别的又是劳动。

马克思和恩格斯从唯物史观形成时起，对人的本质的认识就从人的自由自觉性转向了生产劳动。把人的本质归结为生产劳动，这标志着马克思主义对人的本质认识的深化。仅这一点，马克思主义的人的本质观，就已经超越了以往的各种认识。马克思主义强调，研究人的本质问题，先要研究人的一般本性，然后要研究在每个时代历史地发生了变化的人的本性，进一步揭示人的历史变化的本性。人的自由自觉性，以及人的劳动，都只说明了人同动物的本质区别，说明了人的一般本性，还不足以说明人的本质力量的独特性。因为人的自由自觉性和劳动是人的共性，是不分时间、不分性别的，是所有人共同具有的一般本性。

马克思主义经过对人的历史和现实深入探讨认为，真正决定人的本性发展变化的独特力量不是别的，是社会关系。社会关系不同，人的本性也相应发生变化。人的本质不是单个人所固有的抽象物，在其现实性上，是一切社会关系的总和。人的本质是一切社会关系的总和的观点，是马克思主义对人的本质最深层次的揭示，是马克思对人的本质观的伟大历史贡献。这一人的本质观不仅科学地揭示了人的一般本质，更深刻地揭示了人的独特本质；不仅科学地言明了人同动物的本质区别，更揭示了人性的历史变化的奥秘。马克思主义的这一科学的人的本质观，是迄今为止历史上所有人的本质论中最科学、最精辟的论断。这一科学的人的本质观是马克思对人类思想的一个重大贡献，为正确认识人和人的活动及其形成和发展，奠定了科学的理论基础。

3. 马克思主义人的本质观与教育思想科学变革

从马克思主义关于人的本质的观点中可以看出，这一人的本质观具有许多重要特点。这些特点不仅标志着人的本质观的根本变革，同时也为教育思想的科学化奠定了理论基础。马克思主义关于人的本质观与教育思想科学化的关系，主要表现在以下方面：

① 马克思主义人的本质观把握人的现实性，确立了科学教育观的现实化。马克思主义人的本质观的特点之一，就是肯定人的现实性，要求从现实的人出发。马克思主义强调观察人必须从现实出发，把人看作现实的人。由此可见，把握人的本质的现实性，把人看作一定社会条件下现实的人、在特定环境下进行活动的人，这不仅是马克思主义人的本质观的特点，而且是马克思主义唯物史观的前提。正是这一特点和前提，把马克思主义人的本质观与以往的人的本质观区别开来，也使教育思想发生了科学变革。

马克思主义人的本质观，反对把人的本质看成是单个人所固有的抽象物，强调在其现实性上认识人，这就为科学的教育观创造了前提。作为教育对象的人都是现实的人，都是处在一定历史条件下的具体的人，所以教育不能脱离现实。科学的教育理论，必须以人的现实性为前提。

② 马克思主义人的本质观，坚持人的自然性与社会性的统一，奠定了教育思想的科学出发点。马克思主义肯定了人的社会性，确认人的本质是社会关系的总和，这是人的本质观的革命性变革。然而马克思主义并不因此而否定人的自然性。马克思主义的人的本质观强调人的社会性与自然性的统一。

但是，人的社会性与自然性的统一不是折中，而是在社会关系基础上的统一。马克思主义承认人的自然性的一面，并且要求重视人的自然性，然而认为人的自然性是受社会性制约的。作为社会的人，不仅一切活动是社会的，甚至其生命的自然性也是社会的，是社会的自然。马克思主义的人的本质观强调在社会关系基础上的人的社会性与自然性的统一。

马克思主义关于人的社会性与自然性统一的观点，不仅是对人的本质观的贡献，而且也是科学教育理论的重要出发点。教育培养人，不能脱离社会关系，必须依据社会关系的需要并在社会关系中进行，这是教育的客观规律。任何企图使教育同社会关系脱离的行为，都是对教育规律的违背。教育是由社会关系决定的，教育对象的人的形成也取决于社会关系。

教育要重视人的社会性，重视社会关系对人的作用，同时也不应忽略人的自然性的一面。人的自然素质也是客观存在，忽略人的自然素质在教育中的意义，就是否定了教育的自然根据。马克思主义教育理论反对遗传素质决定论，只是反对教育脱离社会关系过分夸大遗传素质的作用，并不是否定人的自然素质的意义。在加强教育同社会联系的同时，重视对人的自然属性的研究，这是科学的教育理论的正确出发点。

③ 马克思主义人的本质观确认人的本质的多样性和变化性，为教育思想树立了辩证发展观。把人的本质看作是多样的和发展变化的，是马克思主义人的本质观的特点之一。事物的本质是具有层次性的，这也反映了人的认识的特点。人的认识是由浅入深地进行的。事物的本质具有层次性，人对本质的认识也是逐步加深的。事物不同层次的本质都是事物的本质，只是层次不同而已，对人的本质的认识也是如此。

马克思主义对人的本质的揭示，也正是这一认识规律的体现。把人的本质理解为自由自觉性，进而看作是劳动，最后又归结为一切社会关系的总和，这一方面标志着对人的本质认识的深化，另一方面也反映着人的本质的层次性和多样性。马克思主义关于人的本质层次性的认识，抓住了人的真正本质，克服了以往各种人的本质观的形而上学性质。

马克思主义人的本质观不仅说明了人同动物区别的一般本质，更说明了人同人区别的特殊本质。人同动物的一般本质同其他一切事物的本质一样是相对静止的，只有层次上的深化，而无同一层次的区别。例如：物理学中的分子、原子，在其各自层次中本质属性是固定的。而人的本质则不然，人的本质是社会关系的总和。社会关系是动态的、发展变化的，这就说明人的本质规定也是发展变化的。所以，马克思主义要求研究人不仅要研究人的一般本性，更要研究历史地发生了变化的人的本性。

马克思主义关于人的本质多样性和发展变化的观点，突破了以往人的本质观的形而上学局限，同时也为教育理论确立了发展变化的观念。这一教育观念要求以多样性的观点看待教育对象，以发展的观点看待人，承认教育对象的多样性和发展变化，是科学教育观的重要标志。

④ 马克思主义人的本质观承认人的受动性与能动性的统一，为科学的教育理论提供了客观依据。既肯定人是社会关系的产物，同时又承认人的自由自觉性，把人看作是受动与能动的统一，这是马克思主义人的本质观的又一个重要特点。马克思主义强调人的本质既不是自我意识，也不是上帝的意志，而是由社会关系决定的社会实体。人的本质是一切社会关系的总和的观点就说明了人的受动性。但是，马克思主义认为人既是客体又是主体，既是受动的又是能动的。人区别于动物的特点之一就在于其具有主观能动性。

马克思主义强调人的能动性的发挥是有条件的。人的能动性是以受动性为前提的，能动性必须以社会物质生活条件为基础。马克思主义关于人的受动与能动统一的观点，对于教育理论和实践都具有十分重要的意义。人具有主观能动性，所以受教育者才不单纯是受教育的客体，也是学习的主体；人又是受动的，所以人的本性的改变又是可能的，教育具有强大的育人力量。

人的能动与受动一致的规律，是科学教育理论的客观依据。教育既要重视社会条件对人的影响，重视教育在人的发展中的重要作用，同时又要尊重受教育者的主观能动性，要把学生看作是客体与主体的统一，这正是充分发挥教育效用的客观依据。

⑤ 马克思主义人的本质观肯定人的本质的总和性，指明了教育的复杂性及整体总和作用。马克思认为人的本质是一切社会关系的总和，不仅强调了人的社会性，更强调了社会关系的总和性。社会关系本来就是复杂的，社会关系不仅包括社会物质关系即经济关系，还包括复杂的思想关系。在物质关系与思想关系上又表现着决定和被决定的关系。人的本质既然是社会关系的总和，就是说人不是社会关系的某一侧面，而是物质关系和思想关系即一切社会关系的总和产物。马克思主义人的本质观，既揭示了人的本质的社会性，又指明人的本质的总和性，这表明了马克思主义的人的本质观的深刻性。马克思主义的人的本质观的这一总和性的特点，为教育思想指明了正确方向。

作为教育对象的人既然是由一切社会关系总和制约的，教育就必须充分利用这一点，并在一定的社会关系总和中对人进行教育。不仅要重视物质生活条件和人们的交往关系的教育作用，而且要重视思想关系对人的影响，要充分发挥教育对一切社会关系的全方位统合作用。由上可见，马克思主义人的本质观是科学教育观的指导思想和理论基础。

（二）人的发展特点与教育

发展是指事物有规律的运动变化过程。世界上的一切事物都不是一成不变的，都有着由小到大、由简单到复杂的有规律的变化过程。事物的这一运动变化过程就称为发展。人同其他事物一样，也有着成长变化过程。这个过程既包括整个人类的产生发展，也包括个体人的成长。教育学和心理学主要研究个体人的发展。所以，这里所说的人的发展专指个体人的发展。

个体的发展包括身、心两个方面。身的方面包括肌体的正常发育和身体素质的健康成长两部分。肌体的发育，指有肌体的骨骼、肌肉、神经系统等肌体的生长。身体素质则指肌体的生理功能特性，以及力量、速度、灵敏度、耐力、韧性和健康状况等。心的方面，在教育学中不单指心理，而是指个体的总的精神方面。心的方面也包括两部分，一是心理过程，如感知、记忆、思维、情感、意志等心理活动；二是道德情操。

个体身心的这些方面都是密切相关和互相联系的。心理是大脑的机能，身体是精神的载体，精神、心理是离不开身体的，身体的发育制约着精神、心理的发展。同样，精神和心理在一定程度上也影响着人的肌体成长。身、心两个方面是统一的，是人的发展不可分割的两个方面。教育促进人的发展，就必须全面关心人所有这些方面的和谐发展。

人的发展理论还包括生长、成长、成熟等概念。生长一般是指肌体发育过程。成长不单指身体，也包括心理的动态变化。成熟是指人的身心发展变化的状态和程度。人的身心发展由不完善向完善运动。运动的阶段标志着人的身心发展的成熟程度。当人的身心发展达到完善程度，便称为成熟。此外，人的发展贯穿于人的整个一生。所以，人的发展不能只包括成长时期，应当包括人的一生。人从新生到成熟是发展，从成熟到衰老也是发展。所以，现代教育的对象应该涉及人的一生。终身教育的产生，便说明了教育与人的发展观念的新趋势。

1.人的发展特点

人的发展是有规律的，这些规律反映出人的发展的一系列特点。掌握了这些特点，也就了解了人的发展规律，这对教育是有重要意义的。

① 内因与外因的统一性。人的发展永远是内因和外因共同作用的结果。这里所说的人的发展的内因，不外乎人的生理素质和心理状况两个方面。没有外部社会条件和教育，人的内部因素就不能很好发展。然而外部条件和教育离开人的内部因素，人也就失去了发展的根据。所以，强调教育必须了解人的生理、心理特点，并适应其发展状况和水平进行教育，正是这一客观规律的体现。

② 量变与质变的一致性。人是发展变化的，不变就没有发展。事物的变化不单是数量的增减，而且也有质的变化。人的发展也是如此，不仅有量变，也有质变，是量变与质变的统一。如人的肌体发展，由于细胞的增殖，人的身高和体重都在不断变化。随着机体的发展，生理功能也在发展变化。心理发展同样是量变和质变的过程。从感觉到知觉，从机械识记到意义识记，从形象思维到抽象思维，也有量的变化。教育就是要根据这个规律，适当促进人的发展由量变向质变、由旧质向新质的不断转变。

③ 发展的连续性和阶段性。一切事物的发展都是连续不断的且具有阶段性。人的发展同样是连续的并且有相对稳定的阶段。人的发展的连续性和阶段性突出

表现为身心相互制约的共同发展。人的身心发展是不间断的连续发展过程，而且这个连续发展过程又是有序的。人的身高、体重随着年龄的增长而不断增加，人的生理功能也随着肌体的发育而逐步完善。人的每个阶段的身心发展都有其阶段性特点，而各个年龄阶段又是前后衔接的。各个年龄阶段呈现出的相对稳定的一般典型特征，即年龄特征。

人的身心发展的连续性和阶段性特点，要求教育活动必须与之相适应。人的发展的连续性和有序性，要求教育必须循序渐进、由浅入深、由简到繁地有序进行。人的发展的阶段性，要求教育必须考虑教育对象的年龄特征，对不同年龄阶段的人群采取不同的教育方法，进行不同内容的教育。

④ 发展的个别差异性。同一年龄阶段的人一般而言具有共同的身心发展特征。但由于遗传、环境、教育等条件的不同，个体在发展上又存在许多个别差异。比如身体发育，虽然年龄相同，但有些人在身高、体重上增长较快，有的则较慢。智力上的差异也比较常见。人的发展的各个方面千差万别。这些差别都与一个人的遗传素质、生长环境、教育条件有关。人的个别差异是客观存在的，不完全为人们的意志所转移。

教育必须重视人的个别差异，根据个别差异施教。个别差异按其性质可分为两类：一是不正常差异。教育应根据不同原因，促进其正常发展。二是正常差异，即在正常发展水平下，某一方面发展超常。如同一年龄阶段，在心理水平正常的前提下，某些人记忆力超常，富于想象，形象思维或抽象思维超常发达等。这种差异于发展不仅无害，反而正是个性形成的前提。对于这种差异，教育上应该更加鼓励，为其创造条件，促进其进一步发展，这就是因材施教。所以，教育既要了解人的正常发展特征，又要具体分析个别差异，扬长补短，因材施教，以获得最大成功。

⑤ 身心发展的全面统一性。人的身心发展是统一的，身心两方面的发展是互为条件、互相促进的。人的发展又是全面的，是身心领域各个方面全面的发展。其实人的身和心是统一的。人的心理是人的身体的一种机能，是以生理机能为基础的，其中主要是人的大脑机能。身体的发展是心理发展的物质前提，所以，心理的发展不但寓于身体之中，并且随着身体的发展而发展。由此可知，身心的发展是交互影响、交互作用的，是统一不可分的。因而不能孤立地对待人的身心发展问题，必须统一认识。

此外，人的身心发展又是全面的。人是完整的社会人，必须身心全面地发展，不仅在身体方面肌体和生理功能要全面正常发展，智力方面和道德品质方面也必须全面发展。教育的任务就是要遵循这一规律，促进人的身心全面统一发展。人的身心发展的特点，是人的发展规律的体现。要教育人，必须先了解人。只有充分了解人的发展特点，掌握规律，教育才能发挥应有作用。

2.人的发展动力与教育

唯物辩证法认为，外因是变化的条件，内因是变化的根据，外因通过内因而起作用。这说明事物的发展动力是事物的内部矛盾，人的发展也是如此。人的身心发展的动因，都不外乎是主体在积极活动中由外在客观因素的要求引起人的新需要同人已有发展水平和状态之间的矛盾，这一矛盾就构成人的发展的动力。当生产技术发生变革以后，原有的生产知识和技能已不能适应新的生产要求，这就在人的心理内部产生了矛盾，这种矛盾就引起人们学习和掌握新的生产知识和技能的需要，这种需要就是人的发展动力。由此可见，人的发展动力在于人的内部矛盾，在于人的内部矛盾所产生的需要。

需要是人生理和社会的需求在人的头脑中的反映。人为了个体和社会的生存，就有各种需求。这些需求有的是自然的生物性的，例如人为了适应机体成长活动要求，需要衣、食、住、行；有的是社会的，如人为了适应社会生存和发展，需要进行社会交往和生产劳动等社会实践活动。需要是每个人都具有的，而且是多样的。人的需要是推动人和社会不断发展的动力。需要是人的本性，是人的发展的根据。

当然，人的需要不同于动物的需要，它不仅由外部条件引起，还受外部条件制约。比如人的学习需要。外部世界的发展变化，通过实践活动或教育作用，使人感到自己的身心发展水平和状态不能适应客观要求，因而产生学习的需要。人的自然需要也不是纯自然状态的，也要受外部条件的制约，受社会的影响。所以，需要是人的发展的内在动力，但是，需要的性质和方向，每个人却不尽相同，这是由社会关系的复杂性决定的。

根据人的发展动力的理论，教育促进人的身心发展就是要不断激发人的内部矛盾，使之不断产生新的需要，并适当规范需要的性质和方向，授以解决需要的目的和方法。正是从这个意义而言，教育是变社会需要为个体需要，使个体需要社会化、实际化的过程。

（三）人的个性与教育

心理学上一般把个性解释为个人各种重要的比较稳固的心理特征的总和，主要表现为一个人的气质、性格、能力、情感、意志、兴趣、爱好等方面。这里既包括个性心理特征，也包括个性的倾向性。个性的定义是多种多样的。个性是社会人的重要特征。许多学科研究人的个性问题，除了心理学，哲学、社会学、伦理学、文艺学、法律学等也都研究人的个性。

教育学是研究人的教育的。人是社会的人，个人由于所处的社会环境以及实践活动不同，都具有个性。教育不仅要根据社会统一要求培养人的共性，而且要根据个人的特点发展人的个性。所以，教育学更关心人的个性及其培养问题。心理学是与教育学密切联系的学科，为教育学提供心理依据。因此，以往教育学都采用心理学的个性概念。其实，心理学关于个性的定义对于教育学而言是不够的，不能反映出教育学的全部要求。

心理学的个性定义主要是从个人心理方面概括出来的，这一定义对教育学有重要意义，但还不够。教育学所研究的人是完整的社会人，人的个性差异不仅反映在心理特征上，也反映在身体、德行上，并表现在各种技能方面。作为一个完整的社会人的个性，固然要体现个性心理特征，但是除此之外，一个人在其身体素质发展基础上形成的各种运动特长和一个人比较稳固的道德情感和道德意志，同样也是个性表现。此外，一个人在身心基础上所发展的各种特殊技艺，如音乐、绘画等特殊技能，从教育学而言，也应当属于一个人的个性范围。

所以，教育学的个性概念应当比心理学更为广泛和丰富。尽管个性特点同心理发展密切相关，但教育学的个性概念绝不能局限于心理方面，教育学必须从人的整体来观察个性。只有这样，才有利于对完整的社会人的培养。教育学应有本学科的个性概念。教育学的个性是指个人在自然素质和心理特征基础上，由于社会影响，通过教育和人的实践活动而形成的比较稳固而持久的身体、心智、德行、技能等独特特征的总和。这一定义主要包括以下含义：

① 个性是以人的自然素质和心理特征为基础的。人的自然机体的素质是个性形成的物质前提，尤其是机体的功能和大脑的发育对人的个性形成更具有重大的意义。人的心理特征被心理学看作是个性的体现，而在教育学这里只是个性形成的心理基础。教育学所谈的个性，相对于心理学的个性而言，是更高层次的个性。尽管如此，教育学所说的人的个性当然是以人的心理条件为基础的，不能离开心理基础。

② 个性是在社会和教育的影响下形成的。人是社会的人，他的个性不是自发的，而是同社会各种因素的影响分不开的。

③ 人的个性是通过人的实践活动与社会影响交互作用而形成的。社会对人的影响是通过人的活动与社会的作用才发生的。所以，人的实践活动是人个性形

成的基本途径。

总之，个性的定义对教育有重要意义。教育培养人的个性，既不能离开人的身心基础，也不能脱离社会条件，必须在严密组织的个人同社会交往活动中实现。

1.个性的特性

从个性定义中可以看出，个性具有以下方面的特性：

① 个性的总体性。人是完整的社会个体，其个性的各个方面是互相联系、互相制约的统一的整体。在人的个性心理结构中，个体倾向性和个性心理特征是紧密联系的，两者相互作用形成个性心理整体。如人的个性心理特征，即气质、性格、能力并不是孤立的，主要受人的动机、理想、信念、世界观等个体倾向性制约。人的身心活动、道德情操以及特殊技能的掌握，是以人的心理结构为基础的。个性的发展，同样也是与人的心理倾向性和个性心理特征密切相关的。人的个性是各种方面特征的总和，不能孤立对待。

② 个性的社会性。人的个性是一种社会历史现象，是在社会影响下形成的。个性体现人们相互之间的交往关系。人们在社会交往中，形成动机、理想、信念和世界观。离开了社会和交往，个性便失去了存在基础。所以，个性是历史的，具有社会性，是人在同社会积极交往、相互作用中形成的。

③ 个性的独特性。人的个性，就是指个体人的独特特征。个性体现着一个人在身心、才智、德行、技能诸方面有别于他人的特性的总和。无区别无特点也就没有个性。人的各种差别，就构成了个性特征。所以，个性表现人的个别差异性。但是，个别差异并不脱离共性，个性是在共性基础上形成的。所以，个性的独特性并不脱离共性，个性是独特性与共性的统一。

④ 个性的稳固性。个性是比较稳固的持久的特征。个体身上偶然表现出来的特征不是个性特征。所以，个性特征都具有稳定性、一贯性。所谓个性具有稳定性，是相对而言的。个性有稳定性特征，但并不是一成不变的。个性的社会性已经表明，人的个性是在社会影响下形成的，因而随着社会条件的变化、人的实践活动的改变，人的个性也会相应随之发生变化。人的个性的可变性，表明教育在培养人的个性中可以大有作为，有利于树立对教育的信心。

个性的上述特征是统一的，都是个性的总和表现。正是这些方面的有机联系，才统一构成人的个性。

2.个性观与教育

教育要发展人的个性，但是，对于理想个性的内容以及怎样发展个性的认识却不尽相同。教育要培养人的个性，就必须对个性有正确认识。对于个性，有两种不同的观点：一是认为个性就是个别性，只要发展了人的某些特长和特性，就是发展了人的个性；而且认为使一个人同他人差别越大，就越成功。这是一种只要个性，不管共性，甚至为了发展个性，不惜影响整体发展的个性观。二是马克思主义的个性观，即强调在人的全面发展基础上发展个性的观点。

马克思主义强调个人全面发展，但不否定发展个性。不过，马克思主义强调的个性与以往所提的个性有着本质的区别。马克思主义关于人的发展的观点是既承认人普遍发展的可能性，又承认人发展的个别差异性。承认普遍发展的可能性是认为人们都有各种能力及其发展基础。只要社会为其发展创造条件，人的各种能力都能得到发展。同时又认为，由于每个人先天生理条件和后天社会环境的不同，人与人之间也存在各种差异，但这种差异不应该是在违背发展规律、压抑普遍发展基础上形成的。

马克思主义强调，每个人都要全面发展，都应该平等地享有发展的权利和条件。但是，由于人与人之间有差异，所以，又不能强求一律。马克思主义强调，在普遍发展的前提下，个人要尽可能多方面地、充分地、自由地发展。尽可能发展就是承认差异性。人既然有差异，那么尽可能充分、自由地发展的结果就自然地要表现出各自的特性。这些各自不同的稳定的特性就是个性。可见，个人全面发展非但不否定个性，而且恰是在充分发展个性。这种个性同以往所说的个性有着本质区别。这个区别就在于个性的发展基础。社会主义的教育要以提高全体人民的民族素质为基础，这正是对全面发展个性的根本要求。

（四）人的发展因素与教育

1.人的发展因素论

影响人的发展的因素是多种多样的，主要包括：二因素论认为人的发展是由遗传和环境这两种因素相互作用而形成的；三因素论认为影响人发展的是遗传、环境和教育三种因素。这种观点把教育作为一种特殊环境从一般环境中分离出来，作为一种独立因素而存在，认为在人的发展中，遗传是人发展的物质基础，环境是人发展的决定性因素，学校教育在人发展中具有主导作用。二层次三因素论打破了过去那种仅从形式上增加因素数量的做法，力图从方法论上着手，突出从动态上和人的主体意义上以及从因素结构上分析影响人的发展因素及其关系。根据这一思路，人的发展因素分为可能性因素和现实性因素两个层次。在可能性因素中又分为个体自身条件和环境条件两大因素；现实性因素指发展主体所进行的各种类型活动。

2.人的发展因素划分

对于人的发展因素的探讨要注意不能局限于某个阶段的人。由于现代学校教育概念的扩大，教育学研究的领域应扩大到人的一生。所以，在人的发展因素问题上也应着眼于人的一生发展，从整体上认识人的发展因素。应将事物发展的普遍规律与人发展的特殊规律相结合，以主客体统一和动态观点进行人的发展因素的分析。

辩证唯物主义和历史唯物主义世界观和方法论的产生，对以往人的发展观提出了挑战，对于制约人的发展的因素，提出了许多新观点。马克思主义者没有一概否定人的发展因素的重要作用，还提出了社会物质生活条件、社会关系、生产力状况、阶级地位、分工、主观能动性，以及革命实践等多种因素。马克思主义认为，社会关系实际上决定着一个人能够发展到怎样的程度。

马克思主义关于人的发展的这些观点，为探讨人的发展因素提供了重要启示。对人的发展因素的认定和分类，应遵循事物发展的普遍规律，根据客观规律进行分类。辩证唯物主义的世界观认为，一切事物发展变化的根本原因在于事物的内部，而每一事物的运动都和它周围其他事物相互联系和互相影响着。在事物发展的内外因关系上，外因是变化的条件，内因是变化的根据，外因通过内因而起作用。这是一切事物发展的普遍规律，人的发展当然也不例外。探讨人的发展因素，也应从人的发展内外因两方面去考察。

人的发展的内因是指个体身心内部的发展因素。探讨人的发展，是以正常的健康人为依据的。因疾病或偶然原因造成的不正常状况不包括在内，那些应是卫生学和医学等的研究范围。直接影响人发展的内因有两种：一是人的遗传素质；二是人的主观能动性。遗传素质是生物性因素，主观能动性属心理范畴。人的生物性因素和心理性因素可以分为多种。但是，对于人的发展而言，人的遗传素质和主观能动性是最根本的因素，二者都包含在个体内部，所以都属于人的发展的内部因素。

人的发展的外因是指个体外部的一切客观条件。这里既包括自然条件，也包括社会条件。就其对人发展的影响而言，当然主要是社会条件。而在社会条件中又包含着社会关系、生产力状况、阶级地位以及人际关系等政治、经济、文化、意识条件。对于这些用传统的观点可统称为环境。

人的发展的内因与外因不是孤立的，而是统一的。特别是人的主观能动性必须体现于客观活动才能发挥作用。因此，还应有内外因、主客观相统一的因素，这就是实践活动和教育。实践活动是人的内在需要、动机、理想、愿望的实际体现。人通过自己的具体实际行动来反映自己的主体愿望，这就是实践。所以，实践活动既不单纯是人的内部因素，也不纯粹是人的外部因素，是内外因素的统一，是主客观的结合。

教育同样是主客观的统一体，虽然也反映个体的意愿，但更主要的是反映社会、群体的需要和愿望。所以，教育也同样是内外因和主客观的统一，但又不完全等同于实践。人的实践主要是认识世界和改造世界的活动，而教育则是培养人和改造人的活动。同时，教育也不等同于环境。环境纯粹是人发展的外部因素，教育则包含有主观因素；环境是在自发地影响人，而教育则是自觉地影响人。

3.人的发展因素与教育的影响

从对影响人发展因素的划分中可以看到，影响人发展的因素很多，但归纳起来不外是遗传素质、主观能动性、社会环境、实践活动和教育五个方面。这些因素对人的发展的作用都不是孤立的，而是在整体统一、交互作用中影响人的发展。

（1）遗传素质在人的发展中的作用　遗传素质是人的先天的解剖生理特征，主要表现在人的机体构造、形态、感觉器官以及神经系统的特性等方面。人的这些生物特性是通过遗传而获得的，故称遗传素质。人生下来就具有作为人的类特性。例如人的身体形态和构造，眼睛、头发、皮肤的颜色，各种感觉器官的功能特性，尤其是高级神经活动系统的特点等，都是与生俱来的。这些生理特征制约着人的种族以及个体差别。人的这些生物特性，都是通过遗传基因传递下来的。

生物遗传学认为，在生物的细胞内存在着具有自身繁殖能力的遗传单位，这就是基因。现代分子遗传学研究表明，这些携带遗传信息的基因，是由脱氧核糖核酸（DNA）构成的，其在细胞核的染色体上有序地排列着。生物由祖先获得的各种特性，以基因为载体而遗传给下一代。人是有生命的，人的身体的存在决定了人首先必然反映生物规律。所以，马克思主义承认人的自然规律。遗传素质对人的发展具有的作用，主要包括以下方面：

① 遗传素质是人的发展的物质基础和前提条件。人的存在必须以身体这一自然物质形态和结构为前提。人的发展也必须以人的机体器官和大脑神经系统的生理机能和特性为基础，否则就谈不上人的存在和发展。人的遗传素质是人赖以发展的物质基础和前提，为人的发展提供可能性。遗传素质为人的发展提供的潜力是很大的，仅以大脑神经系统为例，人的大脑神经细胞（神经元）约有140

亿～150亿个，而实际被人利用起来的只有10%左右。这说明人的大脑机能尚有很大的潜力，等待着人们去开发。

② 遗传素质的成熟程度，制约着人的身心发展过程与阶段。人的遗传素质不是静态的，也有其发展成熟过程。人的身心发展的阶段性，正是人的遗传素质发展成熟的表现。人的遗传素质的成熟为学习和教育提供条件。超越人的遗传素质发展程度的学习和教育是不容易获得成功的。

人的身体器官的结构和机能是随年龄而发展的。教育和训练虽然可以开发人的潜能，但必须适应遗传素质的发展程度。人的一些活动能力，是随着遗传素质的成熟而表现出来的。遗传素质的成熟是教育的重要条件。根据素质的成熟程度及时施教，就会事半功倍。

③ 遗传素质的差异性，在一定程度上影响着人的个性特点的发展。人的遗传素质具有一定的差异性。人的身高、肤色、面貌等机体构造特点，是遗传素质差异性的表现。人的感觉器官和大脑高级神经活动系统机能方面也有遗传素质的差别。在心理过程方面，如记忆力、注意力、思维某些方面的差别，也同遗传素质有一定关系。特别是在高级神经活动类型及其活动过程的强度、灵活性及兴奋与抑制的平衡性等方面也存在着个体差别。这些差别固然只是反映发育成熟的早晚，经过教育可以改变，但差异毕竟存在，在一定程度上影响着人的发展，制约着教育的进展。

总之，遗传素质对人的发展有着重要作用，是人的发展的内因和根据之一，对于遗传素质的作用不能否定。但是，遗传素质只是提供了人的发展的物质基础和可能性以及人的发展的内因和根据。对于遗传素质的作用不能否定，但也不能夸大。其实，遗传素质仅是人的发展的物质基础和前提条件，只是为人的发展提供可能性，并不最终决定人的发展。遗传素质所提供的发展可能性，只有通过一定的社会环境和教育影响才能得到实现。而且，人的遗传素质虽然有差别，但正常人之间的差别并不是太大。

（2）主观能动性在人的发展中的作用　主观能动性是指人的主观意识对客观世界的反映和能动作用。主观能动性是人的主观意识方面的特性，故称主观能动性。同时这种能动性能把人自己同周围世界区别开来，是一种自觉的意识，因而也叫自觉能动性。主观能动性是人类所特有的意识特性，不同于动物的本能，人的活动是人能意识到的自觉的活动。人的主观能动性从意识方面而言，体现为人的需要、动机、目的等主观积极性；从主观能动性的外部表现而言，则表现为作用于客观事物的自觉活动。

人的发展动力来自人的内部矛盾，即社会对人发展提出的新要求同人已有发展水平之间的矛盾所产生的需要。需要还只是人的发展的动力源泉，动力的实际发挥还要把需要转化为动机和目的。当需要被主体意识到并激起人的活动意向时，其便转化成为动机。动机又是和目的联系在一起的。由动机所引起的行动的预期结果便是目的，目的制约着人的行动。

人的需要、动机、目的等意向性总和构成了人的主观能动性。例如，社会主义现代化建设要求人们掌握现代科学技术，而实际上人们并不具备这方面的知识和技能，于是这一矛盾便激发人们的学习需要，并由需要引起学习的动机和目的。这种自觉的学习动机和目的便构成人的主观能动性，即学习的具体动力。所以，人的发展的内因不只是人的遗传素质。在遗传素质的基础上，从一定意义而言，更为重要的内部因素则应是人的主观能动性。主观能动性的强弱直接关系到学习的毅力和效益。主观能动性是推动人发展的直接动力，人的遗传素质同主观能动性，共同构成人的发展的内部因素。当然，人的主观能动性并不是自发产生的，而是来源于社会要求和教育条件。

（3）社会环境在人的发展中的作用　环境是指人生活于其中，围绕在人的周围并影响人的发展的一切外部世界，环境是人生存和发展的重要条件。环境这一总体概念中包括自然环境和社会环境两部分。自然环境又可分为天然的自然环境和经过人工改造过的自然环境。这两种自然环境对人的发展都有一定的影响作用。但是，人是社会的人，所以，对人的发展有决定性意义的还是社会环境。

社会环境是复杂的，是由多种多样要素构成的，但概括起来不外乎是生产力状况和社会关系两大方面。这两个方面是影响人的发展的重要因素。生产力为人的发展提供物质条件，生产力的水平和性质直接影响着人的发展。从事活动的人们，受着自己的生产力的一定发展以及与这种发展相适应的交往的制约。

社会关系包括物质关系和思想关系两个方面。人们的物质关系主要是所有制关系以及分工状况等，这些条件是影响人的发展的决定性因素。思想关系则体现为政治、法律、道德、文学、艺术等意识形态关系。思想关系同物质关系一起，影响着人的发展。人是社会的人，人的发展永远不能离开社会环境。马克思主义强调，人只有在社会中并通过社会来获得他们自己的发展，这些社会关系实际上决定着一个人能够发展到怎样的程度。

人的发展取决于社会关系。人如果脱离了社会环境，不仅不能正常发展，就连作为人的发展的起码基础也都会受到影响。一个人尽管具有人的生理素质，假如脱离人的社会环境，哪怕接触的是不完整的社会环境，也会中断人的正常发展。由此可见，人的发展同社会环境是分不开的。

社会环境制约着人的发展，但是人也不单纯是环境的消极产物。人在正常环境下生长是具有主观能动性的，在改造环境的同时改造着自己。科学的教育观肯定社会环境在人的发展中的重要作用。科学的教育观在人的发展问题上坚持内因外因统一，是在承认内因的前提下，肯定社会环境的重要作用的。

（4）实践活动在人的发展中的作用　实践活动是主体作用于客体的过程，即主观见之于客观的活动。实践活动是人同外部世界进行物质和精神交换的活动，是人的内部因素与外部因素的结合与统一，是人的主观能动性的体现。人的实践活动多种多样，就其活动形式可分为游戏活动、学习活动和社会实践活动。人的实践活动的主体是社会实践活动。社会实践活动最基本的形式是生产活动。在生产活动基础上又有社会交往活动和科学实验活动。物质生产实践活动、科学实验活动等是人们认识世界和改造世界的实际活动，所以，马克思主义把这些实践活动称为革命实践活动。

实践活动从总体上看是人的发展的基本途径，人是在实践活动中并通过实践活动来发展自己的。学习活动是贯穿于人一生的一种实践活动，人为了从事生产和社会交往，为了生存就需要学习，学习从事社会实践的新知识、新经验、新科学、新技术。学习对于青年而言是他们的基本实践活动。他们通过学习来提高自己认识世界和改造世界的能力，来发展自己。

对人的发展更具有现实意义的是社会实践活动，即人直接从事物质生产、社会交往和科学实验的活动。因为这些实践活动是人直接同自然和社会相交换的过程。自然环境和社会环境对人的影响，都需要通过人与环境的直接接触才得以发生。人是在改造环境的同时改变着自己，社会实践正是环境同人交互作用的桥梁和纽带。

无论是从人类的发展史而言，还是从人类个体的成长史而言，人的发展都离不开人改造自然和改造社会的实践活动。人自身作为一种自然力与自然物质相对立。为了在对自身生活有用的形式上占有自然物质，人就使他身上的自然力运动起来。当人通过这种运动作用于他身外的自然并改变自然时，也就同时改变自身的自然，使自身的自然中沉睡着的潜力发挥出来，并使这种力的活动受他自己控制。

社会实践不仅促进人的身体和智力的发展，也影响人的思想。马克思主义认为，无论为了使这种共产主义意识普遍地产生还是为了达到目的本身，都必须使人们普遍地发生变化，这种变化只有在实际运动中，在革命中才有可能实现。可见，革命实践活动不仅是改造客观世界，也是改造主观世界的基本途径，即人赖以存在和发展的基本途径。

正是由于革命实践对社会和对人的发展如此重要，马克思主义强调，生活、实践的观点，应该是认识论的首要的和基本的观点。这一观点也是马克思主义教育观的一个重要观点。马克思主义一贯强调教育与生产劳动相结合，教育要同社会相联系，正是这一基本观点的体现。在教育过程中必须重视社会实践对人发展的作用，充分利用社会实践活动，以促进教育对象的身心发展。

（5）教育在人的发展中的作用　教育是有目的有意识地培养人的活动，是影响人的发展的有效手段。教育同实践活动一样，也是人的内部因素与外部因素的统一，是主观见之于客观的活动，但是教育又不同于实践活动。实践活动的主体是人，客体是自然与社会。教育的主体与客体都是人，教育者与受教育者都有各自的主观能动性。教育活动既有教育者的主观意志作用，同时也有受教育者的主观意志参与。社会实践活动主要发挥个体人的主观能动作用；而在教育活动中不只有个人的主观能动性，更重要的是社会意志，教育是社会意志的体现。不仅是制度化的教育，非制度化的教育如家庭教育，在实质上也体现着社会的要求。由此可见，教育是一种复杂的活动，不能简单地把教育归之于一般的实践活动。

教育也不同于环境，环境是存在于主体之外的自然和社会生活条件，环境是人们活动的结果。环境在被人们创造出来之后便客观存在。教育自始至终都是作为活动和过程而存在。教育者和受教育者活动终止便无所谓教育的存在。环境对人有影响作用，但影响人并不是环境的直接目的。而教育则是专门为了对人施加影响而存在的，培养人是教育的专门职能。所以，教育也不能与环境混同。只有把教育同一般实践活动和环境因素区别开来，才能充分了解教育的特点，真正认识和发挥教育对人发展的特定作用。

教育对人的发展的重要性，早已为思想家和教育家所认识。马克思在《资本论》中谈及人的劳动能力的形成时提到，要改变一般的人的本性，使其获得一定劳动的技能和技巧，成为发达的和专门的劳动力，就要有一定的教育或训练。教育是使个人获得全面发展的重要条件。总之，人的发展离不开教育，教育是培养人的有效手段。

教育对人的发展之所以具有如此重要的意义，其原因就在于教育在人的发展中起着主导作用。影响人的发展因素是多方面的，但在这些因素中，教育是起主导作用的因素。教育之所以在人的发展中能起主导作用，是和教育的特点分不开的，主要包括以下方面：

① 教育是有明确目的的活动，对人的发展方向起着制约作用。教育是有目的有意识地培养人的活动，是遵照一定的社会要求，按照既定目的对人施加影响的过程。社会环境和社会实践也都在影响人的发展。但是，他们的直接目的是改造自然，改造社会，并不以影响人的发展为主要目的。教育则是以专门影响人的发展为目的的。同时社会环境、实践活动对人的影响性质是错综复杂的，既有积极影响也有消极影响，既有正面作用也有负面作用。各种因素都从不同角度和不同方向上影响人，而教育则是按照一定目的培养人的，所以对社会环境和实践活动的影响起着筛选、过滤和调控作用。教育可以根据一定的目的和要求，选择影响条件，排除和控制各种不良因素，从而达到影响性质和方向的一致性，以保证教育目的的顺利实现。

② 教育是有计划地全面系统地影响人的过程，可以提高对人影响的效益。教育，特别是学校教育对人的发展的影响是有计划地系统地进行的。教育按照一定要求有计划地选择教育内容，有效地组织教育活动。教育对人的影响又是全面的，既影响受教育者的精神，又影响人的身体；既传授知识，又影响人的思想品德。教育的影响又是系统地按照人的身心发展规律进行的。环境和实践活动对人的影响在一定程度上都带有自发性和偶然性，对人的影响也都缺乏连续性和系统性。所以，环境和实践活动对人的影响、作用远不及教育有效。

③ 教育有特定的教育者负责组织教育活动。教育是教育者和受教育者的双边活动。任何教育都必然有教育者存在，学校教育更有受过专门训练的教育者即教师组织实施。这些教育者都具有丰富的社会实践经验。教师更具有必备的科学文化知识，又经过专业训练，既有明确的教育目的，又懂得人的发展规律，并掌握有效的教育方法和手段。有这样的教育者指导、训练，受教育者可以有效地接受教育。而人在环境和实践活动中接受影响，主要依靠个人摸索，要经过反复失败，才能自发地获得知识和经验。总之，在影响人的发展诸因素中，教育起主导作用，是促进人的发展的有效手段。

4.影响人的发展诸因素的相互关系

影响人的形成与发展的诸种因素有的是先天遗传，有的是后天环境，有的是人的主观能动性，有的是人的实践活动，还有的是教育。这诸多因素在人的发展中是统一起作用的，既不可混同，也不可相互替代，都是人的发展过程中不可缺少的因素。遗传素质是人的发展的物质基础，主观能动性是人的发展的内在动力，社会环境是人的发展的决定性条件，实践活动是人的发展的基本途径，教育是人的发展的有效手段。这些因素共同作用，才能使人顺利发展。但是，在这些因素中起主导作用的是教育。

影响人的发展的因素都是互为条件、互相制约的。遗传素质的发展与社会环境密切相关。人的物质生活条件和社会关系的性质，既可决定人的发展方向，也可制约人的发展程度。社会环境对人的影响，又要通过实践活动起作用。人只有通过实践活动才能获得发展。实践活动是内外因的统一，是主观能动性的具体体现。教育是以人的遗传素质为前提的，但教育又能根据人的遗传素质特点和遗传规律施加影响。教育受人的主观能动性制约，然而人的主观能动性又要靠教育来培养和调动。社会关系决定教育，可是社会关系对人的影响又要通过教育来实现。实践活动是培养人的重要途径，教育要同革命实践相结合。实践活动对人的影响作用，又需要教育来有效地予以组织。可见，教育在影响人的各项因素中起着主导作用。

唯物史观指出人的本质是一切社会关系的总和，教育本身也是由社会关系决定的。马克思主义提出社会关系决定教育的原理，这是在人类思想史上对科学教育观的重大贡献。这一原理不仅不否定教育的主导作用，相反的，正是表明教育对人的发展的主导意义。教育对人的影响，无论是在性质上还是在方向上，都不取决于教育自身，而是取决于社会关系。教育是社会关系借以影响人的手段。由此可知，教育对人的发展的主导作用从根本而言不是来自教育，而正是社会关系对人的要求和作用的体现。所以，社会关系对人的影响和教育的主导作用是一致的，并不对立。

关于教育同实践活动的关系的认识也是如此。马克思主义强调革命实践对人的发展的重大作用，要求教育同革命实践相结合，这同样不与教育起主导作用的观点相对立。教育培养人不能脱离革命实践，革命实践也同样离不开教育。实践活动的基本要素包括目的手段和结果等方面。任何实践活动都首先有目的，然后才有实际行动。人的实践目的不同，实践结果也就不完全一样。教育是端正实践目的，提高对实践意义认识的必要手段。

实践活动的结果取决于实践手段，要想达到理想的实践结果，就必须有相应的实践手段。手段合乎客观规律，才能保证实践活动的有效性。实践手段的有效性，又同人们对客观事物发展规律的认识和对科学技术的掌握有直接关系。人们掌握知识、认识规律、发展能力、提高技术，主要通过教育。所以实践活动要提高效益也离不开教育。离开教育，实践活动也就难以达到既定的目的和理想的活动结果。可见，教育在实践活动过程中也同样起着主导作用。革命实践和教育对人的影响作用，同样是相互制约、相互统一的，不可对立起来。

总之，对人的发展因素，必须全面、辩证和统一地认识，这样才能更好地发挥诸因素对人的发展的影响作用。在这些影响人的发展的诸因素中，又必须正确认识教育作用的主导性。

02 第二节 教育的本质及其基本规律

一 教育的本质

随着社会的发展和进步，制度化的学校教育的形式与类别也日益丰富、复杂多样。全日制的教育、非全日制的教育以及终身教育等的涌现，使教育的范围、教育的形式发生了极大的变化。在现代社会，教育的对象不仅限于青年，而包括了所有人。教育内涵的扩大，必然要求重新界定教育的概念。一般而言，即从教育同其他社会现象的区别而言，教育就是有目的地培养人的社会活动。凡是有目的地增进人的知识、技能，影响人的思想品德，增强人的体质的活动都是最广泛意义上的教育。

广义的教育也包括人们在社会上、家庭里、学校中、亲友间受到的各种有目的的影响。广义的教育既包括制度化的教育，也包括非制度化的教育，它是一切教育的总称。狭义教育则主要指制度化的教育，即各级各类的学校教育。学校教育的概念都具有学校教育的性质，都是制度化的教育。所谓制度化教育就是指这种教育具有相应的组织制度，对于学制、培养目标、教学组织形式、成绩考核等都有法定的要求。所以，凡是制度化的教育，都归于学校教育。学校教育概念已经在扩大。

所谓教育就是根据一定社会的要求和个体的身心发展规律，在教育者的积极主导和受教育者的主动参与下，有目的、有计划、有组织、全面系统地对受教育者的身心施加影响的社会活动过程。科学的基本任务在于通过事物的现象，揭示事物的本质，以掌握客观规律，服务于人类的社会实践活动。通过对教育现象的探讨，揭示教育的本质是教育学基础理论的重要任务。教育这一社会现象是复杂的，既涉及教育同社会发展的关系，又涉及教育同人的发展关系。因此，教育的本质包含着这两方面关系的内在的统一联系。

（一）教育的社会属性

1.研究教育社会属性的意义

本质是事物的内在联系及其质的规定性。对事物本质的揭示是一个由浅入深、由初级到高级的不断深化的过程。揭示事物本质必先由现象开始。因为现象是事物本质的反映，只有透过现象才能认识本质。教育是一种社会现象，要揭示教育的本质，也必须先从教育现象着手，分清教育的社会属性，掌握其专门特点，最后才能对教育的本质有所认识。划分教育的社会属性，当然还不是对教育本质的真正揭示。但是，认识教育的社会属性是认识教育本质的必要的一步。对于教育的社会属性尚且不能正确认识，当然就更谈不到对教育本质的揭示了。所以，如果想要揭示教育本质，就必须明确教育的社会属性，这是认识的客观规律。因而对教育社会属性的讨论是完全必要的，是不可逾越的过程。

教育的社会属性就是关于教育的社会特性。探讨教育的社会属性，就是要在社会基本范畴中明确教育的归属。社会范畴的划分体现着对社会发展规律的认识。社会是一个系统，是由相互联系的各种社会要素所构成的整体。社会的构成要素是十分复杂的。人对于这些复杂的社会现象，马克思主义的历史唯物主义观点第一次做出了科学划分，从而揭示出了社会的发展规律。

历史唯物主义认为，社会现象尽管错综复杂，但却是有规律可循的。各种社会现象概括起来不外乎是生产力、生产关系和意识形态等方面的基本要素。马克思主义强调，人们在自己生活的社会生产中发生的一定的、必然的、不以他们意志为转移的关系，即同他们的物质生产力的一定发展阶段相适合的生产关系，这些生产关系的总和构成社会的经济结构，即有法律的和政治的上层建筑竖立其上并有一定的社会意识形态与之相适应的现实基础。物质生活的生产方式制约着整个社会生活、政治生活和精神生活的过程。

马克思主义强调，与生产力发展阶段相适应的生产关系的总和就是社会的经济基础，与生产关系相适应的政治、法律及一定的社会意识形态就是社会的上层建筑。生产力决定生产关系，经济基础决定上层建筑；生产关系反映生产力，上层建筑反映经济基础并为经济基础服务。马克思主义对社会现象的这一划分及其相互关系的认识，彻底地揭示了社会的发展规律，为认识各种社会现象的本质提供了理论基础。作为社会现象的教育属于何种社会范畴，是在探讨教育本质时必须首先解决的问题。只有弄清了教育的归属，才能进一步揭示教育的本质。

2.教育是社会的上层建筑现象

教育属于何种社会现象是教育理论应该明确的。按照历史唯物主义观点，教育属于社会的上层建筑现象，因为总体上教育与各种社会上层建筑现象具有共同特征。社会上层建筑是建立在一定经济基础之上的社会思想、观点，以及与之相适应的组织制度和设施等复杂的社会体系，包括社会的政治、法律、哲学、道德、文学、艺术等观点，以及与这些思想观点相适应的组织机构、制度和设施的总和。社会的上层建筑现象是多种多样的，但是，却有着共同特征。而教育同样具有这样的共同特征，所以，教育也当属于社会的上层建筑。上层建筑现象的共同特征主要表现在以下方面：

第一，一定的社会上层建筑都是由一定的社会经济基础决定的，因而它必然反映一定的社会经济基础，被社会经济基础所制约。

第二，上层建筑产生以后，在经济基础决定的前提下，又反过来对经济基础有能动的反作用。一定的上层建筑都要为一定的社会经济基础服务。

第三，因为政治是经济的集中表现，上层建筑由经济基础决定并反过来为经济基础服务都要通过政治来实现，而社会经济基础和政治在阶级社会都是具有阶级性的，所以，被政治经济所决定的社会上层建筑在阶级社会也都具有鲜明的阶级性质。

第四，社会上层建筑既然是由社会经济基础决定的，就必然要随着经济基础的发展而发展、变更而变更。当社会经济基础发生变革时，社会的上层建筑也迟早要随之发生变革[1]。

第五，社会上层建筑虽然是由经济基础决定的，但却有相对独立性，与其以往的历史都有着一定联系，存在着批判继承关系。

上述各种特征是社会上层建筑现象的共同属性，正是这些共同属性决定了它们属于上层建筑这一共同范畴。从教育的产生而言，是社会关系决定了教育。社会关系的核心是经济基础，所以，一定的教育都是反映一定的经济基础的性质和要求的。有怎样的经济基础便有怎样的教育。教育的指导思想、教育的方针政策、教育的制度、教育的目的、教育的内容，以及教育的方法，无不受到一定的社会经济制度的制约，这是一切社会教育的共同特点，也是一切社会上层建筑现象所共有的特征。

从教育的作用和职能而言，教育一经产生，便能动地反作用于经济基础并为

---

[1] 石佩臣：《教育学基础理论》[M].教育科学出版社，2018，第115-174页。

一定的政治经济服务。教育从来都体现着社会的要求。教育是通过培养人来为社会服务的。一定的教育，都要为一定社会的政治经济培养合乎要求的社会成员，通过培养人来维护一定社会的政治经济利益。

从教育的发展而言，教育的发展也完全取决于政治经济。随着经济基础的变更，政治的变革，教育也要相应地发生变革。每当社会经济基础和政治发生变化时，教育也或慢或快地随之变化。生产力的发展对教育的影响，也是通过政治、经济的作用实现的。可见，教育也与其他上层建筑一样，是随着政治和经济的变革而变革的。

从教育的独立性而言，教育由政治经济决定，但也具有相对独立性。首先，教育的发展有其历史的批判继承性。对历史的优秀遗产进行批判继承，对外国的先进经验也要分析借鉴。其次，教育虽然由经济基础决定，但也存在着同经济发展的不平衡性。教育对经济而言，也有超前和滞后的状况发生。最后，教育不仅反映政治和经济，同时也与其他上层建筑现象相互影响，教育有其相对独立发展的历史。总之，教育完全具有上层建筑现象的共同特征，教育应属于社会的上层建筑范畴。

3.教育非上层建筑说的问题

教育生产力说主张教育是培养人的过程，而人是生产力的要素。教育是通过传递科学技术来培养人的。科学技术是知识形态的生产力，教育是把可能的生产力转化为直接生产力的基本途径。所以，认为教育属于生产力。

教育多重属性说主张教育具有多重属性，不完全是上层建筑。因为教育既有上层建筑因素，又有生产力因素。教育的思想、方针、目的以及社会科学内容是意识形态，在阶级社会具有阶级性，这些应属于上层建筑。而教育的自然科学内容，教育的方法手段不随社会变化而变化。自然科学是生产力的要素，方法手段又都具有物质性，由此认为教育的属性是多性质的、多层次的。教育既不完全是上层建筑现象，也不完全是生产力，而是具有上层建筑和生产力的双重属性，甚至是多重属性。

教育特殊范畴说主张教育是复杂的社会现象。教育有生产力的成分，但又不能归结为生产力；教育和经济基础有密切联系，但又不是经济基础；教育有上层建筑成分，但又不完全是上层建筑。教育还包括既不是上层建筑，又不是生产力的成分，如教学方法、教学内容，以及教育机构和设施等。所以，认为教育应该是既不属于生产力，也不属于上层建筑，更不属于经济基础的独立的特殊范畴。

教育实践说则主张教育上层建筑说把教育完全看作是一种意识形态忽略了教育的本质属性，即社会实践性。实践是物质活动，具有物质性，因而主张教育既不属于上层建筑，也不属于生产力，而属于实践范畴，教育是培养人的实践活动，是人类自身生产的实践。

上述各种教育非上层建筑说都有一定道理，并且也以一定事实为依据，但在理论上都存在问题，都不能正确说明教育的社会属性。这些观点的问题主要体现在以下方面：

（1）降低人的社会地位，夸大了教育的转化价值　教育是培养人的过程，人是生产力的要素。但是，人并不单纯是劳动力。尤其是在社会主义条件下，教育培养的是完整的社会人，不是单纯的劳动力。他们既是德、智、体、美全面发展的社会主义事业的建设者，又是接班人。把人单纯看作是劳动力的所谓人力资本理论已经过时。人是生产力要素，既要同自然界打交道，更要进行社会交往。社会主义的教育应是全面教育，培养社会的人的一切属性。把人单纯看成是生产力要素，把社会主义教育的价值单纯归结为培养劳动力，无疑在理论上是片面的，既降低了人的社会地位，也曲解了教育的价值。

教育向受教育者传授科学文化知识，培养人的劳动能力，但是，这种劳动能力也仍然是知识形态的生产力。在人没有投入直接生产过程，没有把知识运用于生产过程以前，仍然是一种可能的和潜在的生产力。教育对象受教育以后，是否一定会把科学知识应用于生产实际，也不完全是由教育决定的。受教育者的劳动能力是否能真正应用于生产过程，是否会把可能的知识转化为直接生产力，这还要取决于社会条件和个人的主观意愿。如果社会不能保证就业，或者受教育者个人不去从业，他虽有劳动能力也不能变成现实的直接生产力。所以，主张教育传授科学技术，培养了人的劳动能力，就是把可能的生产力转化成为直接生产力，教育也就成了生产力的观点也是不确切的。教育只是把知识转化为劳动能力，并没有转化为直接生产力。

（2）曲解了生产劳动概念扩大的理论，误解了教育的劳动性质　马克思主义强调，资本主义使生产劳动概念扩大。因为资本主义的分工使生产劳动者的劳动能力被分解。资本主义生产不仅使从前本来集中于生产者一身的脑力和体力进一步分离和对立，甚至生产过程中的各种劳动职能也被分割了，劳动者个体已变成总体工人的一部分。正是基于这种情况，生产劳动概念开始发生了变化。随着劳动过程本身的协作性质的发展，生产劳动和它的承担者即生产工人的概念也就必然扩大。

根据马克思主义的这一生产劳动概念扩大的理论有人会觉得教育应属于生产劳动，既然现代生产劳动不局限于直接动手劳动，间接的劳动、脑力劳动也都是生产劳动，那么教育是培养劳动者的劳动。教育劳动虽然是间接作用于劳动对象，但教育也是总体劳动的一个部分，所以，教育也是生产劳动。这种观点曲解了马克思主义生产劳动概念扩大的理论。

马克思主义强调现代的生产劳动概念扩大，但并不是无限扩大。马克思主义是把生产劳动概念扩大到直接物质生产过程，指的是直接的商品形成过程中生产劳动概念的扩大。按照马克思主义的观点：第一，教育是精神生产，不直接生产物质产品；第二，教育不直接属于物质生产过程，是物质生产过程以外的劳动；第三，教育不直接创造报酬基金，教育劳动是同收入相交换，所以，教育虽然能生产劳动能力，具有一定的生产性，但也只是一种服务，不属于生产劳动。

总之，人是生产劳动者，凡是对生产劳动者有用的活动也就都成了生产劳动，只不过是间接而已，显然这是对生产劳动概念扩大的曲解。正是这种曲解影响了对教育劳动性质的正确认识。教育是劳动能力的生产，它不同于物质生产。虽然如此，教育却是“产业上必要的”，是具有生产性的。所以说教育是服务，是一种非生产劳动，绝不意味着可以忽视教育的生产作用。但是，不能因此把教育同生产劳动等同起来。

（3）违背了关于事物性质的主要矛盾观点　许多关于教育非上层建筑的观点，还有一个共同性的问题就是违背了辩证唯物主义关于事物性质的主要矛盾的方法论思想。关于教育非上层建筑观点都看到了教育的复杂性，认为教育包含着各种非上层建筑因素。例如，上层建筑具有意识形态性，而教育却包含有物质性等非意识形态性因素；上层建筑具有可变性，而教育包含有不随社会变动而变动的因素等。因而认为教育不属于上层建筑现象，至少不完全属于上层建筑领域。

事物的复杂性是普遍规律，绝非教育仅有。客观世界一切事物的属性都不是单一的，都反映着事物的多方面矛盾。唯物辩证法告诉人们，事物具有多种属性，但其中必然有一种是主要的，是事物主要矛盾的反映。事物的性质则是由事物主要矛盾和矛盾的主要方面决定的。因此，研究任何过程，如果是存在着两个以上矛盾的复杂过程的话，就要用全力找出它的主要矛盾。捉住了这个主要矛盾，一切问题就迎刃而解了。同时矛盾着的两方面中，必有一方面是主要的，其他方面是次要的。其主要的方面，即所谓矛盾起主导作用的方面。事物的性质，主要是由取得支配地位的矛盾的主要方面所决定的。这正是观察和分析事物的科学方法。教育非上层建筑说正是由于违背了这一科学方法论，因而否定教育属于社会上层建筑范畴。

综上所述，政治、法律、文学和艺术等都不因为包含多种属性而影响其上层建筑性质，其根本原因就在于其他因素对于上层建筑属性而言都是次要的，是非主要矛盾，是这些事物的主要矛盾和矛盾的主要方面决定了它们的上层建筑属性。教育同样如此，教育的社会属性应由教育的主要矛盾来决定。教育的方针政策、教育思想、教育目的等不仅属于上层建筑，而且在教育中是占主导地位的。这些不仅决定教育的性质和方向，而且教育内容，甚至教育的方法手段也要受其影响。所以，确定教育的社会属性，必须在方法论上坚持主要矛盾观点，只有这样，才能认清教育的性质。

（二）教育的专属特点

上层建筑是由诸多社会现象构成的，同其他事物一样，各种上层建筑现象既有共同性，又有特殊性。而认识的一般规律不仅在于通过事物的共性特点揭示事物的属性，更在于认识事物的个性特点，从而揭示事物的本质。唯物辩证法认为，如果不认识矛盾的普遍性，就无从发现事物运动发展的普遍的原因或普遍的根据；但是，如果不探讨矛盾的特殊性，就无从确定一事物不同于他事物的特殊的本质，就无从发现事物运动发展的特殊的原因，或特殊的根据，也就无从辨别事物，无从区分科学研究的领域。教育这一社会现象总体上属于上层建筑，具有上层建筑的共同规律。但教育同政治、法律、哲学、道德、文学艺术等上层建筑现象相比较，又具有自身的特点。只有认清教育的专属特点，才能真正揭示教育的本质。

1. 专门培养人是教育的本质特点

教育同其他社会上层建筑现象相比较具有自身专门的特点。这些特点不仅反映着教育同众多复杂上层建筑现象的根本区别，也是教育本质的集中体现。在教育的诸多特点中，专门培养人是教育的本质特点。上层建筑现象一般都在影响人，但是，只有教育专门承担着培养人的历史使命，是专门培养人的社会活动。自从有人类社会以来，教育一直以培养人为基本职能。社会的延续和发展总是以人的培养为前提的。为了使社会得以保存、更新与发展，教育总是把上一代以及同时代所创造的生产力，形成的社会关系、社会文化传统、思想意识道德等传递给新生一代和现实的社会成员，使他们成为合乎一定要求的人才，使其在社会生活中发挥作用，维护既定的社会秩序，促进社会生产乃至整个社会发展。

教育是促进社会发展的重要工具，是促使个体社会化的最有效手段，是联系个体与社会、现实与未来的桥梁和纽带。离开了教育这一专门培养人的工具，既不会有个体的发展，也不会有社会的进步。其他社会上层建筑现象在为经济基础服务、维护社会秩序、促进社会发展的同时，也直接或间接地影响人，但都不是以培养人为其专门职能的。因此，其他社会上层建筑现象对人的影响不是系统全面的，都具有偶然性与片面性；而以培养人为根本目的的教育总是有计划、有目的、有组织地实施，有受过专门培养训练的教师，并遵循人的身心发展规律进行的。

因此，专门培养人的教育对人的影响总是全面的、系统的，指向人的身心发展的各个方面，而且也是最有效的，这同社会其他上层建筑现象相比有着本质的区别。培养人是教育的核心特点，教育的其他特点都是这一特点不同侧面的反映。

2.教育对社会关系和生产力具有双重性与平行性作用

教育由社会关系决定的观点第一次科学地揭示了教育的本质规律，指明了教育属于上层建筑，是由经济基础直接决定的。一定的教育都是同一定的经济基础相适应的。但是，教育的活动领域及其对象与其他上层建筑不同，这就决定了教育一方面由经济基础决定，另一方面又具有同生产力密切联系的特点。生产力决定生产关系，经济基础决定上层建筑，这是社会发展的客观规律。生产关系同生产力又是社会生产不可分割的两个方面。生产关系同生产力之间的关系就如事物的内容与形式的关系，是不能分离开的。

马克思主义肯定生产力对生产关系的决定作用，这是为了深入揭示社会发展的客观规律而进行的理论抽象。事实上，现实中的生产力同生产关系从来就是统一发生作用的。历史唯物主义关于经济基础决定上层建筑的原理，本身就是以承认生产力与生产关系的相互作用为前提的。尽管生产力对国家制度、人们的精神方式等上层建筑现象也具有重大作用，但是起着更为直接作用的是经济基础。教育发生、发展的整个历史事实也证明，任何一个时期的教育，无论其内容、任务、组织还是方法，从来都是同当时生产力的状况密切相关的。

① 教育同生产力的关系首先反映在教育基本职能上。任何社会的教育，都是适应社会需要、培养塑造人的有效手段。人从来都是社会人，都要生存发展于一定的生产方式之中。而生产方式既是个人相互间的关系，又是人们对自然界的实际活动。因此，社会的发展和延续，以及人类自身的存在与发展，都必须世世代代在这两种关系中相互联系着。人要成为一个合格的社会成员，仅具有自然实

体是不够的，为了能够在既定的社会中生存，人们还必须能够适应现成的社会关系，继承生产力。这就决定了教育在培养人的过程中一方面通过灌输思想，培养行为习惯，传授一定的社会生活经验，使之能适应现存的社会生活，还必须对个体传授人类社会积累起来的文化知识，赋予特殊的劳动能力，使之能够从事生产劳动。这样就形成了教育既传授社会生活经验，又传授生产知识的双重基本职能。教育的这两个基本职能，在不同程度上并存着。随着社会的发展进步，教育的这两个基本职能在学校教育中也越来越趋向于统一。

② 教育同生产力的关系也反映在教育的反作用上。一定社会的上层建筑都必然要在各自领域内为一定的经济基础服务，并通过经济基础作用于生产力。一定的教育也要直接反作用于一定的经济基础，从而影响生产力。由于教育具有特殊的职能，因而在其反作用上，既有通过经济基础间接作用于生产力的一面，同时又具有直接作用于生产力的一面。这既是教育的特点所在，也是教育本质的反映。现代生产的规律表明，社会生产力的提高，一方面取决于人的因素；另一方面取决于科学技术的因素，而教育的重要职能就在于能生产人的劳动能力，能改变劳动能力的形态，能发展和生产新的科学技术。而通过教育培养的掌握先进科学技术的全面发展的个人是最强大的生产力。事实上，教育同生产劳动的结合已是现代社会生产的普遍规律，教育对生产力具有直接的促进作用。

综上所述，教育虽属于上层建筑，由经济基础直接决定，但在其职能上却有双重性：在教育对社会的反作用上，不仅有直接为经济基础服务的一面，还有为生产力服务的一面；既通过为经济基础服务而间接作用于生产力，又通过传授自然科学知识和生产技术而直接作用于生产力。教育的服务职能具有平行性特点。教育在产生和发展上直接决定于经济基础，生产力在这里的作用具有间接性，而在为社会服务的反作用上，教育同生产关系与生产力的关系却具有双重的平行性，这是教育的一个客观规律。当然，这种双重性和平行性归根结底是受经济基础制约的。因此，在对教育的认识上，既要看到经济基础对教育的直接决定作用，也要看到教育同生产力的直接联系，承认教育对生产力的直接作用，全面揭示教育的本质，使教育在现代化建设中发挥更大的作用。

3.教育对人具有全面性与系统性影响

教育对人施加影响不仅有组织、有计划、有目的，同其他上层建筑现象相比较，教育影响人的突出特点还在于对人影响的全面性和系统性。一般而言，其他上层建筑现象在对人的影响上具有两个共同特征：第一，影响的范围主要限于思想、情感和意识等精神领域；第二，对人的影响作用带有一定的偶然性和片面性。因为其他上层建筑都不担负全面培养塑造人的使命，对人的影响是在各自领域内进行的。教育则不然，它是培养和塑造人的专门活动，它不仅把个体人作为自己的活动对象，而且把受教育者作为一个完整的人来施加影响。这个社会实体在本质上是一切现实社会关系的总和，无论是同自然界做斗争，还是参加社会生活，都必须以自己的身体这一物质基础为前提。

因此，人的形成与发展是身心的统一，是思想意识、知识技能，以及体质、体力等方面的综合发展。教育对人的上述诸方面的影响是全面的。也只有经过全面培养和训练，人才能得到完整统一的发展。教育对人影响、作用的全面性，是其他上层建筑所不具备的。同时由于人的各方面品质不是一朝一夕形成的，它们都具有由低级向高级连续发展的规律，而且各种品质之间也存在着相互影响、相互作用的关系，因而也就决定了教育作用的连续性和系统性。正因为教育具有这些特点，教育实践中才产生对教育对象德智体美全面发展和循序渐进、系统培养的要求。所以，要充分发挥教育为现代化建设培养人才的作用，保证教育质量，就必须深刻理解教育的这一突出特点，自觉遵守这一客观规律。

4.教育活动双边性及其相互制约性

教育活动双边性是指教育过程中存在着教育者与受教育者两个方面，教育活动是教育者和受教育者既共同活动又互相制约的过程。教育的这一特点是由教育的特殊任务和地位决定的。教育活动是一种特殊的认识活动。认识活动是作为认识主体的人对客观世界的认识和改造。学习对受教育者而言也是对世界的认识过程，从这方面看，与一般认识过程是一致的。但是，学习主要是对世界进行间接认识。学习的主要任务是要在较短的时间里，掌握人类社会千百年来经过实践获得的现成的各种认识成果，不再走前人直接在实践中摸索经验的道路。学习就是从有丰富知识和经验的教育者那里间接获取知识，依靠教育者的传授和指导来认识世界、发展主体。所以，教育活动又不同于一般认识活动，教育活动是教育者和受教育者的双边活动过程。

教育过程的双边性，不仅是认识规律的反映，也是社会意志的体现。人的本质是一切社会关系的总和。教育是培养人的活动，一切教育都必然要体现社会的要求。社会要求正是靠教育者来体现的，社会通过教育者决定个人的发展水平和方向。由此可见，教育者是社会意志的体现者，肩负着按社会要求塑造人的使命。因此，教育不仅是教育者与受教育者的双边活动，而且教育者在这一过程中占有主导地位，这也是一个客观规律。

但是，教育者塑造人不是随意的，既要受社会关系制约，又要受教育对象的身心特点制约。因此，教育活动不仅具有教育者和受教育者的双边性，也存在着两方面的相互制约性。社会上层建筑的其他活动和人的认识过程则与教育不同。社会上层建筑的其他活动和一般认识过程都是单一的，而教育则是认识的主体被对象化的过程，即作为学习过程的认识主体在教育过程中变成了被认识和被塑造的客体。这种认识过程中的主客移位，是教育过程的独特特点。

至于主体与客体的相互制约性，在其他上层建筑现象中也是一个客观规律。但是，受人的身心发展规律制约，却是教育的特点。例如政治法律的形成并不是根据人的身心发展规律，而是阶级意志的体现。文学艺术虽然也要考虑其对象的心理特点，但是，它所考虑的只是对象的总体特征。而教育活动不仅要反映教育对象的总体特征，还要受对象个体身心发展特征制约。这就构成了教育的自身活动规律和特点。

5.教育的自觉性与强制性作用

不同的上层建筑现象在对人发生影响时都有各自不同的作用基础，按其影响性质划分，主要有两种：强制和自觉。政治、法律等都是靠强制力起作用的；文学、艺术以及道德等都是靠人们自觉接受来发挥影响作用的。这种作用的性质是由它们各自的职能特点决定的。教育是按照社会需要，全面、系统培养人的活动。教育的职能特点决定了它的作用性质既不同于政治、法律，也不完全等同于文艺、道德，而是具有二者结合的特点。在人的培养过程中，教育影响作用的发挥，一方面具有自觉性的特征；另一方面也体现着一定的强制性特征。教育是靠自觉性与约束性的结合来实现其影响作用的。

教育的作用之所以具有自觉性特点，就在于教育活动的对象是人，教育是对人的全面系统的培养过程。而人是有主观能动性的，教育要真正发挥对人的影响效能，就必须充分调动教育对象的自觉性。事实也是如此，教育要实现社会对人的要求，必须努力把社会要求变成个体愿望与需要，从而使个体产生行为动机。这一转变，不仅是受教育者自觉接受教育的基础，也是促使个体行为发生的动力。因此，教育如果不先有一个变外部要求为个体内部动因的过程，就不会取得以内部因素为基础再转化为外部行动的结果。而这个过程就是教育的自觉性特点之所在。

人的自觉性固然是教育发生效用的基础，但是，要充分发挥教育对人的影响效能，仅靠自觉还不够，还必须同时辅之以约束力，即带有一定的强制性。这是因为教育对人的培养和要求，无论是个人的发展方向还是培养规格，都不完全是个人的自由选择，而是由社会通过教育确定的。这些无论对教育者还是受教育者都具有规范性和约束力，是不允许违背的。教育活动的自觉性必须以一定的规范性和约束性为前提，教育中的约束性和强制性又是以自觉性为基础的，这就是教育活动中的自觉性与强制性的辩证统一关系，也是教育在作用性质上区别于其他上层建筑现象的一个重要特点。

6.教育的现实性与未来性统一效果

上层建筑现象都必须为社会现实服务，都具有活动效果的现实性特点。教育也是一样，也必须从现实出发，为社会现实服务，但教育的职能特点，决定了其在活动效果上不仅具有现实性的一面，更具有未来性的一面。教育效果的现实性和未来性的统一，就构成教育的又一重要特点。一定的教育是一定的经济基础和政治的反映，教育必然要满足经济基础和政治利益的需要，并为社会现实发展服务。为此，教育就不能不同社会现实相联系。

然而，教育的效果更主要地体现在未来，教育服务于社会的效果必须经过几年或十几年才能体现。教育效果的这一特点是不难理解的，因为教育的基本任务在于全面系统地塑造人。人的成长是有其客观规律和时间过程的，无论是在思想意识、道德品质的形成上，还是在对文化知识和科学技术的掌握上，以及身体发育、体质的增强上，都需要一定的时间，并经过精心培养才能实现。当然，这里所谓的长期性，并非意味着教育对象身上的每一种品质，以及各个品质的任何一个组成要素都需要多年形成。但从教育的目的在于为社会培养塑造完整的一代新人而言，教育效果的长期性和未来性的特点是十分明显的。教育要使培养的对象能综合运用已经形成的各个方面品质，能成为一个合格的社会成员，独立在社会上发挥作用，必须有待于预期的未来。教育效果的现实性与未来性的统一，是教育的一个客观规律。

教育效果的现实性与未来性的统一，体现在对人的培养上，教育通过对人的培养活动而为社会现实和长远利益服务。同时又通过教育与现实的联系以及教育同革命实践相结合，以达到对人的有效培养，实现教育的预期效果。总之，教育属于上层建筑，又有其独有的特点。只有深入认识教育的专属特点，才能真正揭示教育的本质，把握教育的规律，使教育更好地为社会主义现代化建设服务。

二 教育的基本规律

规律蕴藏在客观事物本质及其相互联系之中。教育规律也是同样，它也在教育的各方面的本质关系中得到反映。规律是有层次性的，不同层次的关系反映着不同层次的规律。教育的基本关系反映的是教育的一般规律。

（一）教育与国民经济发展相互适应

1.教育与国民经济发展相互适应是客观规律

在教育同社会发展的关系中，重要的一点就是教育同国民经济发展的相互关系。国民经济指的是一个国家或地区工业、农业、商业、交通运输业以及科学技术等生产和劳动各部门的总称。国民经济发展即指这些部门整体的增长效率和变化状况。国民经济发展的标志是国民生产总值和国民收入，它通过经济增长率反映出来。

从教育同社会生产的关系可以看出，教育是由经济基础决定的，它又受物质生产所制约，同时教育又要反作用于国民经济。教育的发展依存于经济条件，而国民经济的发展又依赖于教育。可见，在教育同国民经济发展的关系中已反映出教育同国民经济发展相适应的规律。

教育同国民经济发展相适应的规律实际上包含着两方面的含义：一是教育的发展必须符合国民经济发展的要求，随着国民经济状况的变化而变化；二是国民经济也要为教育的发展提供物质条件，使教育能更好地为国民经济发展服务。由此可见，教育与国民经济发展相适应是一种双向关系，即服务与依靠。教育同国民经济发展关系中的相适应，是积极的相互作用。教育既要自觉地按照国民经济发展的要求进行自我调整，积极主动地为国民经济发展服务，同时，国民经济也要根据客观可能，自觉地为教育发展创造条件，促使教育为其服务。服务与依靠都应当是积极主动的。同时也只有双向积极主动，才能真正相互适应。

教育同国民经济发展相互适应，反映了两种生产的关系。历史唯物主义认为对人类社会的历史发展起决定性作用的因素是生产，是直接生活条件的生产和再生产。没有物质资料的生产，就不会有人的存在，也就不会有社会。反之，没有人的生产和再生产，就没有社会的物质再生产，也就没有人类社会的发展和延续。这两种生产在人类社会发展史上是互为前提、互为因果的关系。人，作为人类历史的经常前提，也是人类历史的经常的产物和结果，而人只有作为自己本身的产物和结果才成为前提。物质生活资料的生产和人类自身的生产是前提与结果的历史统一。

物质生活资料的生产同人自身的生产是靠教育统一起来的，因为物质生活资料的生产是靠人的劳动来进行的，可是人并非生来就会劳动。人只有经过教育，才能成为一个有用的劳动力。人要成为一个现代化的劳动力，就更需要教育。由此可知，教育同国民经济发展相适应，从根本上而言又是通过对人的培养来实现的。教育通过培养人促进国民经济的发展，国民经济的发展又为教育的进一步发展创造条件，可见，教育与国民经济发展相适应，是教育的客观规律。

2.教育发展的超前与滞后问题

与教育同国民经济发展相适应规律相联系，还有一个教育发展的超前与滞后问题。国民经济同教育的发展并不总是同步的。根据社会发展决定教育原理，国民经济永远是教育发展的前提。教育的发展必须以国民经济发展状况为依据，因而教育不可能超出国民经济发展水平而任意发展。从教育发展永远受国民经济条件制约而言，教育发展是滞后的，这是客观规律。

然而在当今世界，教育发展又出现了一种新趋势，即教育在全世界的发展正倾向先于经济的发展，从而有观点提出所谓教育先行或教育超前。也有观点把教育滞后同教育超前现象对立起来，认为教育既然受国民经济发展所制约，就谈不上超前，至多也只能是教育同国民经济发展同步。另一种观点认为教育超前发展是当今世界的先进经验，教育先行，正是对教育滞后规律的否定。

其实这种把教育超前和教育滞后简单对立起来的观点是不正确的。教育超前和教育滞后都具有特定含义，并不互相否定。所谓教育滞后，是针对教育同国民经济总体发展关系而言的。这里是说教育的发展规模和速度，必须同国民经济发展水平相适应。从总体而言，教育投资不能超过国民经济发展的承受力。教育的发展永远是以国民经济的发展为前提的，这是教育同国民经济关系的普遍规律。教育的投资若超出了国民经济发展状况所能承受的限度，就是对教育同国民经济发展相适应规律的破坏。

教育先行，则指在教育与国民经济总体发展相适应的前提下，教育的增长优先于经济增长。这主要表现在教育投资的增长高于国民收入的增长。国民收入是在国民生产总值中扣除同时期消耗掉的生产资料的补偿价值的新创价值。教育先行体现的是国民收入的再分配比例关系。教育费用支出的增长高于国民收入的增长，不仅不影响教育同国民经济发展相适应的规律，反之，恰是规律的要求。现代经济发展证明，教育只有比经济增长先行，国民经济才能得到更好发展。

教育投资的先行和超前，是当代教育同国民经济发展相适应规律的反映，但先行和超前也应有个度，并不是教育投资越超前越好。教育投资应以不破坏国民经济发展平衡为度，超越了国民经济发展所许可的限度，就不仅不是遵循教育同国民经济发展相适应规律，更是对规律的破坏。

所谓教育先行或教育超前的概念，不仅局限于经济投入的增长上，还应体现在培养目标和教育内容等方面。教育就其永远是在为一定社会培养未来合格成员而言，其职能同现时相比永远是先行或超前的。然而今天所说的教育先行或教育超前，已远非昔日的一般含义。而今的社会发展已远非昔日可比，科学技术飞跃发展，生产日益现代化，社会的发展日新月异。如无远见，今天的教育培养出来的人就不能适合未来的社会需要。

因此，教育要着眼于未来社会的发展要求，积极改革落后的教育内容，广泛吸收科学技术的新成果，瞄准未来科学技术的发展趋势，这样的教育才能培养出未来社会需要的新人。因此不难看出，教育先行和教育超前也是教育同国民经济发展相适应的一个重要内容。

（二）教育与政治经济的相互联系

1.教育与政治经济相互联系的客观必然性

从根本而言教育的发展依赖于经济的发展，教育要同经济发展相适应。但是在历史和现实中，教育同经济发展并不总是相适应的。社会关系主要指的是生产关系的总和，即通常所说的经济基础。这里所说的经济已不是国民经济部门，而是社会的经济结构、经济制度这些生产关系的总和构成社会的经济结构，即有法律的和政治的上层建筑竖立其上并有一定的社会意识形式与之相适应的现实基础。经济基础是决定社会上层建筑的根本力量。

教育作为一种社会现象，同其他上层建筑现象一样，归根结底也是由国民经济基础决定的。社会经济基础不同，受其决定的教育也就不同。经济同政治是密切联系的，经济的利益总是要通过政治反映出来。上层建筑各因素同经济基础的关系并不是等距离的，而与政治是最直接的关系。根据教育同政治、经济的关系可以清楚看出，一定的教育都是由一定的政治经济决定的，又反作用于一定的政治和经济。教育同政治、经济是密切相关的。在这一联系中教育同政治的联系又是首要的。这就表明，在教育同政治经济的关系中，教育同政治的联系是更直接的。经济基础对教育的决定作用主要是通过政治实现的；而教育为经济基础服务，一般也是首先通过为政治服务来体现的。可见教育同政治、经济联系，特别是首先同政治相联系，是普遍的客观规律，是不以人们的意志为转移的。

2.教育与政治经济相互联系的原则

通过对教育同政治经济相互联系的规律的探讨得知，教育与政治经济相互联系，必须遵循以下原则：

① 教育同政治和经济相互联系目标上的根本方向性。社会主义教育同政治联系必须坚持根本方向。社会主义的根本就是要加强社会主义革命和社会主义建设，最终实现共产主义。所以，教育同政治经济相联系，就必须把握这一根本方向。教育要面向现代化，面向世界，面向未来，最根本的就是面向社会主义、面向共产主义。这就是社会主义的教育同政治经济相联系的实质所在和根本要义。

② 教育同政治和经济相互联系内容上的多方面性。政治内容是多方面的，社会主义教育必须加强同政治经济的多方面联系。政治包括与其相联系的经济、文化和意识形态问题。教育同政治相联系，包括根本改造旧的生产关系，不断发展生产力，努力提高全民族文化素质，提高劳动人民的科学文化水平。

③ 教育同政治和经济相互联系任务上的发展变化性。政治经济的任务和内容是多方面的，但是在各个时期的重点却又是不同的。不同时期有不同的战略重点。因此，教育同政治和经济相联系，其任务和内容也是发展变化的。党的基本路线要求教育要为社会主义经济建设这一中心服务。可见，教育联系政治和经济的重点任务，必须随国家战略的转移而转移。

④ 教育同政治和经济相互联系的长远利益与现实利益的统一。政治和经济利益有长远与现实、根本与眼前之分。教育同无产阶级政治、经济相联系，必须坚持二者兼顾、两者统一，但重点在于根本利益。培养新人不仅是教育的根本任务，也是政治和经济的根本利益。教育同政治经济相互联系的基本点就是培养人，培养政治和经济所需要的人。所以，教育在为政治和经济服务时，绝不能忘记自己的特殊使命。

教育同当前政治相互联系，也是培养新人的必要途径。教育脱离了现实的社会关系和社会实践，也不可能培养出合格的新人。所以，从这种意义上而言，教育为培养新人服务，教育同现实的政治经济利益相互联系，这两者并不对立，从根本上而言又是一致的。把二者对立起来不可能达到培养新人的目的。

⑤ 教育同政治和经济相互联系的严肃性和科学性。教育同政治经济相联系应当是严肃的、科学的。这种联系必须实事求是，尊重教育的客观规律。教育联系政治时应考虑学生特点。活动应符合学生身心发展规律。教育同政治经济相联

系，为政治经济服务，必须从实际出发，不能违背教育的客观规律。

（三）教育与生产劳动相互结合

1.教育与生产劳动相互结合是历史必然

教育与生产劳动相结合，是教育思想史上的重要课题之一。以往教育同生产劳动相结合的思想，都是从人性的自由平等出发，不了解其真正的客观规律性，都是以人道主义为基础，把教育与生产劳动相结合当作是社会改良的一种手段。以往的教育与生产劳动相结合的思想，由于时代的局限性，都强调教育同农业、手工业的结合，在技术基础上是保守的。在教育同生产劳动相结合的形式上，过去这些思想都注重形式上的初级结合，只要有教育有劳动就算实现了结合，并不了解结合的实质和真正途径。由此可以看出，以往的教育与生产劳动相结合的思想虽然是宝贵的，但是，就其实质而言还算不上真正的教育与生产劳动相结合，只不过是一种劳动教育思想而已。真正的教育与生产劳动相结合的原理，是在马克思主义产生以后才开始形成的。

马克思主义揭示了教育与生产劳动相结合的客观规律，建立了马克思主义的教育与生产劳动相结合的原理，全面分析了资本主义发展的历史，指明教育与生产劳动相结合，完全是现代大生产的必然趋势。教育与生产劳动的分离和结合是一个历史的发展过程。教育同生产劳动必须结合，这已被现代生产所证实，完全是社会发展的客观规律。今天，这一规律已为全世界所重视，成为现代教育的一条重要原则。

2.教育与生产劳动相互结合的社会意义

教育与生产劳动相结合，是现代教育和生产的普遍规律。加强教育与生产劳动的相互作用，已成为目前国际教育界所普遍关心的一个问题。当前世界各国虽然对教育与生产劳动相互结合很重视，但是，对于教育与生产劳动相结合意义的认识，却不尽相同。马克思主义强调教育与生产劳动相结合的意义是多方面的，其作用不仅在于改造生产，而且是改造社会和改造人的统一。

① 教育与生产劳动相结合是改造现代社会最强有力的手段之一，马克思主义强调实行教育与生产劳动相结合的一个重要任务是改造社会。教育与生产劳动相结合也是改造传统、意识和习惯的有效途径。

社会主义是劳动者的社会，只有人劳动，才能使社会获得充分发展。所以，马克思主义明确指出，每个人都应该是生产者，任何人都不能把在人类生存的自然条件下所应参加的生产劳动推到别人身上。改革的有效途径是实行教育与生产劳动相结合。通过教育与生产劳动的结合，逐渐树立起劳动观点，树立热爱劳动、热爱劳动人民的新思想，养成热爱劳动的新习惯。

② 教育与生产劳动相结合是提高社会生产的一种方法。教育与生产劳动相结合的社会作用，不仅体现为改造旧的社会制度和生产关系，而且是提高社会生产力的一种方法。通过教育与生产劳动相结合，提高社会生产力，这是现代大工业的重要特点。

马克思主义强调，劳动生产力是由多种情况决定的，其中包括工人的平均熟练程度，科学的发展水平和它在工艺上应用的程度，生产过程的社会结合，生产资料的规模和效能，以及自然条件等。在诸多因素当中，科学在生产上的应用是提高生产力的关键。现代工业的突出特点为生产过程中注重科学的应用，而科学反过来成了生产过程的因素即所谓职能。这一特点就决定了社会生产力的提高已不再取决于劳动时间和劳动的数量，而是取决于科学水平和技术的进步程度及其在生产上的应用。现代大工业的特点也决定了劳动力素质的改变。现代化生产条件下的劳动力定义也发生了改变。现代化的劳动力应当是具有一定生产经验、劳动技能、智力和知识的劳动者。这种劳动者不仅要有高度的熟练程度，更要有知识，懂科学。只有这样的劳动者，才能保证科学和技术在生产上的应用，才能促使生产力不断提高。科学技术的应用和劳动力素质的提高都必须依靠教育，依靠教育与生产劳动的结合。

通过教育与生产劳动相结合提高社会生产力，是现代大生产的客观规律，同时也已为大工业生产的发展历史所证实。无论是提高社会生产力，还是实现教育的现代化，都离不开教育与生产劳动相结合。马克思主义关于教育与生产劳动相结合有利于提高社会生产力的论断，已为现代生产发展所证实。今天，教育与生产劳动相结合，之所以能引起全世界的普遍重视，并积极推行的根本原因也正在于此。

③ 教育与生产劳动相结合也是造就全面发展的人的唯一方法。教育与生产劳动相结合，对个人的全面发展具有特别重要的意义。个人全面发展最根本的是个人智力、体力的广泛、充分、自由和统一的发展。个人全面发展的实质是在智力、体力的广泛、充分发展的基础上，实现脑力劳动与体力劳动相结合。实现这一伟大目标，唯一的方法是教育同生产劳动相结合。

生产劳动是人类最基本的实践活动，不但对社会、对生产具有重要作用，而且也是人的智力和体力的发展源泉。劳动不仅是财富的源泉，也是人自身发展的源泉。马克思主义主张要消除这种人为的脑力劳动与体力劳动的分离，唯一的方法是实行教育与生产劳动相结合。总之，教育与生产劳动相结合，是马克思主义的一个教育基本原则。这一原则的彻底实施，完全是社会发展客观规律的反映，是无产阶级以及全人类解放的需要。对于社会主义而言，实施这一基本原则，对提高社会生产力以及实现个人的全面发展都具有特别重要的意义。

教育与生产劳动相结合，实际上包含两个方面的内容：一是生产劳动同教育结合；二是教育与生产劳动结合。马克思主义强调的是教育同生产劳动，而非一般的劳动的结合。工厂劳动和物质生产都是生产劳动。教育与生产劳动相结合，所要求的正是同物质生产劳动的结合。因为只有物化在产品中的劳动即生产劳动才是社会发展的基础。物质生产劳动是人类认识世界、改造世界的基本活动，不仅是创造物质财富，还是创造精神财富和改变人自身的革命实践活动。只有这种劳动，才对社会具有重要意义。

所以，教育与生产劳动相结合的真正要义应该是同物质生产劳动结合，而非同一般意义上的劳动相结合。当然，社会公益劳动、自我服务劳动等都是劳动，参加这些劳动也是必要的，也具有重要的教育意义。但是，这些只是劳动教育的内容，并不是真正的生产劳动。因为这些劳动从严格意义上而言，起不到改造社会和提高社会生产力以及培养全面发展的人的作用。由此可见，绝不是有了教育，又能参加劳动，就是教育与生产劳动的结合，其中还有一个劳动性质的问题。生产劳动不仅有性质问题，还有形式的问题。马克思主义强调现代生产劳动不同于以往，表现为多种形式，主要有三种：一是直接劳动；二是一般劳动；三是共同劳动。这三种劳动都在生产过程中起作用，并且是互相联系又互相转化的。

直接劳动即劳动者个体直接参加物质交换的劳动。这种劳动是在生产过程中劳动者亲自动手、直接操作的劳动，一般多表现为体力劳动。直接劳动是生产劳动的要素，是永远不可缺少的。但是，马克思主义强调随着科学技术的发展及其在生产上的应用，直接劳动及其数量在生产过程中越来越不是决定生产的尺度，虽然其在生产过程中还是不可缺少的，但是会更多起着对生产监督的作用。一般劳动是指生产过程中的科学技术劳动。“一般劳动是一切科学工作，一切发现，一切发明。”共同劳动是指劳动者共同协作的劳动，即结合劳动。

3.教育与生产劳动相互结合的实施原则

上述各种劳动形式表明，现代教育与生产劳动相结合的含义，绝不能再局限于和直接劳动即体力劳动的结合，应该既包括同直接劳动的结合，也包括同生产过程中的科学技术劳动的结合，同时还应是同共同劳动，即同社会化劳动的结合。现代社会发展历史证明，教育与生产劳动相结合已经成为一条普遍规律，高度科学化、自动化是生产的发展趋势。故而教育与生产劳动相结合，已为世界各国所普遍重视。然而如何贯彻教育与生产劳动相结合，社会主义社会同资本主义社会却又不尽相同，它们之间既有共同之处，更有原则区别。社会主义的教育与生产劳动相结合，既要遵循大工业生产的普遍规律，又应坚持社会主义方向，这样才能真正达到结合的目的。社会主义的教育与生产劳动相结合，主要应当以下述原则为实施基点：

① 必须坚持教育与生产劳动相结合目的的完整统一性。根据马克思主义的教育与生产劳动相结合的原理，教育与生产劳动相结合的社会意义是实现改造社会、改造生产和改造人的统一。因而，提高社会生产和造就全面发展的一代新人，是社会主义实施教育与生产劳动相结合的目的，三者不可分离。因此，社会主义实施教育与生产劳动相结合，更要重视提高生产的作用。要培养新人就必须正确处理出产品和出人才的关系。总之，教育与生产劳动相结合，是社会生产发展的客观规律，也是社会主义教育的基本原则。

② 要坚决实行普遍生产劳动与普遍教育相结合。马克思主义强调在合理的社会制度下，每个人都应参加生产劳动，每个人也都应受教育。这一思想已经包含着普遍劳动与普遍教育相结合的精神。由此可见，每个人普遍受教育，同时每个人普遍参加生产劳动，这是社会主义教育与生产劳动相结合的普遍原则，反映了社会主义的特点。

普遍的生产劳动同普遍教育相结合，还包含着另外一个重要含义，那就是所有生产劳动部门同所有学校教育机构普遍结合。因为在社会主义条件下，所有的生产劳动部门不仅担负生产任务，同时也应担负培养新人的使命。所有各级各类学校，所培养的人都应当是脑力劳动与体力劳动相结合的新人。现代化生产和教育都证明了一条规律：只有两者相互结合，才能获得共同发展和提高。否则，都不能达到现代技术水平和科学知识发展所要求的高度。由此可见，教育与生产劳动相结合，不仅是教育部门的事，也是生产劳动部门的使命，不仅是某些学校和某些生产部门的事，而且是各级各类学校和一切生产部门的共同任务。

③ 努力实现教育与生产劳动相结合技术基础的现代化。社会主义的教育与生产劳动相结合，应以现代大工业为技术基础。无论是提高社会生产力还是为了造就全面发展的新人，都必须建立在大工业基础上。只有以大工业为基础，才能

全面实现教育与生产劳动相结合的真正目的。不仅现代大工业需要以科学技术为基础，现代农业的发展，同样也要依靠科学技术的应用。所以，只要坚持以现代科学技术为基础，教育即使同落后的农业、手工业结合，也同样会达到社会主义教育与生产劳动相结合的最终目的。由此可见，社会主义的教育与生产劳动相结合，无论在怎样的条件下，都应坚持以科学技术的现代化为基础。

④ 要切实实现理论与实践、知识技能学习与思想教育的统一。社会主义的教育与生产劳动相结合的目的决定了实施这一基本原则的任务和内容是多方面的。在教育同生产劳动相结合的实践中既要坚持理论与实际统一，又要做到掌握劳动知识技能与思想教育兼顾。理论联系实际，学用一致，是科学的学风。通过实践促进理论与实际统一发展，学用结合，这是教育与生产劳动相结合的重要使命之一。学校的教育与生产劳动相结合，可以使学生通过生产劳动实践受到技术训练，同时也为科学理论教育提供实践基础。所以，理论与实践的统一，是教育与生产劳动结合的一个重要任务。通过生产劳动实践，验证科学理论，同时又把生产实践中的科学技术引进课堂和教材，这种双向交互作用，对教育和生产的意义都是重大的。

社会主义的教育与生产劳动相结合还必须坚持学技术与学思想相统一。为了实现提高社会生产的目的，劳动实践中必须学习和掌握现代化的生产知识和技术。学习劳动知识和技术是社会主义教育与生产劳动相结合的不可缺少的内容和任务。甚至在一定意义上，掌握劳动知识和技术是教育与生产劳动相结合的核心内容。但是，在重视劳动知识和技术学习的同时，不能忘记思想教育任务。

⑤ 积极实施综合技术教育。综合技术教育是促进教育与生产劳动相结合的重要措施。现代化的生产和教育发展事实表明，综合技术教育越来越成为生产劳动与教育相联系的桥梁和纽带。加强实施综合技术教育，已经受到当今世界各国的普遍重视。从大工业发展的趋势中可以看到，大工业技术基础的革命性，必然使生产不断发生变化。大工业生产的不断变革，就决定了劳动的变换、职能的变动和工人的流动性。大工业的这一本性，就使过去那种专精一种技艺的工人，不再适应现代生产的需要。大工业要求工人掌握全面的生产技术，获得尽可能多方面的发展，以适应生产不断变动的要求，这就需要进行综合技术教育。

综合技术教育的内容概括起来有两个方面：一是了解生产各个过程的基本原理；二是获得运用各种生产的最简单的工具的技能。需要注意的是，这里所说的生产各个过程的基本原理，不是一般的科学文化知识，也不是各个生产过程的单一原理，而是指一切生产过程最普遍的、通用的基本原理，其中包括科学知识在生产上的应用。运用各种生产的最简单的工具的技能，也不是指运用各种各样单一的生产技术和简单的原始工具的技能，而是运用为一切生产所共同运用的最基本的生产工具的技能。例如计算机的运用，就具有各种生产的基本工具技能的性质。由此可见，综合技术教育既不同于普通文化知识教育，也不同于一般的职业技术和专业教育，它们之间既有联系，又有区别。综合技术教育的关键就在于技术技能的综合性，是各种生产过程所具有的共同的技术教育。

综合技术教育是现代大工业的迫切需要，也是现代科学技术规律的反映，同时还是个人全面发展的重要条件。科学只有通过技术的转化，才能同物质生产结合起来。所以，综合技术教育既是教育与生产劳动的结合点，也是实现教育与生产劳动相结合的有力措施。需要把综合技术教育引入普通教育，使之成为社会主义的教育与生产劳动相结合的重要方式和环节。

（四）教育需要不断改革

一定时代的教育，总要受制于特定的社会发展状况和人的身心发展状况。要更好地为社会的变革服务，培养出既能适应社会又能不断引领社会发展变革的新人，教育就要不断地进行自我完善。

1.教育改革是社会发展的客观要求

唯物史观强调物质生活的生产方式制约着整个社会生活、政治生活和精神生活的过程。一定的教育是由一定的社会关系决定的，是一定社会政治经济的反映。社会关系是不断变革的，历史上没有永恒不变的社会关系。因此，受社会关系制约的教育同其他上层建筑一样，也必然随着社会关系的变革而变革，这是不以人们的意志为转移的规律。由此可知，变革是一切社会教育的普遍规律，它是由社会发展的客观要求决定的。

教育变革是必然的，一定社会的教育都是随着一定社会的政治、经济和意识形态等条件的改变而改变的。在社会相对稳定的时期，教育的变革是缓慢的，表现为量的变化。这种变化不为人们所注意。任何社会的教育都要变革，社会主义社会的教育当然也不例外，甚至更需要自觉地不断变革。社会主义的教育必须不断改革，这不仅反映社会的一般规律，而且也是由社会主义社会的性质决定的。

此外，社会主义的教育必须为社会主义现代化建设服务。社会主义社会不仅要进行政治和经济的革命，还要极大地提高社会生产力，推进科学技术的革命。社会主义的教育也必须为发展生产和科学技术革命服务。科学技术是不断发展的。为适应社会生产和科学技术不断革命的要求，教育也必须不断改革。所以，社会主义的教育必须不断改革，也是不以人们的意志为转移的客观规律。

2.社会主义教育改革的根本目的

社会主义教育改革是为了培养人，为了立德树人。因为教育同国民经济相适应，教育为社会主义的政治、经济服务，都是通过培养人实现的。所以，提高人才质量就成为社会主义教育改革的直接目的。社会主义教育具有人民大众性，即社会主义教育是人民的教育。社会主义的教育必须面向全体人民，以全体人民的质量提高为目的。教育体制改革必须以提高全民族素质为根本目的，在此基础上多出人才、出好人才，这是由社会主义制度决定的。社会主义的教育改革必须依据这一根本目的。

3.社会主义教育改革的基本任务

社会主义教育改革的两种不同的性质，决定了社会主义教育改革任务的双重性：一方面是根本改造旧教育；另一方面是建设社会主义新教育。这是一个问题的两个方面，二者是有机统一的。社会主义的教育改革，更重要的是建设社会主义的新教育。社会主义教育改革的任务，在改革过程中固然存在重点的转移，但两者不可以截然分离，在相当长时期内还是互相渗透的。

4.社会主义教育改革的主要内容

教育改革的内容是多方面的，它主要体现在教育思想、教育体制、教育内容等方面。这些方面的改革也明显反映着社会主义的特点。教育思想包括教育基本观点、基本理论和学说，其中最关键的是教育观。在不同的教育观指导下，就有不同的教育实践。社会主义教育的指导思想是马克思主义教育思想。马克思主义教育思想是科学的教育观。一切非科学的教育思想都必须予以改造。

教育体制，是教育管理体系、教育结构和教育制度的总和。一定的教育体制，都是由一定社会的政治经济所决定的。教育与政治经济是否适应，首先就体现在教育体制上。社会主义的教育体制，必须与社会主义的政治经济相适应，随着政治经济的变革而变革。影响社会主义政治和经济发展的教育体制必须革除。教育内容和教育方法体系不仅反映政治和经济的要求，也反映科学技术的发展状况和水平。

（五）教育需要适应人的身心发展状况

1.教育的客观依据是人的身心发展状况

教育的对象是人，教育是专门培养人的活动。人的发展是有规律的，教育只有依据人的发展规律，才能达到既定目的。教育在各种影响人的因素中起主导作用。但是教育的主导作用也并不是随意发挥的，必须符合客观规律。教育除了必须遵循相应的社会发展规律，还必须同人的身心发展相适应。教育只有适应人的身心发展规律，才能发挥主导作用。教育是变社会需要为个体需要，使个体需要适应社会需要的过程。这个转变过程也是以人的身心发展规律为依据的。教育的要求必须符合人的身心发展水平。

人的身心发展状况是教育的客观依据。教育过程、教育内容、教育方法和手段，以及教育的组织形式都要受到人的身心发展状况和特点的制约。教育只有适应人的身心发展规律，才能发挥有效的作用。所以，教育必须适应人的身心发展状况，这是教育的一个客观规律。教育只有符合这一规律，才能发挥自身的功能和作用。

2.教育要与人的身心发展特点相适应

人的身心发展是有规律的，人的身心发展的特点是人的身心发展规律的具体体现。教育者必须了解教育对象，使教育影响同教育对象的身心发展特点相适应。人的身心发展是内外因统一的，教育就要遵循人的发展的内外因统一规律，正确对待内外因的相互作用关系。教育者首先要了解教育对象的生理发展特点和主观能动性状况，然后根据其身心发展特点，充分调动受教育者的主观能动性，使之积极接受教育影响。

人的身心发展中有量变与质变，由量变的积累发生质变。所以，人的身心发展又是渐变与突变统一的。教育就必须把握教育对象身心发展的量变与质变关系，在渐变过程中抓住突变机遇，充分利用发展的最佳时期，适时促进人的身心发展。

人的发展是有年龄阶段差别的，不同年龄阶段的身心发展具有不同的特点。教育者要注意年龄阶段差别，在不同的年龄阶段采用不同的教育方法和手段进行教育。人的发展不仅有阶段性，还具有连续性。人的身心发展是一个连续不断的过程。因此，教育应该是由浅入深、循序渐进的。无论是知识的掌握还是道德的发展以及身体的锻炼，都应注意系统性和连贯性。

人的发展由于自身的生长特点和环境、教育的影响，具有个体差异性。教育必须根据个体差异性因材施教，针对发展的个别差异进行教育。人的发展又是完整统一的，每个人都应成为完整的社会人，因此，必须坚持全面教育，促进教育对象身心的全面发展，使每个人都成为全面发展的社会成员。

综上所述，人的身心发展是有规律的，教育要适应人的身心发展状况，这是教育的总体规律之一。教育目的任务的贯彻，教育过程的组织，教育内容的安排，教育方法手段的选择，教育组织形式的规划，教育环境的建设等都应与人的身心发展特点相适应，这也是对教育的总体要求。

3.教育对于人的发展具有积极前导性

教育要同人的身心发展水平相适应，这是客观规律。教育活动不能背离这一规律。教育的积极适应表现在对人发展的前导性上。教育要适当地走在人的身心发展前面，这是教育同人的身心发展相适应的积极含义。教育对人的发展要有前导性，要在可能的范围内经常走在发展的前面，引导发展前进，这才是教育对人发展的积极适应。但是，也不能因此而一概否定教育对人的发展的同步和滞后作用。不过，对于人的新的发展而言，教育则必须走在发展的前面。

第二章

高校教育管理的理论与改革

高校教育管理是高等教育发展趋势的客观要求，高校作为人才培养的基地，需要根据时代的发展需要更新教育管理内容。本章重点探讨高校教育管理及其理论、高校教育管理的改革与创新。

01 第一节 高校教育管理及其理论阐释

一 高校教育管理的内容

（一）教育组织与学校组织

1.组织的内涵

现实生活中存在着职能各异的组织，如医院、企业、慈善机构等。随着组织理论的发展，学者们对组织关注的侧重点不同，对组织的理解也不同，主要包括以下方面：

① 理性系统观认为，组织是实现具体组织目标的正式工具；目标作为组织中的重要因素，是指导组织行为的预期结果。目标的具体化有利于细化任务、进行资源配置、管理设计决策的理性化。形式化服务于组织理性化的目标，产生了工作绩效标准与规章，形成了可见的组织关系结构。

② 自然系统观认为，组织是在特定环境中为了适应和生存而形成的社会群体。组织中的个体在与组织中其他个体交流时，带有自己独特的价值观、动机和知识结构，并因此产生了非正式的地位结构、沟通网络和权力关系等。以自然系统观而言，正式组织与结构在组织中不会真正发挥多少作用，而更重视非正式组织，强调人以及人的需要，强调个体比结构重要。

③ 开放系统观认为，组织不是独立于外部环境，而是依赖于环境的开放系统。组织同时受到理性因素与自然因素的影响，这些理性因素与自然因素随环境的变化而变化。开放系统则强调组织的动态性，认为组织为了生存下去要主动适应环境，并且根据环境的变化做相应的调整和变革。

④ 组织实在观认为，组织是人在不断理解和反思的过程中发明与创造的社会现实，是人的价值和意志的集中表现，而非客观存在事物；组织是依人的意志而运行，并非目标导向的；组织与环境都是主观的实在，都是人的观念和行动的产物；权力是组织的核心，组织的权力来自人们对他人目的的承诺，人们在互动关系中创造出权力，并成为那些享有公认支配权的人达成目的之工具。

虽然人们对组织的理解不尽相同，对组织的定义也各有其说，但无论何种组织都具有的共同特点包括：第一，组织是由人组成的有机整体；第二，组织中的成员拥有共同的目标；第三，组织的核心活动是工作和管理。综上所述，组织是按照一定方式结合起来，通过合理、有效地协调内外各种因素以达到特定目标的社会开放系统[1]。

2.教育组织与学校组织的内涵

① 教育组织。所谓教育组织，是指国家为实现教育目标、完成教育任务而对教育事业及教育的内外部活动和关系进行计划、指挥、协调、监督和控制的组织机构。教育组织的工作范围包括教育所要处理的内部和外部关系，对参与教育活动全过程的人、财、物、时间、信息等进行合理的安排和利用，还包括社会教育活动。

② 学校组织。学校是一种组织化了的社会单位。根据权威的类型或组织的支配手段，可以把组织分为三种类型：规范性组织、功利性组织和强制性组织。学校从事着有计划、有组织的教育教学活动，并且主要是通过态度、价值、理想等各种教育规范来完成其教育教学目标，教师行为需要符合教师的职业道德规范、教育规范，学生行为需要符合学生日常行为规范。因此，学校组织是一种有目的、有计划地进行教育教学活动的规范性社会组织。

③ 教育组织与学校组织概念辨析。从范围和规模的角度，教育组织可以分为宏观教育组织和微观教育组织。宏观教育组织是指一个国家或地区根据一定的目的、任务和形式，从总体上对教育事业的发展进行计划、指挥、协调、监督和控制的组织机构。宏观教育组织包括制定教育发展规划、制定教育政策、分配教育经费、控制教育发展速度和规模、监督教育实践等职能。

微观教育组织主要是指学校教育组织。学校教育组织的目的在于制定学校发展规划并使学校工作计划转化为行动，将教育的各种各类活动付诸实践，使学校的人、财、物处于一个有效的、不断运转的动态系统中，可以最大限度地发挥其使用价值，实现学校效能的提升，最终完成教育任务。由此，从外延而言，教育组织的外延要比学校组织的外延更为宽广，教育组织包含了学校组织，学校组织是教育组织中的一种形式，可视为教育组织的一个子系统。

---

[1] 朱坚，薛俊强：《治理视域下高校发展性学生工作机制建构》[J].载《浙江师范大学学报（社会科学版）》，2018，43（5），第110-113页。

（二）教育管理与学校管理

1. 管理的内涵

“管理”一词从字面上可以理解为管辖和处理。“管理”可以解释为负责某项工作使顺利进行。在管理学界，“管理”概念有不同的界说，比较具有代表性的观点主要有以下几种：

第一，特殊职能说。管理是一种具有特殊职能的活动。例如把大企业作为一个整体研究对象，把企业的经营划分为技术、商业、财务、安全、会计和管理六种基本活动；而管理活动本身又包括计划、组织、指挥、协调和控制五种基本职能。

第二，达标活动说。行为科学理论把管理理解为协调人际关系，激发人的动机，以达成共同目标的一种组织行为。在行为科学学者看来，人的行为是由动机决定的，动机又是由需要引起的，所以，管理就是要解决行为、动机和需要这三者之间的相互关系问题。

第三，决策活动说。管理是一种围绕组织决策而展开的一系列活动。一般管理过程中的计划就是决策，组织是落实决策，检查是监控决策的执行情况，总结则是对决策执行结果的评估，并为下一轮的决策打下基础。因此，从某种意义上而言，管理就是决策。

第四，行动艺术说。管理是一种工作，有其技能、工具和技术；管理是一门学术，具有可运用的系统化知识；管理是一种文化，包含在价值、风格、信仰和传统之中；管理是一种任务，有知也有行。因此，从总体上看，管理是一门如何行动的艺术。

第五，协作技能说。管理是通过他人并同他人一起完成工作的技能，是使集体成员相互协作完成工作的技能，也是清除障碍有效实现组织目标的技能。

第六，系统过程说。从系统论的角度出发，管理是对一个具有客观规律的系统施加影响，从而使其呈现一种新状态的过程。从这种观点看，管理即是一种促使组织系统不断自我更新的过程。

综上所述，管理是一种组织行为；管理是一种目标行为；管理是一种协调行为；管理是一种效能行为；管理是一种依附于主体性活动之上的行为。因此，所谓管理，即指通过协调组织内部资源及其与外部环境之间的关系，以有效地达成组织目标的活动。

① 管理与经营。经营被定义为筹划并管理（企业等），泛指计划和组织。在

学术界，对于经营主要有以下不同理解：

第一，包含说。企业经营包括技术、商业、财务、安全、会计和管理六种活动；而管理活动本身又包括计划、组织、指挥、协调和控制五种职能。所以，企业经营包括了管理活动。

第二，层位说。经营属于政策执行层面的活动，包括动员、实施、监督三个过程；而管理属于政策制定的过程，涵盖哲学、规划、政治三个环节。这样一来，经营即成为一种从属于管理的下位性概念。

第三，对象说。经营是充分利用设施设备进行的有组织的活动；而管理则属于一种间接性的活动，管理以经营为自身的对象。在这种理解中，经营与管理的区别不仅在于其对象不同，而且管理也成了经营的上位性概念。

综上所述，首先对“经营”和“管理”两个概念的使用，中文里的确有习惯上的不同：一般而言，“经营”一词更重物质性和营利性；“管理”一词，更重精神性和专业性。其次，在一般的语境下，对经营和管理的使用并无纵向层位上的差异。最后，中文的经营和管理的概念，在外延上更多是交叉而非包含的关系。

② 管理与行政。从政治学的角度，政治学领域里的学者习惯于把行政看作国家政治运作的一个领域。从管理学的角度，也有一些学者更倾向于从管理学的视角理解行政的概念，即对管理和行政两个概念不必加以区分。无论是从学术传统而言，还是就给概念下定义的目的而言，都有必要区分行政与管理这两个概念。一般把行政界定为：国家为实现自身所代表的统治集团的意志和利益，而对公共事务的组织和执行活动。这种活动与国家的出现相关联，乃国家公共管理活动的一个重要领域。

就行政与管理的关系而言，行政是一种特殊的管理活动，它被包含在管理活动之中。行政的特殊性就在于，它是国家的一种组织或执行性的活动，行政活动的主体是政府，行政活动的性质是组织或执行。

③ 管理与领导。对于领导概念的理解，主要包括：领导是一种解决问题的初始行为；领导是对制定和完成组织目标的各种活动施加影响的过程；领导是指挥下属的过程；领导是在机械地服从组织常规指令以外所施加的额外影响力；领导是一个动态的过程，该过程是领导者个人品质、追随者个人品质和某种特定环境的函数。总之，领导是一种指挥、带领、引导和鼓励下属为实现目标而努力的管理活动。就领导与管理的关系而言，领导乃是管理的一种重要职能，在管理中居于十分重要的位置；换言之，领导即是一种高层次的管理活动。

2.教育管理与学校管理的内涵

① 教育管理。所谓教育管理，是指国家为贯彻教育方针，实现培养目标，而对教育系统所进行的计划、组织、控制等一系列有目的的连续活动。教育管理行为是在一个国家或地区的政治、经济与文化环境的制约下，在教育管理部门领导者的教育价值观的支配下，各教育行政部门和学校根据相应的科学管理原理所进行的预测与规划、组织与指导、监督与协调、激励与控制，以使有限的教育资源得到开发和合理配置，实现提高教育质量、增进办学效益、稳定教学秩序、改善办学条件等目标。

② 学校管理。学校管理是学校为了有效地达到教育、教学目标，学校的管理人员通过协调学校内部各种资源及其与外部环境的关系，以确保学校按教育规律进行正常运转的活动。

③ 教育管理与学校管理内涵的区别。教育管理的层面十分复杂。从微观到宏观，教育管理可以分成三个层面：第一，班级管理，即班级组织层面上的教育管理；第二，学校管理，即学校组织层面上的教育管理；第三，教育行政，即教育制度（系统）层面上的教育管理。教育管理是对上述三个不同层次的教育管理活动的概括和统称。由上可以看出，教育管理外延要比学校管理外延大，学校管理只是教育管理其中一个层面的管理活动。

随着社会主义市场经济的发展和完善，“经营”一词开始应用于各种服务行业，甚至应用于政府管理，当下“经营”一词出现在教育界也就不足为奇了。从经营凸显的效益价值看，学校经营就是要实现学校效益的最大化，这种最大化的目的是基于学校既要完成知识增进，又要追求学校资本增值；既对学校提出了更多更高的要求，也是市场经济资源配置对学校的选择。

学校管理带来的效益仅是满足于上级教育行政管理部门所规定的目标下的效益，学校管理带来资源浪费等诸多问题。学校经营正好弥补了学校管理在效益方面的弊端。可见，学校管理与学校经营并不完全相互排斥，或者说学校管理与学校经营仅是完成学校目标的两种手段，学校经营在某种程度上也是学校管理的发展。

若从管理学的角度理解行政概念，学校行政可以等同于学校管理。学校的领导与组织方面的活动被称为学校管理。虽然有从政治学的角度区别看待行政与管理的学术传统，但在教育领域，其主要体现在教育行政与教育管理的不同，一般而言，教育管理包括教育行政与学校管理。

二 高校教育管理理论

（一）高校教育管理指导思想与原则方法

1.高校教育管理指导思想

在对高校教育管理进行指导思想探讨的过程中，需要特别注意运用以下观点与思想：

① 以培育优秀人才为根本任务。高校的性质决定高校培育出的人才要具备扎实的科学文化知识与健康的身体素质，要有极高的社会主义觉悟。要完成优秀人才的培育目标，就要严格根据马克思主义的人的全面发展教育思想，推动教育发展。有效培育德、智、体、美、劳全面进步的优秀中国特色社会主义事业建设者与接班人，是最重要的教育方针，也是马克思主义理论精华具体应用的表现。高校要把培养全面发展的有理想、有道德、有文化、有纪律的优秀人才作为教育的根本任务和落脚点。

② 利用对立统一观点进行引导。马克思主义辩证唯物主义哲学是所有社会与自然科学的理论根基。马克思主义方法论与认识论渗透在全部社会与自然科学中，因而必然渗透在高校学生管理中。要利用对立统一观点，明确管理整体观念。高校要秉持整体观念来推进局部间分工合作一致性，将各部门进行有效协调，共同为培育全面发展的人才的管理目标而服务。从学生管理工作整体系统的角度上看，构成有机整体的每个部分都是支系统和局部。学生管理系统整体功能最终是由局部组合形式决定的，虽然局部拥有特定功能，但都应服务于系统整体目标与功能，局部要素要以整体目标为基准建立起来。

③ 运用现代科学管理理论进行指导。高校要运用现代科学理论进行学校与学生的管理。具体而言就是要靠教育科学，遵照教育内外部规律办事。例如，高等教育规模是受经济基础决定的，又会反作用于经济基础。高等院校是高等教育的重要平台和有效载体，如今人才竞争激烈程度逐步增加，市场化竞争激烈，思想观念、结构、体制等多个方面都出现了一系列的改革。

高校教育管理要持续不断地进行新情况的研究与新问题的解决，面向培育复合型人才。要靠现代管理科学理论方法完成管理活动，确保学生管理组织机构完善，管理制度健全，人员责任、岗位分工恰当，职责明确，奖罚分明，动作协调一致，管理高效。高校要运用现代管理科学指导学生管理，主要是对基本原理进行应用，主要包括人的能动性、规律效应性、时空变化性、系统整体性的原理。

在具体的管理实践当中，一定要促进组织系统化建设，决策科学化发展，方法规范化进步与手段现代化改革。

④ 继承并发扬成功的学生管理经验。高校的学生管理实践积累了大量成功经验与宝贵成果，需要继承并发扬，主要包括以下方面：

第一，始终坚持党的领导，走社会主义道路，这是最为基本的成功经验。所谓坚持党的领导，实际上就是利用党的方针政策路线等指导大学管理，确保高校的社会主义方向坚定，充分调动师生的热情，为培育全面素质过硬的高级复合型人才不懈努力。高校具备社会主义性质，所有管理都要坚持党的领导，所有规章制度的制定落实都必须始终符合国家的发展方向，这样才能够激发管理参与者的热情，而这也是衡量管理功能与效益的基本点所在。

第二，管理规范化与制度化，就是将与社会主义方向相符，同时历经实践检验的、成熟民主的科学管理制度方法等用制度形式进行固定，构成工作规范，实现权责利的统一，让制度在思想性与科学性上达到统一。

第三，秉持理论与实际相联系的原则，面向社会实践与社会需要，确保教育和生产的整合。高校培育的人才，一定要满足市场经济的需求，在思想方面拥有极高社会主义觉悟与共产主义献身精神，在业务方面除了要具备扎实理论之外，还要具备极强的分析与解决问题的实践能力，拥有实干精神与独立性。

2. 高校教育管理原则方法

原则是客观规律的反映，是观察与处理问题的根本准则。高校教育管理的重要原则是学生管理内在规律的体现。在整个学生管理体系当中，管理原则地位十分关键，有承上启下的作用，为管理目标与实现目标手段搭建了桥梁，是运用有效方法推进管理实践的根本要求。管理原则与管理目标、过程、方法、制度、管理者等要素当中，存在紧密关联，同时处在指导地位。

① 高校教育管理原则，主要包括以下方面：

第一，管理工作方向性原则。管理是有目的的一种实践活动，实际管理工作一定要具备方向性。把社会主义方向作为根本准则，是高校学生管理的本质特征。要将高校变成社会主义性质育人平台。社会性质形成了对学校性质的制约，决定学校所有管理活动的性质，因此，高校学生管理一定要坚持党的领导，走社会主义道路，为社会主义现代化建设培养造就大批合格人才，这是高校学生管理最根本和最重要的原则。

第二，行政管理与思想教育相结合原则。拥有共产主义思想道德，不单单要有说服教育，还必须持续不断地实施行为训练，让学校教育要求成为学生正确的行为习惯，不然教育效果是无法得到有效巩固提升的。假如规章制度以及行为规范等设置不够科学，思想政治教育的实践就会失去动力。高校行政管理在培育社会主义合格人才的进程中作用很大，给教育实践提供了重要的规范与纪律保障，但具体高校学生管理是借助规章制度与行为规律等科学指导与约束学生思想行为。这些制度措施以及纪律表现在社会和高校集体意识对高校学生的要求，还体现在对高校学生行为的外部限制。

正确管理措施的制定落实，一定要把提升学生认知能力，提高学生遵章守制自觉性当作基础前提。自觉遵章守纪离不开科学正确的认知，离不开科学化的教育实践。只有利用科学合理的思想政治教育方式，才能够提升学生纪律执行的自觉性，有效提升管理质量与效率。

第三，学生民主管理原则。高校学生管理体系当中一项关键的内容，是要对学生进行自我控制与管理能力的培养，使得学生能够在管理实践当中拥有主人翁意识，积极主动参与管理活动，充分发挥主观能动性。为了保证学生自主管理的实现，一定要在学生管理当中落实民主管理原则，保证整体目标的达成。

就高校学生心理发展的特点而言，高校学生正处在心理自我发现的阶段，这个阶段学生拥有较强的支配自我与环境的意识，特别是在独立性方面，渴望个人的人格与意志得到尊重。面对高校给出的规章制度以及纪律等方面的内容，高校学生会主动思考其合理性，通常不希望被动服从，渴望直接参与到管理当中。结合高校学生的心理特征，一定要在学生管理中发扬民主，让学生既是管理对象，又是主体。在落实民主管理原则时，特别要关注党团员学生作用的发挥，合理选拔优秀学生干部。

② 高校教育管理方法。高校教育管理方法是以管理原则作为有效依据，为保证学生培养目标的实现在具体管理环节运用的所有方法、步骤、途径、手段等，一般而言包括以下方面：

第一，调查研究。高校要经常性地调查掌握和了解学生的实际情况，有效选取针对性强的处理方法。在调查研究过程当中，一定要针对调查对象、目的、方法等内容，做好科学规划。在调查过程当中，必须做到实事求是，有效运用马克思主义立场、观点、方法，注重综合性地研究分析调查材料与调查事物。

第二，建立规章制度。在高校学生管理发展的建设当中，应该逐步建立科学化的管理制度体系，这是确保学生管理工作有据可循的基础。制度建设一定要与高校学生身心特征相符，同时要与整个教育规律与学生管理目标相适应。与此同时，制度要伴随教育改革与进步，持续不断地进行健全，还要维持相对稳定性。

第三，实施行政权限。高校要结合学生管理目标、内容等制定规章制度与相关的行为规范，利用行政方法实施有效管理，通过有关管理部门与师生、员工共同监督检查的方式，促使学生集体或个人与管理目标相符。行政方法通常有惩治和赞扬这两种。在具体的管理过程当中，针对能够认真遵守相关管理制度，思想行为都与制定规范相符的个人与集体，予以赞扬。

第四，适当运用经济手段。经济手段实际上是补充行政方法的一个策略。在具体的学生管理环节，给予必要物质奖励，或者是物质上的惩罚，指的就是经济手段。选用经济手段并不表明行政方法难以确保管理工作的有效实施，是因为经济手段会直接触及学生物质利益，所以能够发挥极大的作用，而这个作用是行政方法无法代替的。

（二）高校教育管理内容体系与组织系统

1.高校教育管理内容体系

做好教育教学管理，提升管理质量，其核心在于管理者要清楚地知道重点管的内容以及如何能够管理好。教学管理本身是一个整体，教学管理内容体系，从多元化角度出发进行体系框架的表现。教学管理如果从业务科学体系而言，可以归纳成为四项：教学计划、教学运行、教学行政、教学质量管理；如果将教学管理职能作为划分标准的话，包括控制协调、评估激励、研究创新、决策规划、组织指导；如果从教学管理层次与高度层面上进行探讨，可以涵盖教学改革、教学建设与日常管理方面。

① 高校教学计划管理。人才培养方案是学校为了提升教育教学质量，确保培养规格的关键性文件，是安排教学活动，设置教学任务，维护有序教学编制的依据所在。教学计划是在中华人民共和国教育部宏观指引之下，由学校组织专家自主制定完成的，所以每个学校拥有很高的自主权。

高校教学计划在确定之后必须全面贯彻落实，教学计划的管理核心在于合理设计人才培养蓝图，要求学校在企业中注入极大精力，开展基本调查研究，尤其是获知新的教育观点、教学内容、培养模式等方面。需要组织学校本学科专业的学术教学负责人、骨干教师先进行课程结构体系的研究。只有保证课程结构体系的优化与全面，将人才培养的总体规划进行有效定位，才能够为优秀毕业生的培育奠定坚实基础。其中特别要注意，在制定了教学计划后，必须严格贯彻执行。

② 高校教学运行管理。高校教学管理基本在于利用规范化管理确保教育教学活动顺利有序地运转，提升教学水平。高校教学运行管理是围绕教学计划落实开展的教学过程与有关辅助工作的组织管理。教学过程指的是学生在教师引导下的认知过程，还是学生利用接受教学活动的方式，收获综合发展能力的过程。

高校教学过程在组织管理方面的特征主要包括三点：一是高校学生学习自主性与探究性特征明显；二是坚实基础学科教育根基上的专业教育拓展；三是教学科研不断整合。以这些特征作为重要根据，做好教学过程组织管理，特别要做好课程大纲的设置；设计组织管理内容、程序、规范要求等，以便对教学过程进行检验。

③ 高校教学行政管理。高校教学行政管理是学校、二级学院、教学系部等教学管理部门结合教育规律与学校规章行使管理方面的职权，对教学活动与有关辅助工作实施科学化组织、指挥、协调调度，确保教学稳定持续运转的协调过程。

④ 高校教学质量管理。高校教学质量这个概念具有很强的综合性，判断教学质量水平指标应涵盖教学、学习与管理质量的综合性指标，才能够得到客观准确的评估。高校教学质量是渐进累积的产物，是动态与静态管理整合形成的，所以要关注动态与过程管理，实现过程与结果的统一。

革新教育思想，提升教学水平，是做好教学质量管理的基本前提。要做好质量监控，设计全程质量管理，构建与学校相适应的质量监控体系与运行机制，必须对质量监控概念、要素、组织体系等进行梳理，认真研究质量监控与保障的全部有关问题。高校要积极构建围绕核心的科学化与可操作性强的质量管理模式。

2. 高校教育管理组织系统

高校教育管理组织系统是教学管理群体为共同目标的达成，利用权责分配、层级统属关系与团队精神构成的，可以实现自我发展与调节的社会系统，用于解决谁管理与如何管理的问题。管理体制是指组织机构安排，隶属关系与权责规划等组织制度体系化建设。要想充分发挥教学管理组织功能，就要从根本上优化管理体制，促进组织结构的科学合理建设。管理系统属于结构性关系组织，不仅是组织成员彼此行为关系构成的一个行为系统，更是一个随时代变迁而调整适应的生态化组织[1]。

高校教育教学管理组织建设的根本目的是要构建全面科学的教学管理系统，

---

[1] 张译匀：《激励理论应用于高等教育管理探究》[J]. 中国成人教育，2019（10），第26-28页。

构建质量管理系统与运行机制，更好地为广大师生以及教育教学工作提供助力。教学管理系统关注的是过程管理纵向系列与横向系列整合。纵向系列指学校、二级学院（部）、教学系部和教研室；横向系列有教务部门、科研部门、学生管理部门、人事部门、政工部门、后勤保障部门等；要促进教学目标的达成，培育出更多优秀人才，必须确保两个系列进行有效协调。高校如果要构建教学管理组织系统并保证该系统工作可以顺利高效地开展、灵活创新地运行，就一定要打造高素质的教学管理队伍，明确机构设置，确定岗位责任。

（三）高校教育管理的重点任务与重要意义

1.高校教育管理的重点任务

① 关注提高教学管理人员业务水平。学校方面要切实意识到教学管理者在学校长远发展建设当中发挥的不可替代作用，需要有效培育教学管理者的思想政治素质，使其树立事业心与责任心，始终秉持奉献精神。教育管理者所处的位置非常关键，发挥承上启下的作用，担当上传下达的责任，不单要贯彻落实上级部门给出的工作安排与文件精神，还必须协调组织教学管理活动，同时还要面对教师，处在和学生沟通互动的前沿，这样的工作定位与职责呼吁教学管理者要具备职业道德与高度责任意识。教学工作涉及范围广，内容多而复杂，很多事都要关注细节，有些事情看似很小，但实际上却关系深远。

高校教学管理的一个重要特征是层次化管理，既有独立，又有彼此的团结配合。只有具备团队协作精神，懂得如何合作和协调，才能够全方位处理好实际工作，做好分工，有条不紊地解决好诸多问题。教学管理者要有极强的业务素质能力。教学管理者的业务水平与能力素质是独立开展教学管理工作，有效突破实际难题，完成各项管理任务的根本❶。

高校要关注教学管理者业务素质水平的提升，使其能够熟练把握以及运用好高等教育的专业化知识，把握教学管理基本理论与专业知识，有效评估教育教学的发展态势，协调不同部门与不同因素之间的关系，推动信息的顺畅流动，革新管理策略，全面提升管理水平。

② 正确理解教学管理与教学质量的关系。教学管理是学校针对教学工作不同环节开展的管理活动，结合既定管理目标与原则对教育教学实施有效调控。教学管理各环节均与教学质量存在着密不可分的关联。教学管理涉及的内容广泛，

---

❶ 侯文军：《论大学生教育管理方式的转变》[J]. 江苏高教，2019（9），第107-110页。

从教学质量评价系统而言，包括培养方案、教学计划的制定、教学任务的安排、教学跟踪监测、信息收集、信息统计分析、质量评价等内容。

同时，高校要特别注意结合反馈信息以及评估获得的结果，进行教学计划的革新调控。每一项具体工作包括很多不同的方面，教学管理一定要密切围绕全面提升教学质量这个中心工作进行实施，高校应该全面革新与健全教学管理体制，积极建立有助于新型人才培养的教学管理制度。

③ 正确处理教学管理者与教师的关系。教学管理者与教师共同担当着教育使命，教学管理者以整合利用教育资源为主，教师以传播知识和启迪思想为主，管理育人与教书育人相辅相成，二者存在的相互影响与作用主要体现在以下方面：

第一，教学管理者利用整理分析教师教学质量信息，反馈教学和学习的实际情况，合理给出科学化评定，检查考核教师教育教学当中体现出来的学术与教学水平，评估其敬业精神，归纳评估教师是否认真完成了教育任务、给出的指标和规划，促使教师结合社会发展与市场需要，提升教学水平，培养高质量人才。

第二，教学管理者是衔接教师和学生的纽带，负责协调处理教师和学生之间的问题，有效营造优质的教学环境，确保教学和学习活动的有序开展。

第三，高校管理者与教师共同参与学校各项事业的建设过程，如课程建设和教材建设等。利用对教学的调查研究与分析工作，提出改革和优化教学的方案计划。

第四，高校管理者给教师提供教育教学方面的帮助，营造优良教学环境，使教师可以集中注意力投入到教学活动当中。

④ 重视促进开展教育教学研究工作。教学管理是一项系统性工程，需要长时间建设与积累。高效完成日常教学管理，维护教学秩序，只是完成了第一层次的工作，仅标志着拥有了良好的工作基础与教学环境。要想真正提升人才培养质量与教学管理质量，还必须积极促进教育教学研究工作的开展。关注教育教学研究的高校，其教学工作的指导思想明确、目标选择恰当，能审时度势，从国情、校情出发确立新思想、新思路、新措施、新制度，教学工作和管理工作处于高质量状态。因此，高校要特别关注教育教学研究工作，把握好提升教学管理效益与质量的关键点。

2. 高校教育管理的重要意义

教育管理是高校教育工作的重要组成部分，对培养高质量的人才起着重要的作用。当前加强教育教学工作的主要任务和基本举措就是加大教学投入、强化教学管理、深化教学改革。这既需要各高校结合本校实际，健全和完善各项教学工作的规章制度，还需要采取措施，确保各项规章制度严格执行。高校实施先进有效的教学管理，离不开高素质的教学管理人员。只有具备一支业务能力强、创新意识强、实干精神强的教学管理队伍，高校的教学管理水平才能不断地提高。

从高等教育的发展趋势看，深化高校教学管理是当今世界高等教育发展趋势的客观要求。提高人才培养质量是世界各国面临的共同课题，高校都在思考高等教育应该如何发展。严格规范教学管理，特别是加强教学质量的控制是提高高等教育质量的重要保证，向管理要质量是教学改革的重要任务之一。

从高等学校教学管理的实际需要而言，近年来，我国高等教育得到了快速的发展，全国高等教育规模继续呈现稳步发展态势，高等教育结构进一步优化。

从高等学校教学和管理队伍的历史、发展和形成而言，从事教学管理工作的人员在校学习期间比较缺乏系统的“教育学”“心理学”“教育管理学”等方面的专业技术知识的学习，大部分人员是通过实际工作的不断探索而积累经验的，不能够从理论上、教学规律上更好地把握教育工作和教学改革的建设工作。所以教学管理人员要多加强理论上的专业知识学习，将理论与实践相结合，更好地为高校教育管理服务。

从高等教育科学的发展而言，有些学校没有把高等教育教学管理作为一门科学来对待，学校的教育教学管理还不到位，没有形成必要的校内外教育研究信息沟通机制。高校需要培养教育教学研究氛围，进行有组织、有计划、有目的的教育教学及管理研究，学习、借鉴、继承、发展教育教学管理经验，对高校教育管理进行系统的思考和具体安排。

02 第二节 高校教育管理的改革与创新

一 高校教育管理的特点与改革

（一）高校教育管理的特点

1.思想多元化

① 校本管理。“校本”就是学校本位，学校相对教育行政部门而言，是管理

主体，具有自主性、独立性、创造性。管理涉及教育行政体制、学校内部管理体制和办学机制问题。校本管理通常被理解为决策权由学区转移到学校自身，是教育管理体制由集权转向分权的一种改革趋势。校本管理强调应该给予学校更大的权力和自主决策的空间，使学校能够按照自己的意愿和具体的情况来进行资源分配、课程设置、人事决策等，从而变革学校已有的管理体系，优化学校教育资源，提高学校的办学质量。围绕着这一理念，校本管理强调学校管理的人性假设、管理的原则、管理的策略、管理的机制都应该发生转变。

② 以人为本管理。学校管理的主体、客体都是人，其目的也是为了人，是通过管理主体的人，对作为既是管理客体，也是主体的人进行管理，最后，达到培养人、发展人的目的。这事实上是把人的因素当作管理中的首要因素和本质因素。因此，学校发展中的人本管理，就是学校领导在管理过程中要把教师的作用放在一个主导的地位上，通过一些好的方法使教师各方面素质得到进一步发展。学校应该在各项管理活动中都以调动、发挥人的主观能动性和创造性为根本，使管理中的全体成员在明确学校目标和自身职能的前提下，充分发挥聪明才智，主动积极地去完成各自的任务。

③ 流程管理。流程管理思想是随着社会高速发展而出现的新型的管理思想。流程管理的基础是人本思想：充分相信人的积极性是可以调动的。流程管理的核心是有序，即要求在管理中达到时间顺序和空间顺序的高度一致，硬件管理和软件管理的完美协调，物的管理和人的管理的有机结合。

④ 权变管理。权变管理是管理学界的一种主流思想取向，在企业和工商管理领域产生很大影响，对教育领域的影响正在形成。这一思想的核心就是力图研究组织的各子系统内部和各子系统之间的相互联系，以及组织和其所处的环境之间的联系，并确定各种变数的关系类型和结构类型。权变管理强调在管理中要根据组织所处的内外部条件随机应变，针对不同的具体条件寻求不同的最合适的管理模式、方案或方法。它在教育领域也同样适用。

通过上述教育思想，可以看出现代教育管理的内涵是通过管理使人的积极性、创造性最大限度地发挥，并与人活得更有价值和更有尊严高度统一。尤其校本管理和以人为本管理是当今高等学校管理的主流思想。

2. 手段现代化

网络技术已逐步进入人们的生活与工作，校园网络、校园办公系统等在学校已经开始使用，高校排课、考试、档案等工作都可以通过计算机和网络来完成，这些也引起了学校管理的变化。过去那种职责、规章制度、上下级关系、安排课程、教学常规检查、组织考试等传统管理，已经逐渐被现代化管理手段所替代。网络进入人们的生活后，学校要调整培养目标，提高人们的信息素养，以适应新技术时代的需要[1]。

高校教育的网络化使学校逐步成为网络世界的一个对接点，多元的、多极的、多变的教育思潮将伴随着学校发展的每一个进程。学校在网络世界的对接点中，虚拟的、物理的世界与作为主体的人的心灵世界相互交织融合，使教育管理内容也愈来愈复杂。随着新技术进入校园，人们的思维方式从过去单一的形象思维、理性思维开始走向两者融合的网络思维，涵盖了人的思想、行为、手段等多个层面。因此，必须重新定位高校管理的职能。

3. 环境人文化

高等教育管理应该重视校园文化环境的设计和建设，通过校园文化的熏陶，使学生人格得到提升，使管理也更加有效。高校教育管理环境人文化主要包括以下方面：

① 陶冶情操的审美文化环境。雕塑、长廊、假山、水榭、草坪、绿地等优美的校园文化，使师生置身其中，耳濡目染，增强了自然本体意识，形成了以宇宙生命为依归的生命审美观。在这里，教师与学生有了对自身生命价值的体悟，对外在自然美的发现，因而他们的情感得到陶冶，心灵得到净化，行为更加自觉。

② 潜移默化的导向文化环境。反映学校校风、校训的大理石雕刻，无疑会给校容校貌增添丰富的内涵。具有表达对伟人的崇敬之情，对与本校有着某些特殊关系的知名人士的怀念之情的纪念性雕塑，作为创造本质的一种特殊表现形态，体现着一个学校的特色，构成了一个学校所特有的标志，成为校园环境最久远的象征纪念物。这些雕塑对教师与学生不论是在目标，还是在价值层面都有正面的导向作用，能产生一种向心的内聚力，可增加全体成员之间的团结与和谐，增强整体合力，引导师生树立正确的奋斗目标，正确的是非观、荣辱观，使人奋进，不断进取。

③ 规范、约束的自律文化环境。良好的校园文化对广大师生的行为具有规范和约束的作用。优美、整洁、有秩序的学习、生活环境，橱窗、宣传栏、墙

---

[1] 陈泽龙：《高等教育宏观管理体制创新与创新型人才培养》[J]. 中国成人教育，2008，（16），第35-36页。

报、校报、名人塑像、花草树木等物质环境，让师生自觉自愿地去感受、去体会，师生从理智上受到启迪。在整洁优美的校园里，在宁静安谧的图书馆里，环境的无形约束使人的举止行为得到收敛，人的精神境界得到升华。

（二）高校教育管理改革

1.高校教育管理理念改革

只有在先进管理理念的指导下，教育管理才能发展起来。在信息化时代，高校教育管理者除了要具备教育管理能力外，还应具备以下先进的管理理念：

① 主动适应的思想。主动适应的思想是指教育管理工作应主动适应社会发展需要，随时随地了解信息社会对人才的需求，及时调整教育管理思路，顺应时代的潮流。主动适应的思想是高校教育管理的指导思想之一，教育管理的主动适应的思想是强调适度分权，针对内部要素和外部环境的变化采用灵活的态度来应对。

② 全面质量管理理念。全面质量管理理念可追溯到公司管理思想。全面质量管理是一个组织，把质量当作核心，将全员共同参与作为根基，目的在于让客户满意，使组织中全部成员与社会受益而获得持续成功的路径。高校教育管理实践当中的全面质量管理内容具体如下：

第一，全过程质量管理。高校想要把教育目标放在核心，科学有序地实施教育教学活动，就要加强对教育教学环节质量的全方位把控，尤其是要管理好接口，保证不同环节的有效衔接，有效确定不同环节要达到的质量标准。

第二，全方位质量管理。高校想要进行综合性的管理，只要是影响或涉及教学质量环节和因素，就要多加思考和安排。例如，对后勤服务、管理等部门的工作质量需要进行管理，这些工作也会影响到教学质量和教学工作。

第三，全员质量管理。学校的各个部门、每一位成员（包括全体教师和学生）都应该主动积极地参与质量管理，努力提高自己的工作质量，以培养高素质的专门人才。

2.高校教育管理权限改革

在高校教育管理组织环境下大数据趋于简化，但组织关系更为复杂。对于高校而言，高校层面是宏观层面的管理，教学质量和高校协调控制是否有效拥有着紧密的关联，所以高校应对整个学校的所有专业进行很强的管理，并施行对应方针政策，这样才能成为整个教学过程的有力保障者和支持者。

高校教育管理的具体内容涵盖领导学校招生和分配工作，决定全校教育管理重大事项，建设教育管理制度规章，完善教学质量评价系统，设计科学化的教育培训规划，提出或者修正教育计划要求，对实习进行安排、对公共选修课和文化素质课进行安排，对学生进行管理，加强教学科研信息系统及教学基础设施的建立。当然，在这些管理活动中，老师和学生的意见应该予以重视。学校管理系统的职能首先是宏观管理；其次是为教学工作提供方便；最后是决策。这些管理活动在不同部门的分工不同，赋给各部门的权限也不同，怎么分工，如何赋权，值得深入探讨。

学校（系）级各部门层面有比较完整的教学管理组织结构，如有多个部门和相应的教学秘书，有教务处，对学生的工作负有特殊的责任，还有分配学校教育经费的权力，制定各学科的教学计划，负责部门课程安排、教师安排；进行更加详细的专业教学，如组织教学研究活动、教学质量评价，各种考试的组织、实验设计和实践安排；负责学院和学校的学生奖惩等处理以及院（系）、学校教学之间的协调问题等。在这一系列活动中，师生也应该参与决策。

传统的教育管理权主要归校长和负责教学工作的副校长所有，教学活动在教学部门的领导下开展，老师听从院长的安排，按照统一教学纲领对学生进行知识的传授，然后，教师布置要学习的各种知识，在教育管理中教师的发言权相对较小。换言之，教育管理的大部分权力掌握在学校领导手中。为了能够让教学活动变得既有效又有趣，高校应该将更多的权力和更多的自由给予教师和学生。

首先，教师和学生应该在涉及教学层面的重大决策和决议方面有评价权、提案权甚至决策权，而且应该设立具体的规章制度，对这些权力进行保障；其次，教师应该可以选择教学对象和研究项目，并得出自己的结论；再次，学生在正确的方法指导下学习，应该具有选择选修课程的自由、选择相关的专业的自由、选择教师的自由和选择学习内容的自由，并且能够形成自己的自由思想，参与教育管理评价。

3. 高校教育管理体制改革

管理系统包括三个方面的内容：隶属关系的确立、组织结构的建立和管理权限的划分。高校教育管理系统是指对高校教育管理的组织结构和权力归属进行划分，划分的时候既要注重培养目标的特殊性，又要体现教学水平，更要能遵循教育教学规律。要求改变传统的教育管理体制，加大体制创新力度。在当今信息时代，学校的环境变得更复杂、更多样，这要求学校的管理方式既要多样化，也要兼顾个性化。传统的教育管理体制无法有效适应内外部环境的多元化变化，而新技术环境冲破了原有教育结构的刚性布局，形成了灵活多变的结构和扁平化的信息传递渠道。因此，对传统校园教育管理体制进行改革是有必要的。

在改革过程中，信息技术提供强有力的支持，为教育管理体制改革注入了新的活力，在学校管理组织体系中应用广泛。广大师生都是网络信息技术的拥有者，具备参与改革的知识和能力，是教育管理体制改革的领导者。同时，信息社会的到来使教育管理者也面临挑战，他们需要提高综合素养水平的标准，与时俱进，不断适应时代，抓住机遇迎接挑战。

4. 高校教学管理计划改革

① 制定高校教学管理计划的基本要求。教学管理计划应该满足的要求包括：第一，客观性。高校要尽量按社会主义市场经济的要求，设计多种人才培养模式，也要尽可能多地考虑到未来环境的变化，设计多种智能结构。第二，灵活性。学生要找到适合自己发展潜力的模式，学校要尽可能提供不同种类的多种模式。

具体可以参考的方法包括：在学分制方面，可以采用完全学分制。在信息技术大范围推广应用的进程中，远程高等教育得到了长足发展，任何科目、任何内容，学生都可以借助网络进行学习，不限于时间和空间；安排教学时，需要充分合理地应用好信息技术，让学生拥有一个充分选择的空间，也要针对不同的学生的不同特点设计符合其个性的教学过程：应该将学生培养成这样的人才，整体素质高，基础扎实，专业能力也不差，注重知识的全面发展，能借助网络拓宽眼界、丰富知识面，拥有终身学习与可持续发展的能力。

② 制定高校教学管理计划的一般程序。制定高校教学管理计划的一般程序包括：社会更广泛的调查，经济和信息技术应用的人才技术发展的需求，对培养目标和业务类示范专业分析；了解有关文件精神和规定；提出意见和部门的学校教学计划的要求；主持制定教学纲领，系（院）教学委员会进行审议，由学校教学工作委员会复审核查，核查签字后由执行校长签字确认。

③ 制定高校教学管理计划的内容。高校教学管理计划的内容主要包括两个方面：确立合理的专业培养目标和设置合适的课程。因为专业培养目标的质量标准、课程的设置与人才的发展密切相关。这里主要探讨培养目标的确立与课程的设置。在专业设置和专业培训目标的确立上，主要应用调查的方法。调查的基本步骤包括：凭借履历或理论分析提出若干备用的选项；发放调查问卷，让被调查者在备用的选项中选择自己的意见或建议；对调查结果进行统计分析，按照被选

择次数的多少对各个选项进行由多到少排列；制定一定的规则，看看哪个选项应该占的比重较大。在整个过程中，要充分利用信息技术，借助网络收集信息，收集完后可以借助计算机对调查信息进行统计分析，得出结果。

制定高校教学管理计划时还应注意：进行可靠的预测，对毕业生的就业情况有一定把握，毕业生只有满足社会的要求，高校才能有较高的就业率；引入更多的优秀教师，完备实验仪器和必要的书籍，生活设施也应该尽量完善；有尽可能宽的口径，形成宽口径专业教育模式，要重点训练学生的综合素质；有学校自身的特点，学科建设要结合学校的地域优势和传统优势学科；考虑到专业的冷热门问题，并及时调整，满足需求。

信息时代下，高校要实施教育教学管理应遵循两条准则：将教学计划分为学期教学计划和年度教学计划，制定工作表，安排好每个学期的教学任务、教学教室等；由相关部门制定教学组织计划，如社会实践计划、实习计划、实验教学计划、培训计划等。此外，要有适当的政策和环境以及保证教学的基础设施，还有教育管理和教师、学生相配合，这分别是教学计划顺利实施的内外部条件。在这个过程中高校要重点把握：要切实维护教学计划的严肃性和权威性，严格遵守教学计划，可以适当调整；在具体的实施过程中，要严格选择计划材料，遵照教学大纲的要求；要加强教师群体的力量，确保教学第一线与教学计划一致；要制定教学质量评价方案并严格监测执行，可以借助信息技术建立自动的监测和反馈系统；教学组织与管理要严格按照教学计划进行。

5. 高校课程教学体系管理改革

在信息时代，知识变得越来越重要。进行高校课程体系评估时要特别注意：一是课程体系的整合，对不同学科之间的课程研究越深入，整合程度越大；二是课程体系的完整性，课程越多，内容越丰富，体系越完整；三是课程体系的可持续发展，是指科学技术的变化和发展，遵循社会课程体系，及时自我调整和自我更新；四是课程体系的平衡结构，课程体系的平衡是指，层次结构和内部关系以及相互之间的配合度。根据这些要点，在优化课程体系时，应该注意以下方面：

① 注重更新教学内容，教学内容要具有思想性、科学性、前沿性和创新性。课程内容要及时更新，可以将最新的科学研究成果引入课程，激发学生的学习兴趣，采用课堂教学和网络教学相结合的方式，积极开展网上教学。

② 重视跨学科课程建设，重视理工科类和文学类学科的相互渗透，密切关注综合学科和交叉学科的创建。

③ 在师资培训方面，加强师资队伍建设。建设教师队伍需要注意：引进大量优秀的教师；不拘形式地培养教师；引入教师激励机制和竞争机制等。

④ 重视总结近年来课程体系改革和教学内容的成果和经验，并从中吸收有用的成分，积极扩展教学内容，进行教学改革。同时，还应该增加课程的种类和数量。

⑤ 注重课程比例的合理设置。高校基本都实行学分制管理，学生的课程分为必修课和选修课，必修课和选修课之间必须有合理的比例。选修课的占比有待提高。同时也可以在必修课程加入选课系统，将选课义务机制引入课堂，如数学、物理、计算机应用、英语课程有不同的等级，学生可以根据专业方向和自己的兴趣选择相应的课程。

6. 高校学生培养方式与管理模式改革

信息时代要求人才具有更高的素质，改革人才的教育方式和管理模式是必要的。信息技术为这项改革提供了条件。大数据环境下改革学生的培养方式主要体现在以下方面：

① 在教学中促进“参与式”教学法。该教学法主要以提问式教学活动、开放性内容为特征，问题无标准答案，作业、论文也很少甚至没有，能带给学生自由思考的充足时间和空间。利用网络技术和计算机技术收集相关信息来解答问题，通过对问题的解答完成知识学习与内化。在这样一个学习实践活动当中，学生不单掌握了借助网络解答各种问题的能力，而且最后学会了与问题有关的知识。同时，针对不同的学生的学习和培训，要因材施教，针对学生自身的特点确立恰当培育目标，设置严谨的学习规划，尽可能让每个学生都能得到很好的发展。

② 努力培养学生的社会实践能力，加强实践教学。很多情况下实践和实验资源的不足会影响实践教学的水平。因此，可以利用计算机和网络，编制软件，这个软件具有虚拟实验室的功能，学生可以模拟操作。虚拟实验室的优点是成本低，而且即使实验不成功也方便重来，学生可以反复练习，直到熟练掌握；也可以模拟实验现场不可见或实验过程很危险、实验环境确实难以建立的情况，来尽量满足实验的要求。

③ 鼓励学生跨学科学习，培养全面型人才。随着信息技术的发展，新的学科不断涌现，这些学科大部分是由学科交叉形成的。建立交叉学科培养机制，培养学生跨学科背景。在基础学科和谐的高校中，打破不同专业教育壁垒，要创建

跨学科教学的培养机制，可以借鉴成功的跨学科教学的经验。以培养计划为基础，为学生选定必修课程，这些课程是跨学科的，包括文学、理学、工学等多个领域，以便对学生的综合分析能力进行有效锻炼，培育学生创新思维与创造力。同时，要提供多种专业、多类课程、多个教师给学生选择，这样学生就能根据个人兴趣制定自己的培养目标，进行自主学习。让学生不仅跨部门，还要跨专业、跨班。高校应完善相关课程，抓住交叉的学科的新增长点，组织多学科的力量开展教学，配备必要的教师，形成跨学科的教学模式，激发创新意识，促使学生在探究新领域的过程中，全面发展自己。

在学生培养模式改革的基础上，对学生的管理方式也发生了很大变化。在大数据环境下，高校对学生的管理应该提倡注重学生个性化的模式。教师管理系统以学生为中心，学生为主导，教师为辅助，建立学生服务中心。具体操作为：一是可以建立心理咨询、急救救援、工作研究、学习指导机制，建立相应的社区管理部门；二是可以以学生宿舍为基础，取消班级，由8～15名学生与老师形成一个整体；三是可以由研究生或高年级优秀学生协助管理，为学生提供指导。这种管理模式可以实现学生的自我教育、管理、服务，能够让学生的综合素质得到有效发展和锻炼。

二 高校教育管理创新与策略

（一）高校教育管理创新的目的

1.适应高校发展形势

高校教育管理创新是使高校更好地适应高校发展形势的需要。当前高校面临的国际国内形势正在发生着深刻变化。从国际环境而言，经济全球化程度越来越高，高等教育的开放程度越来越大，世界各国高等教育发展都面临着空前的机遇，也面临着很大的挑战，许多国家和地区高校都展开了高校学生录取竞争，面对这种挑战，高校必须加强教育管理。同时，世界各国的竞争，归根到底是人才的竞争，为了适应激烈的国际竞争的需要，结合中国特色社会主义建设的实际和建设创新型国家、构建社会主义和谐社会等重大战略思想和战略任务，高等教育需要提供人才支持，这就对高校人才培养提出了挑战。高校人才的培养离不开有效的教育管理，高校发展面临的形势迫切需要高校进行教育管理创新。

2.适应高等教育改革与自身发展需要

高校教育管理创新是使高校更好地适应高等教育改革和自身发展的需要。随着高等教育改革的不断深入，以往高校教育管理越来越难以适应高等教育改革和高校发展的需要。高校扩招使得高等教育大众化程度不断提高，接受高等教育的人数越来越多，这是高等教育改革与发展取得的显著成效。然而，随着高校办学规模不断扩大，教职工和学生数量的大量增加，与之相适应的教育管理却没有跟上，使得高校教育管理滞后于高等教育改革和发展的速度，这对高校教育管理创新提出了现实要求[1]。

高等教育改革的一项重要内容就是课程改革，课程改革对高校教育管理提出了校本化管理、研究性管理、开放式管理等方面的挑战，迫切需要高校教育管理解决这些重要的难题。同时，高等教育改革的另一个重要方面是现代化学校建设，需要建设有效学校、开放学校、优质学校、跃进学校、成功学校、丰富性学校、学习型学校、多元智能学校等，这些都对高校教育管理提出了挑战。所以，为使高校更好地适应高等教育改革和自身发展的需要，高校必须进行教育管理创新。

（二）高校教育管理创新的途径

1.加强建设高校教育管理平台

把计算机网络技术引入高校教育管理，建立起高校教育管理平台，使高校能够及时发布有关教育管理的政策规定，被管理对象能够及时与高校沟通，发表对现行高校教育管理政策的看法及对高校教育管理的意见建议，从而能够加强教育管理双方的交流与沟通，方便高校进行教育管理，提高高校教育管理的效率和水平，具体表现在以下方面：

① 高校在制定高校信息化建设的有关政策措施时需要认识到建立高校教育管理平台的重要性，并把教育管理平台建设作为高校信息化建设的一个重要组成部分，提供必要的软硬件支持和财力人力支持，以确保高校教育管理平台建设的顺利进行。

② 高校需要明确教育管理平台建设的内容，根据教育管理的需要，重点加强高校教育管理门户网站、操作人员管理系统、用户使用系统、教育管理信息发布系统、教育管理双方交流沟通系统、教育管理平台维护系统等方面的建设，以

---

[1] 郭武军：《高校教育管理创新的思考》[J].中国成人教育，2007（5），第46-47页。

建立起方便、快捷、易于操作和使用的高校教育管理平台。

③ 高校需要加强教育管理人员队伍建设，使教育管理人员不但具备高校教育管理的基本知识，而且能够熟练掌握和运用计算机技术，并以此为基础带动高校教育管理队伍整体素质的不断提高。这也能够使高校教育管理更好地适应计算机发展形势下高等教育面临的挑战。

2.发挥高校教育管理中工会的作用

高校工会是高校教职工利益的代表，高校工会在高校教育管理过程中作用发挥得如何，在很大程度上决定着一所高校教育管理民主化程度的高低。此外，高校工会在高校教育管理过程中作用发挥得好，能够使高校教育管理更加符合高校教职工的愿望和利益诉求，从而可以促进高校教育管理有关政策措施的顺利实施和教育管理目标的实现。高校工会参与高校的教育管理，主要有以下三方面的内容：

① 高校工会应参与高校教育管理各项政策措施的制定。高校在制定有关教育管理措施政策时，需要征求高校工会的意见，以使制定出来的政策措施更加符合高校及其教职工实际，从而能够更好地实施。

② 高校工会需要加强对高校教育管理政策措施执行落实情况的监督。高校在执行落实教育管理政策措施时，有时难免会出现一些不足，可能会损害高校教职工的利益。高校工会作为高校教职工利益的代表，需要通过加强监督，保证高校各项教育管理政策的顺利实施。

③ 高校工会需要发挥好高校与高校教职工之间的桥梁作用，一方面及时把高校的各项教育管理政策向教职工做耐心、细致的宣传、解释，为高校教育管理政策的顺利执行营造良好氛围；另一方面也要及时把教职工的利益诉求反映给高校教育管理有关部门，使高校教育管理的政策制定与执行更符合高校教职工需求。这样，可以提高高校教育管理的民主化程度，也有利于高校教育管理的顺利进行。

（三）高校教育管理创新的策略

1.加强高校教育管理创新意识

高校教育管理创新，要转变教育思想和观念，以培养高素质的创新型人才为目标。高校的教育管理应该具有前瞻性，为了适应未来社会的发展和变革，培养大量优秀的高素质人才，高校必须要改变现有的传统教育模式，坚定创新的信念，妥善应对各方面的压力，从根本上转变自身的观念，发挥一线师生的主观能动性，做到教育管理人性化，灵活多变地应对新问题、新状况，建立健全监督反馈机制，主动倾听一线的真实情况，充分尊重一线教师和学生的教学需求，对传统教学设备更新换代，优化学校的校风校貌，创设创新型的教学环境，为培养高素质人才提供良好的保障。

此外，高校还应该建立一支高素质的领导和教师团队，共同推行良好的教育管理制度，使之能够落实到底。高校还应该规范学分制度，建立高效率的教育管理模式，充分考虑现阶段的社会政治、经济、文化的发展状况，完善培养高素质人才的教学计划。

2.加大高校教育管理创新宣传力度

教育主管部门应该与高校合作，通过张贴告示、印刷传单或者宣传手册，以及运用各种新媒体，宣传加强高校创新创业教育的重要性，使得人们从观念上形成对高校教育管理创新的正确认识，促使高校内部管理人员和基层师生共同实行，自觉行动。加强对高校教育管理创新的宣传，有利于深入改革创新，对高校教育管理创新起着辅助性作用。在宣传的过程中，应该主动学习其他高校的创新举措和思想观念，做好总结经验和推广方法的工作，丰富宣传形式，加大宣传力度，为高校的创新改革营造良好的社会环境。

3.制定优秀人才培养指标与教学计划

当今社会要求毕业生具有优秀的社会实践能力，而不是单一的丰富的理论知识，同时要求学生能够具有创新意识，这样才能在社会的发展潮流中紧跟时代的步伐。高校应该明确高等教育的创新改革目标，将创新精神和社会实践能力设置为评价优秀人才的指标。政府管理部门应该配合高校教育管理工作，共同制定具体的人才培养指标，服务于学生，结合社会经济发展前景，培养出高素质、理论与实践相结合的优秀人才，制定面向未来的创新型人才的培养机制。

高校应该考虑学生的未来就业情况，注重培养学生的就业能力，注重培养高素质人才与社会就业形势紧密联系，注重培养学生将理论知识应用于实践、应用于生活，制定一系列符合学生未来就业发展的教学计划，开设与学生专业相联系的跨专业课程。此外，还要加强校企合作，让学生在新兴的高校学生就业模式中，把理论知识应用于社会实践，提高就业能力和社会实践能力。培育高素质人才，有利于提高高校知名度，吸引各种资源支持高校教育管理创新工作。

4.促进高校教育管理制度人性化

当今社会是一个开放的社会，传统高校的行政化教育管理制度使高校管理阶层、一线师生间不能建立良好的沟通与合作机制，学生学习积极性不高等，因此高校教育管理制度迫切需要改变。高校应该立足于学生的角度，充分考虑学生未来的发展前景，主动听取学生的意见和观点，尊重学生的需求，留足学生的自主选择空间，使其能够自我发展。做到根据学生的利益优化教学方案，使教学计划服务于学生，而不是让学生服从于教学计划。一切以有利于提高学生的积极性和创新精神为准则。同时，高校教育管理人员和教师也应该时刻提升自身的思想道德修养，培养自身素质，成为高校教育管理创新的中坚力量，使得高校教育管理创新之路越走越顺畅。

5.保证高校教育管理工作透明公开

在传统的高校教育管理工作中，制定教学计划和管理模式一般只在高校内部管理层面进行，基层师生很少参与其中，没有建立一套完备的反馈机制，高校内部的管理人员与基层学生沟通较少，不利于提高学生的学习积极性和创新意识。高校应该坚持以人为本的重要理念，充分了解学生的教学需求，综合考虑学生的未来发展情况和就业趋势，完善教育管理体系，调整教学计划和教学课程的安排，灵活运用教育管理原则，教育管理工作应做到透明公开。同时将创新教育质量和学生社会实践发展水平作为高校教育考核的标准，做出专业的评估，做出公开性的研究报告和总结，接受社会监督。

6.完善教育管理部门支持服务职能

教育管理部门在高校教育管理创新的阶段，应该积极配合，把自身定位在服务于教育管理创新的地位，减少对高校的行政化管理，重点放在引导高校制定有效的教学计划，制定相应的法律规范保障高校教育管理创新工作的进行，为创新过程中出现的新情况提供良好的解决方案，帮助高校建立一套完善的教育管理机制，给高校管理者充分的自主选择权，多对高校进行宏观调控和监督，为高校发展提供资金扶持，更新校园硬件设施和教学设备。同时，还可以利用管理上的便利条件，搭建公共平台，组织各高校相互沟通、合作，促进高校间为培育高素质人才、提高学校知名度展开的良性竞争，增强高校教育管理创新的积极性和主观能动性，为高校创新教育铺路。

7.增强高校学生创新创业精神与能力培养

高校应该坚定创新信念，结合当今社会发展背景，完善教育管理机制，科学制定创新举措，明确培育人才目标，为课堂融入社会就业信息，调整教学课程设置，提高一线教师的综合素质，使教师在授课的过程中开发学生的实践能力和创新意识，在公共选修课中增设就业能力培养、创业指导等课程。利用现代多媒体教学方式建立创新型的教学计划，使学生从多种多样的途径中获取丰富的教育资源和外界社会的信息。高校还应该及时主动地更新学校的教学设备，为一线师生提供良好的教学环境，以利于提高学生的学习积极性，增强高校知名度，促使高校教育管理的工作稳定运行。

高校内部拥有一套良好的教学体系和课程，可以提高培养高素质优秀人才的效率。健全的教学体系离不开过硬的教学设施，因此，高校应该主动投资建设专业实验室、图书馆和训练实验室，让学生在开放和共享的教学环境中学习知识，为学生提供完备的科技创新资源，建立一套完善的科技评估标准，将学生的使用情况和科技创新结果记录整理，留存下来。同时，教育管理部门可以鼓励和帮助高校建立大学科技园和创业基地等平台，为之提供充分的资源和资金帮助，为师生创造良好的教育实践机会，增强学生的创新创业意识，鼓励学生创新创业，帮助学生制定创业计划，提供技术上的支持。此外，高校还可以联合企业举办高校学生创新创业大赛或者专业技能大赛，在实践中检验高校学生的理论应用能力，不定期地举行科技创新大赛，提高学生的创新能力和创业积极性，增强学生的实践能力。高校和企业可以制定标准，挑选符合标准的优秀人才或者团队，为其提供学业上的支持，例如通过资助奖学金、为高校学生创新大赛等提供赞助等方式，鼓励学生大胆创新创业。

第三章

教育过程理论与劳动教育发展逻辑

教育过程理论是教育学基础理论的重要内容之一。劳动教育发展是国家长远发展的战略需要，是人的全面发展的需要。本章重点探讨教育过程理论、劳动与高校教育方针、高校劳动教育的时代背景与价值、劳动教育再发展的逻辑。

01 第一节 教育过程理论解读

教育过程理论是教育学基础理论的重要内容之一。教育作为一种独特的社会活动，它的动态活动形式是一个发展人、改造人的过程。社会上任何一种培养人、发展人的因素，只有统整到教育过程中，才能对受教育者的发展发挥积极作用。换言之，所有的教育因素及其相互关系，所有的教育规律，所有的教育效果，无不通过教育过程体现出来。

所谓过程，就是现实世界中的事物或活动产生、发展、变化的连续性在时间和空间上的表现。过程是世界的普遍属性。过程概念是对世界的这种普遍属性的反映。过程概念既是抽象的又是具体的，依据它的具体的逻辑的展开，可以把过程分为：宏观过程和微观过程或总过程与具体过程。总过程包含具体过程，并通过具体过程表现出来；具体过程是总过程的一部分，无数具体过程汇集成总过程。

确定教育过程的定义，除了要明确教育过程的内涵外，还要分析构成教育活动的基本要素。一般而言，任何教育活动都由六个要素构成，即教育者、受教育者、教育内容、教育手段、教育途径、教育环境。所谓教育，简单而言，就是教育者根据一定的社会需要，在一定的教育环境中，借助一定的教育手段，通过一定的教育途径，有目的、有计划地把教育内容传授给受教育者的活动。教育由活动所引起并通过活动去完成。教育活动的要素同样就是教育过程的要素，即教育者、教育对象、教育内容、教育手段、教育途径、教育环境。

从劳动过程基本原理看，教育过程中的受教育者如同劳动对象，是被加工的对象，他（她）与物质生产过程中的自然物并无差异，都是将劳动者的劳动加于其上，以改变其原有状态，使其符合社会和劳动者的要求。然而，这一对象与其他自然物根本不同的是，他（她）是一个独立的能动的生命体。这个独立的活动着的生命体有两个重要特点：一是有自身的历史形成的身心发展规律，人们只能认识这一规律，利用这一规律，但不能以教育者的主观意志随心所欲地违背和改变这一规律；二是一旦形成了一定的主观精神世界，就会以其能动的力量对教育者的影响和指导产生极大的选择性和调节性，教育者的教育都需落到这个独立、能动的主体人的需要上才能生效。

教育过程中的教育者如同劳动过程中的劳动者，都是能动的活动的主体，在过程中都是起决定作用的主导因素，他们都按照一定社会需求进行有目的的活动。然而，教育者与劳动者亦有明显不同。在劳动中劳动者凭借自身智力和体力的总和作用于劳动对象。而教育者在教育中，除了要以智力和体力的总和作用于受教育者外，还有道德的、人格的、情感的、艺术的力量参与教育过程，影响受教育者。

教育内容类似物质生产中的设计方案、图纸、施工计划等，而教育内容是对教育活动结果的设计、对教育目标的确立，是把科学体系和道德规范遵循年龄特征编排起来的学生需要掌握的科学文化知识的系列。教育内容是教育活动的实体，教育者传授的是它，受教育者接受的也是它。教育手段和劳动手段一样，都是在人的实践活动中用以改变或影响加工对象的物质资料和物质条件。教育者把物质的、机械的、物理的和化学的属性，当作发挥力量的手段。不过，教育手段和劳动手段虽然性质相同，但使用任务和目的却是不同的。教育者对教育手段的利用，任务在于帮助学生明确抽象的原理，目的在于使学生更容易掌握教育内容、形成劳动技能，但不像劳动者那样去直接获得某种物质产品。

教育途径是指为完成教育任务、实现教育目的，师生共同开展活动的渠道。人类的教育，特别是学校教育是通过特定的途径进行的。教育途径也是教育活动过程的构成要素。教育途径的运用和选择都是从教育的根本目的出发，依据受教育者的身心特点和教育内容来确定的。学校的教育途径主要有教学、课外活动和社会实践等，其中教学是学校教育的基本途径，课外活动和社会实践是教育的重要途径，三者有机结合才能更好地实现教育目的。

劳动过程理论是指导思考教育过程的一般理论，但不能将其简单机械地套用。随着生产的发展，环境因素已成为生产过程的因素之一，直接影响着生产过程的运行。因此，教育环境也是教育过程的一个重要因素。任何教育过程都要在一定的环境中进行，受教育时空的规定。所以，教育环境、教育时空，同时还有教育途径，都是参与教育过程运行必不可少、各具独特作用的重要因素。

从教育活动诸要素的分析中，对教育过程可做出这样的定义：教育过程就是教育者根据一定的教育目标，通过一定的教育手段和途径，在特定的教育环境中，将一定的教育内容传授给受教育者，引导其身心健康发展，加速实现个体社会化的过程。

一 教育过程的本质

探讨教育过程的本质，其实也就是研究教育活动过程与社会其他活动过程的区别，而且这个区别是反映了教育活动规律的区别。教育过程的本质可从以下方面去认识。

（一）教育过程是施教与受教双向活动的过程

教育过程中教育者、受教育者互为主体、客体的特性决定了教育过程是一个施教与受教的双向活动过程。活动是人类为达到某种目的而采取的一种行动。活动总是在一定的社会关系中实现，在人与人的交往中进行的。教育作为一种特殊的活动，与其他活动形式不同，它是施教与受教共同组成的一种活动。只有保证双方在空间上的并存时这种活动才能实现；只有保证共存双方的交往确有价值时，活动才有意义。否则，离开有价值的交往，时间的连续便成为一种无效的流逝，师生的活动便成为一种浪费，教育过程亦不复存在。

有价值的交往，不独表现在具有明确的交往目的、交往内容和科学设计的交往程序、交往方法和艺术上，更重要的是使交往成为交往双方共同的需要，双方具有强烈的动机和期望，即强调交往双方高度协调的配合，把教育活动变成双方共同参与的活动，把教育过程变成双方共同争取自我实现的过程[1]。

客观而言，教育过程是教师和学生平等协作、共同劳动的统一过程，而不是单纯的传授与接收的过程。历史上，有两种观点把教育过程视为单向过程。行为主义者把学生当成机械的个体，把学习看作刺激—反应过程，把教育过程中学生行为的变化单纯归结为外部刺激。而人本主义心理学则强调学习以学生为中心，教师只不过是学习的促进者。无论是行为主义心理学，还是人本主义心理学，都是从不同的角度把教育过程当成单向的过程，以其中一方否定另一方，不适当地夸大了某一方的地位和作用。

科学的教育过程理论，把受教与施教看成是教育过程展开中不可或缺的要素，把教育过程看成是教育者与受教育者在一定的教育情境中实现相互影响、相互作用的过程。无论是施教的一方，还是受教的一方，都具有双向的影响和制约功能。教师在教育过程中，既要对学生有全面的了解，也要对自己有清醒的认识。受教与施教的共存和平等协作，积极的期望和严格选择与设计的交往，使得教育过程能够在双方彼此联系、正确协调中存在和发展。

（二）教育过程是促使个体社会化的过程

教育过程中社会需求和个体需要的统一决定了教育过程是促使个体社会化的

---

[1] 石佩臣：《教育学基础理论》[M].教育科学出版社，2018，第297-353页。

过程。人的发展是教育过程运行的目的。正因如此，认识教育过程的本质便离不开对人的本质的研究。人是生物实体和社会实体的统一，人的发展过程是人从出生时的生物实体向出生后的社会实体渐进发展的过程。

作为生物实体，人与动物一样，具有生物共有的一些属性。但人之所以为人，在于人不仅是自然界长期发展的产物，也是社会的产物；不仅离不开自然也离不开社会。人在社会活动中形成，在社会影响下发展。人的本质并不是单个人所固有的抽象物，在其现实性上，它是一切社会关系的总和。人不能撇开既定的社会关系去设定自己的活动，社会关系是活动得以进行的社会形式。同时，在现实中，不同的社会关系对活动发生不同的影响和作用，不同的活动又创造着不同的社会关系。从这种最广泛的定义而言，教育也是一定社会关系对个体发展进行影响的特殊形式。

人的本质规定了人的发展方向。人的发展包括不可分割的两个方面：人的社会化和人的个体化。人的社会化是指任何个人的发展必然要通过社会化途径，通过人我之间的联系和交往；人的个体化指的是人的社会化须以作为独立存在的个体人为基点。任何教育过程都是在社会规范下，以个体身心发展规律为根据去发展人的身心的过程。教育者作为社会意志的体现者，他（她）的活动反映着社会需要，他（她）的目的反映着社会需求。他（她）对受教育者施加的任何影响都与社会密切相关。

然而，教育过程作为一个双向交流与合作的过程，教育者在施行自己的教育时，还必须充分考虑教育对象的个体需要和个性特点，要把教育对象作为一个独立的人去认识。受教育者不仅有自己的认知方面的素质基础和个人特点，还有自己的兴趣、态度、动机、情感、需要，这些都反过来制约着教育者教育活动的进行。教育过程就结果而言是社会需要的实现，但教育过程还必须考虑个体的需要和特点。社会需要的实现和个体的需要和特点二者有机协调与统一，才能实现教育过程中的生物人向社会人的转化。

教育过程中受教育者的社会化过程，一方面反映了社会对教育的要求，另一方面也体现了人自身发展的客观规律。教育有多种职能，但其根本职能是根据社会目标去培养合格的社会成员。在教育过程中，受教育者将外在的教育内容内化为个体的知识与技能，实现个体身心发展与成熟，其实质就是个体社会化过程的实现。

由教育过程所实现的个体社会化的具体表现是，个体通过对社会文化的吸收而形成社会生活技能，掌握社会行为规范，具有社会生活目标，承担社会责任义务，实施社会群体赞许的社会行为，最终成为社会的一员。这是由人自身发展的客观规律所决定的。人的发展不能只归结为遗传和先天特征的量变，发展首先是人的机体和心理的发展。因此，教育过程是人的社会化的过程，不仅是教育过程的本质特征，也是人的本质实现的客观规律的反映。

（三）教育过程是教育与自我教育协同统一的过程

教育过程中教育者与受教育者自始至终的相互作用决定了教育过程是教育与自我教育协同统一的过程。教育过程不只是教育者与受教育者空间上的并存，而且是彼此的相互作用，更确切而言，是教育与自我教育两种活动及其目标的同步达成。

在教育过程中，教育者的教育是活动的主体。之所以经由社会分工，使教育成为一种独立的社会活动，其重要原因在于，教育在进行人类经验的转移方面，在使年青一代以最短的时间和最大的容量掌握人类千百年积累的认识成果方面，有着任何一种其他活动形式都不能替代的特殊作用。人类任何一点科学知识的发现和形成都经历了漫长的过程，然而教育却能创造学生在一小时内就能学会二项式定理的奇迹。个体的个别经验在某种程度上可以由个体的一系列祖先的经验的结果来代替。有前人认识的阶梯，又有教育的选择，人类经验的延续与发展才成为可能。

在教育过程中，教育者作为经验转换活动的直接实施者，以高度的热情完成着这一历史使命，以各种科学的方法去实现知识技能与受教育者的对接。在教育过程中，受教育者的自我教育意识和能力首先是教育的结果，然后便转为自我教育的力量。受教育者最初就是完全作为一个少知少能的被动的个体而参与教育过程的。但是，人具有发展的很大潜力和逐渐完善起来的自我调节系统。经过一段时间的教育之后，教育者不仅使受教育者身心走向丰富，而且使其自我教育的方法和能力逐渐发展起来，并转而作为一种很大的推动力量，使传授学习和受教育者自身都获得了新的性质，跃上了一个新的层次。受教育者发展至此便由被动的教育客体逐渐成为自我教育的主体。

受教育者的自我教育能力越发展，教育者的教育越顺利；教育者的教育越深化，受教育者的自我教育独立性就越强。教育与自我教育就是在这种反复作用中逐渐向前发展的。教育过程中教育与自我教育越发展，教育过程就越完善，教育过程的使命也就越趋于完结。过程消失在目的中，从而达到一个教育过程周期的理想境界。这个理想境界的特点是在这个特定的过程周期内把教转为不教。

因此，教育过程就是教育与自我教育相互促进、提高，最终达成目的，使教育过程完成一个周期使命走向一个新层次、新周期的过程。辩证的否定，使特定的教育过程不断解体，又不断产生，在原有过程的基础上不断孕育出新的需要、新的使命，形成一个新的过程。

教育与自我教育是彼此互相制约与转化的。教育者作为教育的具体实施者，对受教育者的知识、技能、道德和情感起着主导作用，此时受教育者是教育过程的客体。但经过几轮反复之后，受教育者的自我教育能力逐渐形成。一旦受教育者的自我教育能力由微弱转变为足以主导自己、影响他人时，它便成为一种能动的力量去制约教育者的教育，此时，受教育者便由客体跃居为主体。在这种状态下，教育者每一项教育内容的传授，都不能依自己主观意志决定，而必须进一步考虑受教育者的知识程度、品德发展、个体需要等条件。如果教育者无视对方的存在，主观主义地自我决定，就会使教育过程陷入停滞的状态，导致浪费。受教育者自我教育能力的形成，既是教育的目的，又是教育的结果。

（四）教育过程是螺旋式上升的运动过程

教育过程中受教育者身心不断发展的必然决定了教育过程始终是一个内化与外化交错递进的螺旋式上升的运动过程。内化与外化又是一对贯穿教育过程始终的矛盾和关系。所谓内化，即个体将来自外部的各种影响和动作行为通过认知和动作行为定向的结构性改组转化为自身的德、智、体、美等素质的过程。相对于内化而存在的外化，是指个体将已纳入主体个性结构的各种素质反馈到主体与外部交往的过程之中。

教育过程中的内化首先是由教育者的教育活动所引起的，其一般过程是由生动的感知到抽象的思维。教育过程中的外化是检测内化的重要形式。外化的作用包括：一是可以反映主体的内化能力，鉴别彼此的个别差异；二是可以判定内化的程度和水平，划分内化的层次，如全部内化、个别内化、无内化；三是可以通过外化过程的同步反馈，进一步强化内化过程；四是可以反映主体的外化能力，鉴别内化程度与外化程度的差异。

总之，外化的社会作用在于为教育过程的修正提供客观的依据；外化的个人作用在于帮助主体确定努力的目标。任何一点品德、知识、技能的内化与形成都不可能是一次完成的，而要经过多次内化与外化的反复，才能嵌入思想品德、认知结构、技能系统中。即使如此，随着科学的发展，还将出现新的完善的需要，导致产生新的内化与外化过程。

因此，从教育者与受教育者的活动而言，教育过程就是教育内容的内化与外化的循环往复过程。循环不是同一水平的周转，往复不是同一内容的重复，由此而推动教育过程递进上升。内化是目的、内容，外化是手段、形式，内化通过外化表现出来。没有外化，内化毫无价值；没有内化，外化无从谈起。所以，教育过程是教育内容的内化与外化统一实现的过程。从这个意义而言，教育过程也就是教育者将一定外在的教育内容向受教育者主体转化，实现人类文化的传递，促使个体身心发展达到社会化的过程。

二 教育过程的理论基础

教育过程是个活动过程，是使受教育者的身心得到全面发展的过程。身心的全面发展是德、智、体、美等各种素质的发展，是受教育者的知识技能、思想品德、智力体力、认识、情感、意志等多方面品质的发展。人的发展是复杂的，教育过程的运行也是复杂的。为此，就需要根据受教育者身心发展的实际，从多维视野去探讨教育过程的理论基础，揭示促使人的身心有效发展的客观规律。

（一）教育过程认识论

作为研究人类认识及其发展规律的认识论，它的核心内容是研究认识的来源、认识的形式、认识的过程、认识的发展规律等。教育过程作为学生认识客观世界的一种特殊的过程，既在总体上离不开马克思主义认识论的指导，同时又有其自身的独有规律。

教育过程是一种特殊的认识过程，这个说法包含着两个方面的含义：一是教育过程本质上是一种认识过程（当然，不仅是认识过程）；二是这个认识过程又不同于一般的认识过程，而有其自身的特殊性。作为认识过程之一，教育过程当然要遵循着认识论所揭示的普遍原理；作为认识过程的一种特殊形式，教育过程也要贯彻马克思主义普遍原理与具体实践相结合的原则。

根据认识论的基本原理，人类的认识不仅有感性与理性之分，也有总体与个体之别。人类总体认识是无数个体认识的汇聚，它代表着人类认识的最高成就。在人类历史的发展进程中，长久以来，人类总体认识领先，个体认识与总体认识之间存在着很大的差距。然而，学校教育的产生和发展却使这种现象发生了突破性的转变：学校教育在人类总体认识与个体认识之间架起了一座使个体认识直达总体认识的桥梁，从此使得个体认识逼近总体认识的距离缩短。尽管人类总体认识的历程极其漫长，任何点滴的认识成果都可能经历几代人的努力和探索，但是在学校教育过程中，受教育者却可在教育者的帮助下，用短短的几年、十几年的时间就可学到人类几百年、科学家几十年积累起来的知识财富精华。

1.人类总体认识的一般过程

人类总体认识发展所经历的一般过程是从生动的直观到抽象思维，并从抽象的思维到实践，这就是认识真理、认识客观实在的辩证的途径。所谓生动的直观，即人们在实践活动中所面临的客观现实，以及由此而获得的对事物的感性形象和外部联系的认识。感性的材料积累多了，人的大脑便运用一系列科学的抽象思维方法对这些感性材料进行加工制作，促使认识的触角达到事物的本质和规律，获得理性层次的认识。认识发展至此还没有完结。人类所获得的理性认识还要再回到实践中，借助于理性认识的帮助使客观现实服务于人类，促进社会生产的发展，并与此同时使理性认识得到检验。

2.人类个体认识发展特点

与复杂而漫长的人类总体认识过程相比，个体认识的发生发展过程是总体认识过程的高度浓缩。总体认识和个体认识发展的内容及其阶段之间存在着平行性发展现象。平行性发展是指一个人在母体中发育成长的历史同整个动物发展的历史相平行与类似，是指个体认识发展的历史与人类总体认识发展的历史相平行与类似。个体认识发展与总体认识发展之间这种平行性现象的存在为阐明学生认识过程的特殊性提供了坚实的基础。

3.教育过程中学生认识的特殊性

所谓特殊，即相对于人类总体认识的一般过程而言，教育过程中学生的认识过程，既在宏观上体现着人类获得客观认识时所经历的从生动直观，到抽象的思维，再从抽象的思维到实践这三个大的阶段；同时个体发展对生物进化复演所提供的很大潜能和个体认识对总体认识复演所能够实现的认识飞跃，又在微观上使学生的认识过程成为人类认识客观世界的一种特殊形式。

在生动的直观上，学生在教育过程中，不仅借助各种直观手段感知当前的事物和现象，更主要的是感知人类的已有观念，感知人类认识的已有真理，掌握人类抽象概括出来的各门学科知识。因此，学生的认识应是站在前人的肩膀上，在前人已有认识的基础上进行的，而不是去发现新的真理，开辟人类知识的新领域。教育中各种生动直观的现象和材料，不是让学生通过直接面对自然界和人类社会来获得，而更多的是通过教育过程中的教学手段、设备和教师的言语描述来提供，即以间接经验为主、直接经验为辅。

在教育过程中，在生动的直观阶段，学生所感知的主要是间接经验，其次才是直接经验和生动的景物。教育中直观手段的运用有时虽可给学生以生动直观的事物形象，但其材料是有选择的，就其本身而言，是教育中的一种辅助形式，是为了帮助说明、解释抽象概念而实施的，绝非以其为感知主体。

在抽象概括上，科学家的材料是浩瀚的，其结果是未知的，其活动形式是独立的，其目的是发现与发明新的科学规律或科学理论。学生抽象概括的材料是典型的、有限的；概括的结果对学生是未知的，对人类总体却早为已知；学生的抽象概括活动虽也要求通过自己的独立思考去完成，但如有困难却随时可得到教师的指导和帮助；概括的目的是实现知识的系统化、结构化，进一步理解和认识事物的本质和规律。

在实践阶段，人类总体的实践，其形式主要是社会实践，如生产斗争、阶级斗争和科学实验。实践的目的是验证已形成的理论，并为社会生产一定的物质产品。学生则不然。学生虽也要以社会为课堂，但其实践的主体形式是教育实践，如社会调查、见习、实验、实习、参观、练习等，是在人为设置的环境中进行的；实践的目的主要是加强已学理论与实际的联系，帮助强化知识的记忆等。学生的实践没有为社会生产物质产品的任务。

正因为教育过程中学生的认识是站在历史发展的阶梯上，与人类总体认识有不同的起点，因而才节约了个体认识的时间，使个体得以用最高的效率和最短的时间去建构个体认识的大厦，使个体认识与总体认识在终点上趋近于平行和同等水平。因此，认识论所揭示的个体认识的继承性、获得性遗传及间接经验的学习在使个体认识达于总体认识水平中的重要作用，以及学生在认识过程的阶段上的特殊性都是教育过程有效运行的重要依据，或应遵循的客观规律。

（二）教育过程的心理学理论

教育过程从外显表现看是活动过程，但从其内在实现看则是认识升华、技能熟练、意志增强、情感完善、个性发展的过程。在此之中，人的知识的获得和认识的提高，必须以认知过程为基础。没有正常的感知、观察注意、记忆思维、想象等，任何知识的掌握和认识的发展都无从谈起。认知因素是认识过程、情感过程、技能形成过程等的基础，是人的认识提高、自我丰富的基本通道。很难想象：没有良好的感知，学生会产生对客观事物的深刻印象；没有注意的运用，学生会了解教师传授的内容；没有记忆，知识能实现巩固；没有思维，能形成概念，理解定理；没有想象，学生会产生对未来的追求，对美好生活的设想等。总之，没有认识能力的发展，就不能有人的思想品德的形成，审美能力的提高，知识技能的增长，身体素质的增强。因此，认知因素的发展是人的认识发展的基础。

教育过程中学生认识的形成，固然离不开知识经验，离不开系列认知因素的作用，但是，任何一个认知因素都不是自发地对人的认识、思想、技能等的形成发生作用。认知过程的实现与知识经验的转移不是自然而然完成的，需要特定能量的驱动和激发，需要一个非认知系列因素的密切配合，即需要情感、意志、兴趣、需要、动机、理想、信念等非认知因素的作用。因此，完整而言，教育过程中学生认识的形成是在智力与非智力因素的协同作用下完成的。

从个人而言，人的精神结构本身就是认知与非认知的统一体。人的任何一个观念、技能、思想、习惯的形成都离不开认知与非认知因素的协同作用。从认识的发生而言，认知与非认知因素本是交融的。科学家在获得任何一个新发现的过程中，在艰难的探索中，经常汇合着顽强的毅力。这些不是外来的，而是来自自己的内部世界，很自然地把认知与非认知因素融合在一起去运用，以至两者达到绝不可分的程度。

个体认识是在认知与非认知因素的交互作用下完成的。受教育者要完成获得知识、认识世界的任务，单靠感知、观察、注意、思维等认知因素，而置情感、兴趣、需要、意志等非认知因素于不顾是不行的，其认识过程的发展及其结果都必将受到重大影响。换言之，当完成认识任务的机制客观上由主动形式转为被动形式之后，就需要教育者对非认知因素的作用给予格外的关注。这样做的目的就在于保证认识过程是认知与非认知因素相互作用的过程，而不是认知因素的单方面运动过程；是认识主体的主动性与受动性统一协调的过程，而不是纯粹的被动接受过程。

（三）教育过程生理学

生理是教育对象在教育过程中实现心理发展与认识形成的自然物质基础。教育者在教育过程中既要利用人的生理发展为施教提供的自然物质前提，同时也必须充分考虑生理发展的特点及其可能性，促进其生理的健康发展。人脑是人活动的最高司令部，人脑的功能结构和活动方式与教育活动的实施密切相关。

对人脑结构与机能活动特点的认识，不仅为教育过程中实施多方面身心发展教育提供了坚实的科学依据，也为教育过程的整体建构奠定了一个客观可行的基础。既然人脑的活动和对外界的反映是以整体统一的形式实现的，那么把人置于整体的教育过程中，可以借助人脑的整体活动机能特性，实现人的身心各方面的整体发展。

（四）教育过程方法论

方法论是关于人们认识世界、改造世界的一般方式、方法的学说和理论体系。教育过程作为人的培养过程，以怎样的方法论去指导，从根本上制约着人的发展方向。

1. 马克思主义与教育过程

马克思主义理论的核心是辩证唯物主义和历史唯物主义。教育过程要实现社会对人的培养的需求，就必须以马克思主义为指导，考虑社会对教育的需要和合格的人才规格标准。马克思主义的历史唯物主义原理，揭示了历史的继续和文化的传承的基本规律。教育过程同样需要吸取历史的精华和有益的经验为自身所用。

马克思主义的辩证唯物主义原理，揭示了事物的动态发展过程和彼此间的联系。研究教育过程也要研究外部条件与内部要素之间的关系。学校教育过程受制于多种外部环境影响，这些影响可改变内部各要素的状态、功能及彼此之间的关系，并进而影响到整个教育过程效能的实现。因此，对教育过程的外部条件，如家庭、社会舆论取向、文化设施等，必须同时纳入统一的教育过程系统进行综合考虑，从理论上阐明其合理设计与作用，才能使教育过程推进顺利。

马克思主义的认识论原理，阐明了主体与客体的关系、过程与阶段的联系等，这些理论对正确认识教育过程的主体和教育过程的阶段划分等亦有着重要的指导意义。总之，马克思主义的一系列原理和理论，为正确思考教育的内容设置、教育过程的结构、教育过程的目标、教育过程的环境等都提供了科学的方法论指导。教育者要使自己实施的教育过程走上正确的轨道，就必须以马克思主义的世界观规范自己的行为。

2. 系统科学与教育过程

系统科学是对各种复杂的客观存在从整体上研究它的宏观特性的学科的总称，包含基本理论层次、技术基础层次和实际应用层次。实际应用层次主要指各种具体的系统工程技术，如农业、教育等系统工程。技术基础层次是研究各种系统工程所采用的统一的理论方法，如运筹学、控制论、信息论等。

系统论最基本的原则包括：一是整体性原则，即把整体作为研究对象，认为世界上各种对象、事件、过程是一个合乎规律的由各要素组成的有机整体，这个整体的性质和规律只存在于组成其各要素的相互联系和相互作用之中；二是综合性原则，任何整体都是由这些或那些要素为特定目的而组成的综合体，对任何一个对象的研究都必须从它的成分、结构功能、相互联系方式、历史发展等方面进行综合考察；三是最优化原则，指运用最新技术和处理方法把整个系统分成不同等级和层次结构，在动态中协调整体与部分的关系，使部分的功能和目标服从于系统总体的最佳目标，以达到总体最佳。

综上所述，教育过程是一个复杂的运行过程。因此，对教育过程的探讨就必须借鉴多方面的科学成果，以多方面的科学理论为基础，全面系统地进行观察分析。

三 教育过程原则

教育过程原则是根据教育目的和学生身心发展规律确定的教育者在进行教育活动过程中应遵循的一般指导原理和基本要求。教育过程原则是教育学基本理论的重要组成部分，主要阐明在教育活动中教师应怎样依据客观的教育规律进行教育活动，从而提高教育效果，高质量地完成教育任务。教育过程原则不仅反映教师教的规律，阐明教的基本要求，也反映学生学的规律，含有学的要求。因此，教育过程原则是指导教师教的活动和学生学的活动的共同原理。教育过程原则与教育过程规律、具体的教育经验以及各局部领域的原则既有联系又有区别。

教育过程原则是教育过程客观规律的反映，但不是规律本身。教育原则就是人们在认识教育过程规律的基础上，依据这些规律提出来的进行教育活动的基本准则，是教育过程规律在师生教育活动要求上的具体化。教育原则源于教育过程规律。但由于人们对规律的认识层次不同，教育思想不同，由此便提出了不同的教育原则。这一点正反映了原则表述的主观性。教育过程原则是教育实践经验和教训的反映，但不是经验和教训本身。由于原则是从一系列具体经验中提炼概括出来的一般原理，因而它便对各式教育活动具有普遍的指导意义。

教育过程原则又不同于教育中各类具体工作的原则，如教学原则、德育原则等。教育过程原则是在吸取这些具体原则所揭示的共有规律的基础上，从学校教育的一般要求出发，抛弃学校教育的各类具体形式，最终凝练而成的进行教育活动需遵循的最一般原理。这样，教育过程原则便比那些具体的原则具有更强的宏观性和广泛的指导作用。由于教育过程原则来自教育规律和教育实践经验，在每一个原则中都凝结着遵循人的认识规律的成功经验，因此，教育过程原则本身既是理论的概括，同时又自然地可回到教育实践当中并指导教育实践。教育过程原则与实践的距离更加接近。对具体教育过程原则的研究、学习和掌握，有助于教育实践工作者避免工作中的失误，从而增强教育工作的科学性，提高教育工作的效率和效果。

教育过程原则体系是指若干个相互联系的教育过程原则的组合。教育过程原则体系的构成和发展，受以下两种客观条件的制约：

① 受一定时代、一定社会教育制度中的教育思想、教育目的的制约。不同时代的学校教育发展和教育组织形态的变化，都对教育过程原则的体系结构发生直接的影响。

② 受教育过程规律、学生的年龄特征及认识特点所制约。这样教育过程原则又具有一定的历史继承性和客观科学性。因为教育过程原则反映的是客观规律，所以，科学的原则又可以为各个时代、各个国家的教育实践所利用。一个反映了人类接受间接经验、掌握书本知识规律的原则，具有摆脱地域和社会性质限制的很大功能，具有普遍共同的实践指导作用。

总体而言，教育过程原则来源于教育过程中教师科学进行教育活动和学生顺利进行学习活动的规律，来源于教师教的知识输出规律和学生个体的认识规律。教育过程原则来源于对教育实践中若干成功经验和教训的概括总结、抽象提炼。教育过程原则来源于对古代教育经验的批判继承，来源于古代教育家丰富的教育思想和他们自身的教育实践经验总结。教育过程原则也来源于对外国教育家所概括的教育原则的吸取和借鉴，来源于他们对教育原则研究的积极成果。总之，今日的教育过程原则研究是站在前人认识的阶梯上，在融汇古今中外各方面成果的基础上进行的，是教育过程原则研究历史的继承和发展，是未来教育过程原则研究的前提和基础。

（一）教育科学性和思想性统一原则

科学性和思想性统一的原则是指教育者在教育过程中要以准确无误的科学知识武装学生，同时有目的、有计划地对学生进行思想品德教育，使学生的智与德同步增长。教育的科学性是指教育内容要正确反映客观世界和它的运动规律，教育给予学生的是科学知识。教育的思想性是指教育要坚持正确的思想政治方向，培养学生科学的世界观。教育中坚持科学性与思想性统一的原则是培养德、智、体、美全面发展的社会主义建设者和接班人的要求，体现了社会主义的教育目的和党的教育方针。

教育中坚持科学性与思想性的统一，也是由知识体系与方法论之间的内在联系决定的。任何知识体系都是建立在一定方法论基础上的。从事教育活动的教育者，必然要按照一定的世界观教育学生，这在各个社会都是如此。单纯的知识教育是不存在的。贯彻科学性和思想性相统一的原则，其基本要求如下：

① 要确保教育的科学性。教育的思想性在很大程度上取决于教育的科学性。教育的科学性，不能离开思想性。没有科学性就谈不上思想性，而缺乏思想性也不能真正体现科学性。因此，教师在教育活动中必须进行认真的准备，深刻领会和掌握教育内容中的概念、原理、结论、定义、公式等，做到精确地表述科学概念，严密地论证基本原理，恰当地引用辅助材料，严格细致地演示实验内容，这样，才有利于学生学到科学的知识，形成科学的世界观。

② 注意发掘教材本身的思想性，善于根据各门学科的具体特点进行思想教育。思想教育要与内容实现有机的结合，防止片面强调思想性，忽视文化知识传授，把思想教育庸俗化的倾向。

③ 加强教育者自身的思想修养，不断提高专业水平。教师自身有良好的品性修养和较高的业务水平，才能真正把科学性与思想性融合在一起，贯彻到每一个教育活动当中。教育中的科学性与思想性是有机的统一的。

（二）教育者主导性与受教育者主动性一致原则

教育者主导性与受教育者主动性一致的原则是指在教育过程中，教育者既要充分发挥主导作用又要善于调动学生学习的主动性和积极性，使教育过程成为师生双方密切配合、协调共进的过程。教育者主导性与受教育者主动性一致的原则是由教育过程的双边活动规律决定的。教育活动的完成离不开师生双方的共同努力。没有教师在知识传授方面的主导作用，就会影响学生接受知识的质量和效率；没有学生积极主动的配合，教师的主导性也就得不到发挥。因此，从教育过程任务的完成而言，必须把二者统一在一起。

教育者的主导性和受教育者主动性一致的原则，也是由师生各自的地位特点决定的。在教育过程中，学生作为学习的主体，希望教师能够发挥主导作用；教师作为施教的主体，也希望学生能积极配合，产生一股合力，共同完成教育任务。贯彻主导性与主动性一致原则的要求如下：

① 教师要加强专业训练和专业修养，能够充分发挥施教主体的主导作用。教师受过专业训练，传道、授业、解惑的职业特点决定了他（她）应该根据社会

的需要和学生渴望学习的动机，以高质高效的教育工作去满足社会的要求和学生的希望，不负重托，有能力、有水平、有方法、有热情地去组织实施每一个教育活动，使每一个学生都得到应有的发展。

② 教师要善于激发学生的求知欲和学习兴趣。教育是一种双边活动，学生是学习活动的主体，学生发展是活动的目的。教师积极主动地施教只有通过学生积极主动地学习才能收到良好的效果。为此，教师应从学生的实际出发，通过培养学生正确的学习态度和采用各种有效的方法，去唤起学生学习的动机、兴趣和需求，使他们能自觉地把教师的要求变成自己的要求，把教师的希望变成自己的渴望，师生之间形成情感上的共鸣和思想上的共识，在忘我的境界中，愉快地开展教育活动。

③ 教师要树立正确的学生观，相信学生有能力完成活动任务。教师应把学生当成具有独立人格的个体。师生间应平等相处，以诚相待。有这种心灵感应和情绪上的感受，学生才可能乐于接受教师的要求。

（三）教育全面性与综合性原则

教育全面性与综合性原则是指教育者在教育过程中，要通过对学生施行全面的教育去获得学生的综合性发展。全面就不是片面，就不是只着重于单方面的目标，而是以德、智、体、美等多方面的教育去作用于受教育者。综合就不是单一，而是多种素质的全面发展。教育全面性和综合性原则是由社会主义教育目的决定的。社会主义教育要求培养德、智、体、美全面发展的人才。要实现这一目标，就要求教育者以全面的教育内容去施教。

教育全面性和综合性原则也是由社会发展需要决定的。任何社会都需要德才兼备的人去服务于社会的政治经济。现代生产不仅要求人具有劳动技能，还要求人有责任感、创造精神、开拓能力等。贯彻教育全面性和综合性原则的要求如下：

① 学校要以全方位的活动去影响学生、作用于学生，以实现学生素质的多方面发展。这就要求学校把思想政治教育活动、生产劳动、文体活动、科技活动等科学地有机地结合在一起，形成一个全面的信息网络，综合影响学生；而不能突出某一活动并以之代替其他活动，削弱其他活动。只有这样才可能有全面的影响和综合发展的结果。

② 教育者要以全面施教的指导思想去规范自己的教育行为，以期获得学生的综合性发展。社会主义教育的最高目标是实现学生的全面发展。要达到这一目

标，就要求教师在开展每一项教育活动时，都要以整体的思想去塑造学生的行为，从目的确立、内容安排、环境布置、方法运用，到教师施教时的一言一行，都带有全面性，做到教知识想能力、教一科想各科、传授不忘操作、课内不忘课外等。

③ 在教育内容安排和发展目标上既要全面又要有所侧重。在教育内容安排上，既要体现全面、兼顾各育，同时各种内容和影响又应有所侧重。在发展目标上，既要体现各种素质的综合发展和人格的综合形成，又要主张个性特长的充分发展，而不是要求各种素质齐头并进、平均发展。全面发展与个性化发展都是教育目标要求的，因为个性化的发展是以人的全面、充分的发展为前提和基础的。

（四）教育知行统一与情感、意志结合原则

知行统一与情感、意志结合的原则是指教育者在教育过程中，既要重视对学生进行系统的知识传授、技能培养与行为训练，并使三者结合在一起，做到学懂会用，知行统一，又要充分重视情感和意志在实现知行转化中的作用。坚持知行统一与情感、意志的结合是社会主义教育的一个基本原则。社会主义的教育目标，不仅要求学生掌握系统的科学理论和道德思想，还要使学生具有解决实际问题的基本技能和服务社会的良好思想。

坚持知行统一与情感、意志的结合是由学生的认识特点决定的。学生的认识主要源自书本的间接经验。知识点抽象、枯燥给学生的理解带来了许多困难。学生要想实现对书本知识的透彻理解和掌握，就需付出顽强的意志和高昂的热情；要想做到学懂会用，就必须把接受与应用统一起来。

坚持知行统一与情感、意志的结合也是由知、情、意、行四者之间的内在联系和相互作用决定的。一个人要把所获得的认识变成实际行为乃至习惯，便需要认识与情感的融合。当受教育者的认识与相应的情感发生共鸣时，就会产生一种信念。信念便会激发人的情感，增强人的意志，从而使人以顽强的精神把认识付诸实践。所以有情感和意志等精神力量的支持才能保证知行转化的完成，达到知行统一的目标。贯彻知行统一与情感、意志结合这一原则的基本要求如下：

① 给学生以系统的理论知识，并致力于知识向信念的转化，激发学生的情感和意志。强调知行统一，首先应使学生有所知、知之深、知之切，才能谈到有所行。为此，教师对学生必须讲清科学的概念、灌输正确的思想、提出具体的要求、运用合适的方法，才能促使知行的统一与情感意志的结合。

② 组织学生参加一定的实践活动，训练学生的动手能力，养成学生良好的言行习惯。教育者在教育过程中，要有计划有目的地组织学生结合具体的教育内

容进行实际锻炼，督促学生把学到的知识应用于实际，使学生在解决问题、身体力行的过程中，培养高昂的热情和顽强的意志，从而养成良好的言行统一习惯。

③ 教师自身必须以身作则，言行一致，充满热情，意志坚强。教师应是学生的楷模和做人的表率，要求学生做到的自己首先做到，要求学生不做的自己首先不做。如果教师自己表里不一，言行脱节，学生就不会信服，也不知怎样去做，所以，教师的言行举止和思想作风对学生有着重要影响。

（五）教育影响的系统性与连贯性原则

教育影响的系统性与连贯性原则是指教育过程要按照教育方针的要求，有目的、有计划地把各种教育影响组织与编排起来，使其互相配合、协调一致、系统连贯地对学生的身心发生作用，以保证既使学生获得系统的知识，又能培养其优良的品德。教育影响的系统性是由学生身心发展的顺序性决定的。无论是学生认识能力的发展，还是思想品德的形成都有其自然的顺序。应根据学生身心发展的具体特点，有系统、有步骤地进行教育。

教育影响的系统性也是由科学知识本身的逻辑要求决定的。任何一门科学知识，都是按照学生的认识特点和心理发展顺序组织起来的，各知识间具有严密的逻辑联系。为此，教师施教时就应遵循知识的逻辑体系。教育影响的连贯性是由学生思想品德形成的特点决定的。一个人的思想品德的形成是长期的、前后一贯的、连续不断的过程。只有各方面教育影响要求一致、前后一贯、相互配合才能收到良好的教育效果；否则就会使各方面教育影响互相矛盾和抵消，影响教育效果。贯彻教育影响的系统性与连贯性原则的具体要求如下：

① 教师应按照教科书的逻辑系统地进行各育活动，使学生学到系统完整的知识。为此，教师在教育活动中应尽可能遵循教材的学科体系，注意新旧知识之间的联系，使新知识成为旧知识合乎逻辑的发展，注意引导学生将知识系统化，掌握知识的系统体系和内在结构。

② 教师在讲授任何学科知识时，既要注意连贯系统，又要有主有次，突出重点，抓住难点和关键，使学生触类旁通，举一反三。

③ 教师不能搞跳跃式的教学，盲目追求教育速度，使教育过程没有任何难度和梯度。良好的系统性和连贯性的结合，应是使教育过程既有一定的速度和难度，又不加重学生的负担。这就要求教师设计合适的难度阶梯，充分发掘学生的智力潜能，使学生获得最大限度的发展。

④ 以系统连贯的思想组织各种宏观的教育影响，如统一学校、家庭和社会

对学生的影响，充分发挥学校教育的主导作用，使学校、家庭、社会对学生的影响互相配合；统一校内各方面的教育力量，形成校长、班主任、科任教师和全体职工的教育合力，使各种教育力量协调一致。

⑤ 教育活动要有系统的计划和恰当的节奏，不能时快时慢，时紧时松。人的培养是个缓慢的过程。所以教育者要有长期、系统的构思，以及连续不断、始终如一的精神和干劲，持久地坚持下去，以达到预期的目的。

（六）正面教育与反面比较相结合原则

正面教育与反面比较相结合原则是指为使学生形成正确的认识和思想，要把正面的理论陈述和反面的例证比较结合起来，通过比较和分析，在学生头脑中形成正确的观念和思想。正面教育与反面比较是学生获得正确认识的需要。人的观念的形成离不开教师系统的讲解和传授，离不开一定的思维形式。需要有正面的理论阐述、榜样示范。但在正面的阐述之外，还需要比较。有比较便有鉴别，有鉴别才能使学生明白彼此的异同，从而在学生头脑中建立起科学的认识和正确的思想。贯彻正面教育与反面比较相结合原则的要求如下：

① 教师在传授知识时要善于利用正面教育与反面比较相结合的原则，帮助学生形成正确的观念。实行正面教育与反面比较相结合，首先要求教师从正确的方面讲清基本概念、原理、定理、公式、理论、思想观点等，使学生对这方面的知识有牢固的掌握。然后再利用反面的例证去补充说明正面的道理，从而使学生认识更加深刻，记忆更加牢固。一般而言，有比较地进行知识的传授，可帮助学生更精确地掌握知识，因为比较给出了彼此的差别，这样就可以防止知识间的混淆和泛化现象的产生。

② 德育中运用正面教育与反面比较相结合的原则，就是要求教师善于通过摆事实讲道理，发挥积极讲解与反面例证的作用，使学生掌握正确的思想方法和道德行为标准，从而能够自觉地履行道德规范，认识自己的缺点和不足，坚定正确的前进方向。

③ 要掌握分寸。正面教育不能走向极端，例如，不能把榜样说得完美无缺，对优秀的学生不能一味地表扬和推崇；反面比较也要选好对照点，并且要注意方式和尺度。

（七）整体教育与个别教育相结合原则

整体教育与个别教育相结合是指在教育过程中，从教育的指导思想到具体的教育实践，都要把整体活动和单项活动、整体发展和个别品质发展、集体教育和个体教育有机地结合在一起，通过整体教育规范个体教育，通过个体教育实现整体教育的目标。人的全面发展的教育目标决定了整体教育的必要性。整体教育是学校教育、家庭教育、社会教育各种教育形态的统一，是德育、智育、体育、美育等各局部教育的统一，也是每一个社会成员发展的统一。整体教育反映了国家关于人才培养的共同目的和需求。所以用整体的教育思想指导整体的教育实践，才能最终实现整体教育目标和学生身心整体发展的目标。

在整体教育中之所以还要有个体教育，这是由整体与个体的辩证统一关系决定的。整体是由一个个具体的个体构成的。个体教育是整体教育的有机组成部分。没有个体教育的实施就没有整体教育的完成；没有整体教育的规范，个体教育就不会有整体发展的效果。所以整体教育与个体教育是辩证统一的。贯彻整体教育与个别教育相结合原则的基本要求如下：

① 实行整体活动与单项活动的统一。整体活动就是学校要依据学生整体发展的指导思想去为学生提供多方面的教育活动安排，通过多方面的活动和影响，让学生受到多方面的教育。在注重整体活动的同时，在任何单项活动中也要贯穿整体教育的思想，使学生在具体的单项活动中也能从德、智、体、美等多方面受到影响，得到全面发展。

② 实行整体发展与个别品质发展的统一。整体发展就是学生多方面品质的发展，这是由社会主义的教育目标决定的。这就要求教师不能单纯地追求学生某方面品质的片面发展，削弱或取消其他品质的发展。但多种品质的全面发展不是平均发展，而是要求在全面发展的基础上，应使个别品质有突出的发展。

③ 实行集体教育与个体教育的统一。集体教育是面向全体学生，以培养优良集体为目标的教育。优良集体的形成是顺利进行个体教育的前提和基础。个体教育是针对个别人存在的个别问题而进行的教育。教师在教育中要把集体教育与个体教育统一在一起，结合进行，相得益彰。

综上可见，教育过程的基本原则是多方面的，但并不是孤立的。各项原则在教育过程中是统一发挥作用的。教育过程中从来不存在某一原则孤立地起作用的现象，各项原则都是在相互配合、互为条件中发挥作用的。所以，在教育过程中必须树立统一观点，综合运用教育基本原则，以有效地完成教育的任务。

四 教育过程的任务

教育过程的任务是培养符合一定社会需要的完整的、全面发展的人，是通过教育过程的一系列活动培养社会需要的各种人才，社会需要的复杂性决定了人的品质的多面性，因而也就决定了完成教育过程基本任务的活动内容和活动方向。教育过程的基本任务是通过一个个特定和具体的任务而完成的。通过这些具体任务的达成，最终形成人的多方面的社会需要的品质。这些具体任务，概括起来主要包括以下方面。

（一）向学生传授系统科学文化知识

实现人类科学文化知识的传递，是教育过程的主要任务之一。知识是人们对客观事物规律性的反映，是人类在长期的社会实践中积累的认识成果。科学是经过实践检验，具有严密逻辑论证，反映客观事物本质和规律的理论体系。系统的科学文化知识就是具有一定内在联系、合乎逻辑规范、经过实践检验的稳定可靠的科学真理和理性经验，而不是概念或范畴的堆积。

知识既有不同的类别，也有不同的性质。从其类别而言，有基础知识和专业知识、感性知识和理性知识、直接知识和间接知识等。从其性质上看，有自然科学知识和社会科学知识。教育过程所要传授的知识不仅包括各个类别的知识，也包括各种性质的知识。应该指出，不应该把向学生传授知识狭隘片面地理解为只是传授数理化、写字和作文。其实知识的内涵极为丰富。

教育过程中向学生传授的知识，除了人们通常以为的数学、语文等工具性知识外，当然也毫无例外地包括思想教育的知识、美学的知识、体育的知识以及劳动技能知识等。因此，不可以把知识的内涵局限在一个极为狭窄的范围内，而把有关德育、体育、美育以及劳动技能方面的知识性内容排除在外。

当今世界是一个科学技术飞速发展、人类知识总量激增的时代。在这个特定时代里，教育过程传授的知识应该具有的特点与功能包括：第一，在动态发展的历史进程中相对保持稳定不变。基础知识与基本理论是含有极强稳定性和极广适应性的内容，这些知识不会迅速落后。第二，学生获得的知识应该达到对过去具有诊断性，对现实具有指导性，对未来具有预测性的目标。实现传统与现实的统一，理论与应用的统一，过去与未来的统一。

（二）培养学生良好的品德修养

任何教育都是特定社会的教育，都要为特定社会培养所需要的人才。人具有了知识只是具备了为社会服务的才能和本领，与此同时还要具有良好的思想与态度，这样才是一个德才兼备的完整的人。经由教育过程所要形成的良好品性包括三方面内容，即良好的政治、思想与道德品质。政治品质是指使学生形成正确的政治观点、信念和政治信仰。思想品质是指使学生形成正确的世界观和人生观，培养他们勇于实践的精神、实事求是的态度和科学的思想方法。道德品质是指使学生具有正确的道德认识、高尚的道德情感、顽强的道德意志、崇高的道德行为，以及自觉遵守纪律、坚持集体主义、热爱劳动和劳动人民、讲究社会公德等。

（三）训练学生的基本技能

技能是通过练习而形成的顺利完成某种活动任务所必需的行为活动方式和心智活动方式。技能就其类别而言主要有两种：一是人们在头脑中借助内部言语表示的事物映像，以极简约的形式进行智力活动的方式叫智力技能，如默读、构思、心算等；二是由一系列外部直观可见的行为动作构成，通过机体运动所完成的随意行动方式，也叫操作技能，如书写、绘画、劳动等。

在教育过程中，知识的传授与技能的培养是不可分的。因为使学生掌握知识的目的在于能使学生运用这些知识，而要运用知识就必须有相应的技能。知识的传授与技能的培养的不可分性表现为知识是形成技能的必要前提，技能是掌握知识的必要条件。

技能的形成途径有三种：一是学习者借助书本知识通过自己的练习形成；二是在教师的讲解与示范动作表演下通过模仿形成；三是完全靠个人的尝试摸索形成。因此，如果有了书本知识，又有教师的指导帮助，就可加速技能形成的速度，提高技能形成的质量。同时，技能的形成也可加速知识的掌握。

（四）发展学生的智力与体力

智力是人的各种基本能力的综合，包括观察力、注意力、记忆力、想象力，其中核心是人的抽象思维能力和创造性解决问题的能力。智力与知识、技能都不相同。知识着重表现为认识成果，技能着重表现为动作方式，而智力则着重表现为运用知识于实际，从事某一活动的能力。由于智力与知识、技能的职能不同，对人的活动所起的作用不同，因此，对学生进行教育时就须将发展智力作为一个独立的任务来完成。

体力的发展也是教育过程的基本任务之一。良好的身体机能是知识学习、技能形成的物质保证。教育过程要实现人的全面发展的目标，就不能忽视对学生进行提高机体素质和运动能力的教育、生理卫生常识和运动保健教育等。符合社会需要的人是德、智、体、美和谐发展的人。任何一个方面的缺失所导致的人格欠缺都会使人在社会生活中失去平衡，不能满足社会的要求。因此，教育过程绝不能以某方面去代替别的方面，以学生某方面的发展去代替其他方面的发展。总之，教育过程的任务取决于社会的人才规格需要，取决于受教育者身心发展的潜能。

五 教育过程的特性

（一）传播方式的简捷性

传播是人与人之间的一种信息交流活动。实现这种交流可以借助多种方式和媒介，如网络、书籍报刊、电影电视、无线电广播、报告座谈等。网络是以文字、图片、视频、音频等多种载体的形式进行信息传播的，书籍报刊是以书面语言文字的形式进行信息传播的，电影电视是以声音和画面的形式进行信息传播的，无线电广播、报告座谈等则以口头语言的方式进行信息传播，这些传播方式各有特点。与这些传播方式相比，学校教育过程集中了各种传播方式的优点，克服了其不足，具有简捷性的特点。

传播方式的简捷性，首先表现为传播的直接性。教育过程中师生之间的信息交流主要是在特定的空间中，面对面直接进行的。教师不仅直接实现信息的发送，也直接进行与学生的对答。教师是信息的载体和源头，教师和学生之间的信息传递不需要通过任何中介、中转去完成。教育中虽有各种教育技术手段的运用，但亦离不开教师的言语说明。

传播方式的简捷性，还表现为传播的简便性。教师授课主要借助口头讲授，辅之以现代媒体，如网络、多媒体，以及传统媒体，如板书。良好的讲授当然需要一番精心的准备和设计。但若仅就传播方式而言，讲授无疑要省去大量的时间和物质花费，一个熟悉教材、富于经验的教师不需要花费几个月的时间去准备一节课。因此，授课对信息传播的简便性是网络的费时筛选整理、电影电视的复杂制作、书籍报刊的长周期发行所不能比的。

传播方式的简捷性还表现为传播效果的及时反馈。在教育过程中，教师传授的各种知识是否为学生所接受，传播的劳动是否产生了效果，可以从学生的反应直接获得反馈信息，即教师对教育效果的了解是及时的。现在的网络教育等也强调直接反馈，但缺少师生间面对面交流的直接性、灵活性和相互启发性。由于教师可以获得及时反馈，因而也就能够迅速对讲授进行修正，选择新的方法，调换新的角度去进行及时的补救和改正。

传播方式的简捷性还表现为教育过程对信息的传播走的是人类认识客观世界的捷径，即从间接经验的传播开始，从人类认识精华的传播开始，这样就省去了人类在获得这些认识时所走过的漫长而曲折的道路，使学生的认识直接逼向人类总体认识的发展水平，而不是从直接经验开始。由于这种传播方式带领学生走的是人类认识客观世界，获得改造世界的知识和能力的捷径，才能使学生在短暂的时间内完成认识世界和准备改造世界的任务。

总之，教育过程既是一种社会活动过程，也是一种认识过程，因而教育过程离不开一般社会活动过程和认识过程的共同规律的制约。但是，教育过程又是一种特殊的认识过程，有其特殊活动规律。教育过程的性质和任务的不同，就决定了这一过程具有独特的特点。因此，只有正确认识这些特点，才能更好地掌握教育过程的客观规律。

（二）信息选择的精练性

教育过程对教育内容不仅强调其排列的顺序性，更注重内容选择的精练性。精练，即选择人类经验中的精华，选择对学生发展最有价值的东西构成教育内容。人类的全部知识，一个人即使尽其毕生精力也难以学完，而学生在校学习时间却是固定的、有限的。要解决这个问题，唯一的解决措施就是精选信息。如何从人类知识经验中选择出那些最富稳定性和基础性的东西去构成学生学习的内容，课程改革需要为此进行长期的奋斗。因为教育过程要追求高效率高质量，就要求有精选的内容相配合。

信息选择的精练性，不仅表现在内容构成上的少而精，也表现在教育过程中教师对例证的引用、问题的解答、结论的归纳等方面。教育过程是通过高度浓缩的信息让学生认识自然和社会，以达到在一定时间里掌握人类千百年积累起来的全部知识财富的目标。知识的庞杂、无限增长和学制不能无限延长的客观实际决定了教育过程必须进行信息精选的特点。

（三）对人施加影响的整体性

对人施加影响的整体性是指教育者在教育过程中是把受教育者作为完整的社会人施加影响的。教育过程中对人施加影响的整体性是由人的发展的完整性规律决定的。宇宙是一个整体，人也是一个整体。人只有整体发展才能成为一名合格的社会成员。人的身心发展本身具有客观整体统一性。人是德、智、体、美等多种素质的综合体。

人的发展不仅以多种素质为基础，而且也是在多种素质交织统一的运行中，最终走向全面发展的最高境界。人的身心发展是一个过程。人的各种素质在人的发展过程中，既各有其相对独立的意义和作用，同时又不可分割地处在互为基础和前提、互相促进与提高的内在联系之中。只有各种素质统一发展，人才能成为完整的社会人。

各种素质的统一发展不仅是人的身心发展的客观规律，更是社会发展对个体发展提出的客观要求。特别是社会发展到今天，社会上的任何一个职业部门，任何一个工种，都要求人具备全面的素质。因此，社会对人的素质的全面影响和全面要求的机制更决定了教育的全面性。另外，人的身心整体发展也是个体自身发展的需要。

社会发展带来了社会生活的复杂化和个体自身完善的需要。因此，多方面发展与个体的成长密不可分。个体要保持自己与社会生活要求的协调，要取得社会生活资格，把自己由一个自然人转化为一个能够适应一定社会环境、参与社会生活、履行一定社会责任、担当一定社会角色的社会人，就必须使自己的发展与社会要求相统一。只有按照社会需要完整地发展自己，个体才有可能更好地立足于社会。

教育过程作为专门为社会培养合格人才的特定过程，要圆满完成社会赋予的人才培养任务，就需要根据人的身心整体发展的客观规律，对人施加全面的影响，通过教育者的全面施教去实现受教育者品格的全面完善。教育过程诞生以后，之所以能独立于其他意识形态过程之外，其根本原因正在于它有着其他过程所不具有的全面培养人的独特功能。其他过程只是从不同的侧面对人施加影响，其作用远不及教育过程那样系统、全面，那样高效高质，那样始终朝向社会需要的统一目标。因此，教育过程对人的影响的全面完整性的这一特点是任何其他过程都无可比拟的。

（四）传递过程内化、转化、外化的统一性

内化、转化、外化的统一性，指教育过程作为一个信息传递过程，是把信息内化、转化与外化统一在一个过程里完成的。对受教育者而言，对现有信息的接受、理解和消化，然后再经过信念、情感、意志的转化，最后落实到理解、转化基础上的实际应用与问题解决，这是一个统一的教育过程。

教育过程的最终目标是促使个体完成社会化的转变，使受教育者的身心发展与社会需要相符合。促使个体社会化的过程，也就是将社会规范、社会需要、社会本质内化于受教育者的过程。在教育过程中，教师作为社会的代表，借助一定的教育手段，把国家规定的教育内容传授给受教育者，变成学生的知识技能、思想品德和智力能力。教育过程消融在受教育者的主体中，教育活动对象化了。教育过程以动态形式呈现出来，而教育结果则以静态形式存在于受教育者的主体内部，这就是教育的内化。

教育内化活动还只是全部教育过程的开端，已内化的信息还必须进入转化过程。已获得的信息不仅需要巩固，更需要向信念情感、意志转变。思想品德教育成果需要内部转化，科学知识教育成果同样需要转化。因为无论是道德还是知识，都需要信念、情感和意志的支持，否则都不可能变成自觉的行动。教育过程还有另一端，即已获得的信息经巩固转化以后，还必须能够外化出来，即能应用于实际去解决实际问题。知识、技能能否顺利外化，是检验内化、转化效果的根本标准。信息的内化、转化和外化，统一于教育全过程，是教育过程的重要特点之一。

（五）教育者与受教育者共同参与性

事物的质是由结构决定的。教育活动过程与生产劳动过程以及一般的认识过程的结构不同，因而其特点和目的也不相同。劳动过程的结构要素是劳动者、劳动对象、劳动资料。劳动过程就是劳动者通过自己有目的的活动，借助于劳动资料，作用于劳动对象，使之发生预定的变化，其结果是生产出适合人的需要的物质产品。生产劳动过程是人与物之间的联系和作用的过程。而教育过程结构则不同，它是由教育者、受教育者、教育内容、教育手段等组成的。

教育过程就是教育者按照一定社会的要求，通过师生双方有目的、有计划、有组织的各种教育活动，把教育内容内化为受教育者的知识技能和思想品德，改变受教育者的原有状态，促使其身心发展走向社会化的过程。教育过程的结构表明，教育过程，是人与人之间发生联系的过程。教育过程也不同于人的一般认识过程。在一般的认识过程中，作为主体的人直接地、自觉地去认识客体、发现规律。

在教育过程中受教育者的活动是学习，是学习认识世界和改造世界。作为教育对象的受教育者是缺乏经验和知识的，所以才需要具有丰富知识和经验的专门教育者来指导。教育过程中的教育者与受教育者之间的关系反映着知与不知、多知与少知的矛盾。教育过程要有专门教师进行组织和领导，这也是教育过程所具有的特殊性。教育过程是教育者和受教育者的共同活动过程，是在教育者领导下，受教育者积极参与下进行的。

（六）知识再生产的主导性

物质生产过程的主导活动是通过人与自然物之间的作用，谋求符合人类需要的物质产品。教育过程的主导活动是通过师生之间的双边活动实现人类科学知识的再生产，这是由教育过程的本质及其职能决定的。教育从其产生的那天起，特别是在学校教育诞生以后，就承担起了人类科学文化知识传授的基本职能。教育过程中教师付出的各种努力和对教育方法、原则、形式的探究，最终目的都是加速知识再生产的进程。

教育过程的本质决定了教育过程的任务是通过科学知识的再生产而实现劳动力的再生产。在这个过程中，学生只有接受人类间接经验的任务，而没有生产新的科学理论、发现新的科学规律的任务。至于高等院校里由教授、专家们进行的各种科学研究，的确使得高校的教育活动不单单是知识的再生产。但由于此时科学研究拥有着自己相对独立的任务，成为一个独立的过程。因而也就与教育过程构成了两个不同的概念，不能将二者相提并论。

高校里的教授、专家们在面向学生施教时，他们的主导活动是知识再生产，活动性质是教育活动。而一旦转向科研，他们的活动性质便不是教育活动而是科学研究了。为此，必须在理论上做出明确的区分。由教育过程所进行的知识再生产是人类经验保存、继承与转移的最佳形式。各个时代、各个社会之所以都重视教育在人才培养中的独特作用，也正是因为教育拥有着这样一个其他任何社会活动过程都无可比拟的高效率进行知识再生产的突出作用。

（七）教育内容螺旋式上升的连续性

与科学知识的发展过程相比，教育内容呈现着螺旋递进、持续不断的特征。教育过程中的教育内容不同于科学知识、科研成果的汇集，是以学科课程的形式进入教育过程的。课程内容是人类认识精华的汇聚，是因为任何一门课程内容的编排都必须根据受教育者的心理发展顺序和认识规律去考虑知识在教材中的先后逻辑顺序。根据这样的规则，就整个教育内容的排列而言，要根据学生的年龄特征，体现出由易到难、由简到繁、由浅入深的螺旋式递进的指导思想，使其既能为各年龄阶段的学生所接受，同时又能促进其心理的发展。就一本教材的知识排列而言，也要体现这一特征。

教育内容的螺旋式上升还体现在教育内容的必要的循环上。人的认识是逐渐加深的。科学知识的传递，思想品德的形成，也不是一次性完成的。根据教育对象的年龄特点和认识规律，教育内容的阶段性循环是必要的，但是必要的循环并不是简单重复，而是螺旋式上升，即在循环中逐渐加深，向更高层次发展。

所以，学校教育内容的安排与科学知识发展的自然过程及其排列方式根本不同。教育内容安排遵循的是学生接受知识的心理顺序、认知顺序和科学知识构成的逻辑顺序的有机结合。科学知识发展遵循的是社会发展需要的顺序。科学研究中虽也要借助历史研究的成果，但并不完全依赖，主要依靠直觉思维，形成突破性的成果和认识。

教育内容的螺旋式上升表明了知识的逐级递进、难度渐增的总特点，而不是像科学研究成果产生那样带有很大的跳跃性；连续性则表明了教育内容的前后相继和各知识点间的有机联系，而不像科学研究成果那样时断时续地出现。

六 教育过程的结构

教育过程是横向内容与纵向时序的有机构成，是静态要素与动态阶段的和谐统一。从横向看，完整的教育过程是由多方面的要素整体构成的。若干方面的局部整体构成了教育过程的总的整体。从纵向看，过程是一个时间的连续。若干个相对完整的时间单位其实就是若干个彼此相联系又彼此不同的阶段。

教育过程的整体结构是指教育过程由哪些局部的、具体的整体来构成，以及各个整体之间的关系。在阐明具体的整体之前，必须把握的是系统论的整体性原则。根据系统论的整体性原则，世界上各种对象、事件、过程都不是偶然堆积，而是一个合乎规律的由各要素组成的有机整体。这一整体的性质和规律，存在于组成其各要素的相互联系、相互作用之中。

在教育过程理论探讨中，分析方法的历史功绩是把原始、不分化的教育过程划分成了德育、智育、体育、美育等若干个具体的教育过程。这种划分在教育过程理论探讨的是一个必要的阶段。但是教育过程研究不能停留在分析阶段，而应沿着人类认识发展的正常逻辑轨道，从分析走向综合，从认识局部走向认识整体。

顺应现代科学从高度分析走向高度综合的历史趋势，运用系统科学的整体方法，既看到部分决定整体，又看到整体支配部分；既看到部分是整体的基础，又看到整体是部分的归宿，整体由局部组成，局部要服从整体。这是整体与局部科学辩证的统一关系。根据这一思想方法，整体的教育过程并不是若干个局部教育过程的机械合并和若干个局部整体的简单叠加，它应是在这些构成要素关系的基础上形成起来的具有新质特点的综合体。

（一）教育目标

现代学校教育目标是由多种内容和多种层次构成的整体。在目标内容上，有德、智、体、美的全面发展；有合格公民、建设者、接班人的培养；有知识技能的获得，思想品质的提高，智力体力的发展等。在目标层次上，有国家的宏观方针、目的，有各级各类学校的具体目标，有每门课的教学目标。但不论各层次的具体要求如何不同，蕴含其中的内容与社会总的教育目标都应是一致的。在目标实现上，教师应以整体的思想方法去统率教育行为，使任何一项具体的教育活动都具有实现整体目标的功能。功能重心可以因活动内容不同而有所突出或侧重，但不能互相代替。

（二）教育内容

学校教育目标要通过教育内容整体才能转化为受教育者的整体素质。国家课程计划规定的各类学科是内容整体的集中体现。这些学科是经课程专家精心构想和研究以及历史反复检验，充分考虑了社会需要和个体需要确定下来的。在这些学科中融汇着个体在未来社会生产和社会生活中需要的各种知识、思想、情感、态度、信念、能力、行为、技能、意志、品质等。这些内容反映在基础与专业、学科与活动、必修与选修、显性与隐性等各类课程中。

贯彻国家教育方针，实现学生身心全面发展，学校需要树立整体教育观，不能人为地突出某科、削弱某科，要正确认识各学科的作用，摆正各学科的地位。教育内容改革要有系统思想，要把某一门或某一类课程的改革放到课程的整体结构中权衡考虑，放到学生的整体素质发展需要中去决定取舍。

（三）教育方法

学校教育内容的传授要借助各种具体的教育方法和手段。这些方法和手段主要包括：① 语言的方法，即讲授（讲解、讲读、讲述、讲演）、谈话、讨论、说服等；② 直观的方法，即演示、参观、榜样示范等；③ 实践的方法，即练习、实验、实习、作业、实践活动等。

教育任务、教育内容、教育要求和学生身心发展特点的不同决定了教育方法的不同。任何一种方法都有自身独有的功能，都不能适用于一切教育活动和教育内容。因此，教师在教育活动中应改变只用一种方法的思维，要善于根据具体的教育情境综合运用多种教育方法。

（四）教育途径

教育途径是教育者进行教育活动时选择的基本渠道。学校实施教育活动的途径主要有以下六种：

① 课堂教学活动。这是教育因素容量最大、功能最全、所占时间最多、最可控和最有效的教育途径。课堂教学活动是学校贯彻教育方针，实现教育目的的基本途径，学校工作要以教学为主，以教学作为学生获取知识的主要途径。在基本途径之下又可分为辅助途径和特殊途径。属于辅助途径的有现场教学、分组教学、个别指导，属于特殊途径的有复式教学等。

② 课外活动。这是在国家课程计划之外由学生自愿参加的有计划、有组织的教育活动的总称。广义的课外活动包括正式课程以外的校内外各种教育活动，狭义的课外活动仅指校内的课外活动。课外活动包括的内容相当广泛，如艺术和文娱体育活动、科学技术活动、公益劳动和其他社会活动等。课外活动又可继续分为群众活动、小组活动、个人活动等途径。

③ 劳动活动。劳动活动是学生运用知识技能，形成思想品德，锻炼意志品质，培养生活能力和正确的劳动态度、劳动观点、劳动习惯的重要渠道。劳动活动对形成学生的健全人格是非常必要的。

④ 社会活动。组织学生走出校门，在校外的一定场所进行的了解社会、服务社会的教育活动称为社会活动。社会活动可使学生直接接触社会实际，亲身参加社会实践，从具体生动的事实和实践中提高认识、陶冶情感，培养良好的思想品德和灵活运用知识的能力。社会活动的具体途径有参观、访问、调查、考察、咨询、宣传等。

⑤ 学生群体组织的活动。学校中的学生群体组织主要有少先队、共青团、学生会以及各种科技、文艺、体育社团等。学生群体是学生自己的社会，是他们走出家庭、步入社会之后遇到的第一个政治组织和群众组织。这些群体组织的活动，对形成学生正确的政治倾向和信仰，产生积极的人生追求和理想，发展业余兴趣和爱好等都有着积极的意义。

⑥ 校会、班会、晨会、周会、班主任工作等亦是学校教育不可缺少的途径。这些途径各有自己的功能，在完成学校教育任务、实现育人使命方面发挥着重要

的作用。

总之，学校教育途径的确是众多的，这些途径之间既有区别又有联系。学校只有把全部教育途径结成一个有机的科学的网络，实行功能互补，发挥整体合力，才能有助于全面提高教育质量，顺利完成教育任务。

（五）教师和学生

教师和学生是学校教育活动的主要组成部分，他们虽各有不同的任务和活动，但却有着共同的活动空间、活动内容、活动形式，特别是活动目标。教师和学生在教育过程中既互为主体又互为客体。从群体的划分看，教师和学生各自属于不同的群体。但教和学的目标却把两者联系在了一起。只有教师和学生具备共同的愿望和需要，具有共同的完成任务的积极性和主动性，具有情感上的共鸣时，才会有良好的教育效果和教育质量。反之，教师和学生不能合为整体，各行其是，彼此没有配合和融洽的联系，则必然影响教学质量。就教师和学生作为教育过程中的整体而言，其中也包括教师和教师、学生和学生之间的整体结构。

（六）学校、家庭、社会影响

学生是在学校教育、家庭教育、社会教育三种基本教育形态的综合影响下成长的。学校教育主导作用充分发挥的一个重要前提就是必须协调好与家庭和社会的关系，得到家庭和社会的积极配合。家庭教育、社会教育、学校教育协调配合可强化学校教育的主导作用。在具体实践中，应通过家长学校、社区教育等有效的方法，系统构建以学校教育为主体的学校、家庭、社会三结合的立体教育网络，以积极向上的教育影响占领学生的整个时空，形成三方教育的整体合力，共同作用于受教育者。

（七）德、智、体、美过程

相对于教育过程而言，德育过程、智育过程、体育过程、美育过程等都是局部的单项的具体的过程。在教育过程的历史发展中，人们把单项教育过程从总体过程中分离出来，并赋予其专门的任务和功能，这是一个很大的历史进步。但是这种划分仅是一种观念上和理论上的划分，在具体的育人实践中，其功能和任务可能有所侧重，但没有孤立的单一的德育过程或其他各育过程。

在任何一育的实施过程中都包含着其他各育因素的存在。对此，在明确各育的专有功能，发挥各育对人的身心发展特殊作用的同时，更应将它们纳入整体联系中，在侧重突出各育定向作用的同时，促进其他教育功能的实现。企图通过孤立的教育过程，对应地实现德、智、体、美各方面的发展，事实上是无法做到的。因此，应该站在整体教育过程的高度，看到各育过程之间的紧密联系，通过各育过程的齐施并举完成学生身心的全面塑造。

（八）年级与学校的衔接

学校教育整体不仅表现为教育活动的横向联系，也表现为上下年级和不同阶段学校之间的纵向衔接关系。学生发展和教育活动的连贯性和系统性，要求学校教育把上下年级和不同阶段学校之间的教育衔接起来，成为一个相互吻合的整体。不同阶段学校教育之间衔接的作用是使学生顺利完成学习方法的过渡和学习阶段的转折，避免内容的重复、心理的不适应、学习方法的不习惯等各种现象的产生，使学习焦虑尽快消除，让学生愉快地迎接新的学习环境和学习任务。

综上所述，教育过程的整体是由多方面的整体构成的。在每一方面的整体中包含着若干更为具体的整体。因此，整体是由多个层次、多个方面组成的，整体不是单一的整体，而是系统的整体。各个整体之间既相对独立，又密切联系。完成学生身心的全面发展，需要树立起整体教育的观念。实行学校整体教育改革，要求改革者具有系统的思想。

七 教育过程的阶段

教育过程的阶段是指为达到教育过程目标，形成受教育者的知识技能、思想品德等而科学安排好的一个固定的施教顺序，是教育者为完成其特定使命而安排的进行每一项教育活动时应予以遵循的一般时间模式。唯物辩证法强调，世间任何事物都是作为过程而存在，作为过程而发展的。过程由有机联系的阶段组成，阶段是过程的构成要素。两个以上有着内在联系的阶段的常驻性和继起性的有机统一便构成过程。因此，任何客观事物都是过程与阶段的统一。

过程与阶段广泛存在于自然、社会和人的思维的所有领域之中，是一切事物存在与发展的普遍现象。在人类社会，人类社会形态与各个社会形态内的各种社会历史现象都是作为过程和阶段的形式存在与发展的。在人类思维中，人的认识也是一个过程。教育过程的进行，首先是一个时序的集合，这个时序集合可以划分成以下阶段。

（一）基础准备

基础准备指教育过程运行前所进行的各种预备。准备是过程进行的前提和基础。有充分的事前准备才能保证过程展开后顺利运行，主要包括以下内容：

① 目标准备。目标准备即师生在他们行动之前必须首先决定他们的行动方向和行动结果，从而避免行动的盲目性，增加活动的科学性。目标准备包括师生对教育总目标和每次教育过程具体目标的认识和理解。

② 内容准备。内容是课程计划、课程标准和教科书的总体。对教师而言，充分的内容准备就是在了解教育计划，通读课程标准的基础上，经过对教科书内容的仔细研读、反复思考，达到融会贯通之后，对内容进行再创。高质量的内容准备，甚至可使教师在他们的头脑中再造一个内容的原形和内容产生的情境。教师对内容准备的具体工作包括内容重组、内容的补充和内容的设计，最后将其物化成活动方案或教案。对学生而言，内容准备主要是课前预习和活动前对内容意义的理解。

③ 环境准备。环境是保证目标达成、内容实现的重要条件。环境是多层次、多类别的。从类别而言，如家庭环境、学校环境、社会环境；从层次而言，如自然环境、人际环境、文化环境等。不同的环境对学生的成长有不同的影响。对教育过程的顺利进行而言，环境准备就是在宏观上协调好家庭、社会、学校的影响，使之统一地促进学生健康成长；在微观上，围绕学生的全面发展目标，造就一个良好的教育空间和教育氛围，使学生能在一个健康向上的环境中受到良好的熏陶。

④ 物质准备。教育过程的进行需要各种必要的物质保障，从房舍、桌椅到各种电化手段，从粉笔、实验药品到各种教具等。物质保障是师生活动顺利进行的先决条件，是制约教育质量的主要因素。为此，在过程开展前应设法购置齐全、准备妥当，以满足活动的需要。

⑤ 动机准备。动机是一切学习的原动力，一切成功的学习都伴有强烈的动机。教育过程要使学生以积极的态度完成各种活动，也必须设法唤起学生的学习动机，使之产生学习的需要和内驱力，使学习成为他们最有乐趣的活动。引起动机的方法很多，且因学科不同而有差异，如新奇问题的探究，教具的恰当运用，问题的巧妙导入，生动形象的实例，知识的意义与价值，社会、生产、科技发展的需要，实际生活的需要，学习目标的获悉，竞争性学习方式，合适的作业要求和标准，获得成功的满足等，这些都是唤起动机的方法。

至于教师以何种方法、何种艺术去唤起学生的学习动机，完全要靠教师根据所教学科内容特点和学生实际，运用机智和经验去发挥各自的创造性。具有强烈动机的教育过程是充满活力的过程，不仅可以保证教育过程的顺利展开和各阶段任务的圆满完成，还可以使教育过程的结果超出预定的目标。

（二）信息传递

激发学习动机后，实施的是知识的传授，用信息论的术语而言，即信息传递。教育过程是个典型的信息运动过程，是在教师的引导下，在特定的认知环境中，实现信息传递、内化、存储、转化、应用的过程。传递与输出不同。输出是单方面的活动，它强调的是效能，不管有没有接收，它都以同等的效率进行工作。而传递则隐含着输出和接收两个方面及其活动。信息传递是教师的信息输出与学生的信息接收两个方面活动同时进行的过程。在这个过程中，教师不仅要考虑怎样进行信息的传输，而且要识别把信息传递给谁，弄清传递的对象。传递对象作为这同一过程的参与者，其作用是积极的期待和与教师的默契配合，轻松愉快地完成信息的转移。

信息传递的主要艺术体现在教师根据信息接收对象的身心发展特点和认识规律，对信息进行科学组织。对学生而言，保证良好的信息传递的关键是积极唤起已有的经验，集中注意和思考，跟随教师的思路前进。师生之间不能保持同步的思维就不能实现信息的传递。师生间的信息传递需借助一系列传递方法和渠道。

从传递方法看，如言语讲解、行为示范、直观演示、实地参观、自我练习、情境陶冶、实际感知师生交谈以及各种现代化教育手段的运用，如网络、电视、录像、录音、电影等。不同的信息需要采用不同的方法实现传递。每一种传递方法都是一个相对独立完整的知识体系，具有一系列的具体运用技巧。每一位教师必须对教育方法有深刻思考和选择。这样才能使信息传递过程成为师生联结的顺利通道，而非只有输出没有接收，或输而不出，接而不收。

从传递渠道看，各育共同的传输途径主要是教学、生产劳动、社会实践、各种课外活动等。在这里不论是教学还是劳动、实践活动，都有一系列应予以遵循的原则和基本要求。教师要顺利实现信息的转移，就必须在各自的教育活动领域内，结合各自的活动内容和学生对这些内容接受的特点，摸索出适合自己特点和教育对象特点的最佳途径。优秀教师之所以能取得理想的教育效果，能在各种内容里顺利实现信息的传递，其原因之一是以自己独特的构想去选择最能有效完成任务的方法和途径。

总之，方法和途径是进行信息传递时必须考虑的条件，也是教育者完成信息传递必须借助的工具和手段。方法和途径哪一个方面都是一门独立的艺术、独立的学科。

（三）信息内化

信息内化是通过理解，把得来的信息纳入相应的知识结构，成为新成分。知识背景和认知方式的巧妙结合成为一个人特有的认知结构。认知结构是由众多知识存储单元构成的体系。每一个社会个体，在后天成长中，在社会和教育多方面因素作用下，都会形成一定的认知结构。当外部信息传入头脑，并与已有图式发生作用时，便要经过心理机能结构进行过滤或改变。外来信息如与已有结构同质，并被理解，便顺利同化，进入已有网络体系，发展成新的图式。若是进入的信息为异质，或不被理解，则新的信息便被已有图式拒入网络。这时只有经过加工，改变原有图式，使新质信息进入已有网络，发生网络重组，即通过顺应作用，从而形成图式的质变，这样才能使新的信息完成内化。

例如，有些知识虽经过学习，但过后常被遗忘，原因就在于这些知识虽然与已有知识同质，但由于缺乏真正理解，因而未能进入已有知识结构。所以，虽在考试时勉强记忆，过后便遗忘。所以，信息内化，必须深入了解教育对象的原有状态，做好同化和顺应，用教育的观点即重视接收和改造环节。同化和顺应、接收和改造，关键又都在于理解，在于理解的程度、方式和态度。

积极的态度有助于思维的调动，因而有助于提高理解的速度。而理解的效果则取决于教师所引导的思维路线是否科学，是否符合人们一般的推理逻辑和比较、分析、综合、概括等具体的思维形式。教师能否最广泛地利用学生已有知识背景所提供的理解基础和经验，最终决定着理解的质量。教师的传授越是富于艺术、富于科学，学生理解的程度也就越高，内化的内容也就越多。因此，内化绝不是简单的、机械的信息接纳。要真正达到内化的水平，使信息变成学生知识财富和思想品质的组成部分，就必须深入理解。

（四）存储转化

经信息内化将得来的知识纳入相应的知识结构以后，便进入了存储转化的阶段。存储转化是把得来的知识进行巩固并转变成解决问题的能力、思想品德以及相应的审美能力和操作技术的过程。转化的过程是复杂的，既需要已有知识经验做基础，又要求转化主体具有良好的思维方式。存储转化，从总体上而言是主体内部的运动过程。这一阶段是对已内化的信息的巩固，使知识牢固地保持在记忆里，这样才能保证随时提取应用。

信息的巩固是以理解为基础的，只有被真正理解了的信息，才能得到巩固和存储。所以，教育过程必须重视理解。在信息内化过程中除了注意理解外，为了巩固信息，还必须进行一些专门的巩固工作，这就是必要的复习和练习。对已有信息采用各种方式使其重现，会促进记忆痕迹的强化，达到巩固的目的。一些优秀教师采用精讲多练的方式以提高教育质量，就是这个道理。已获得的信息仅达到巩固和存储的目的还不够，还必须实现信息的转化。

转化既表现为知识向能力的转化、技能向应用的转化，也表现为思想向行为的转化。一个教育工作者仅注意对所授信息的巩固，而忽视转化，就不会使教育获得真正成功。信息的转化尤为重要的是知识向信念、情感和意志的转化。没有信念、情感、意志支撑的知识，仍不过是一种外在的知识。外在的知识是没有自觉行动力的。知识只有在巩固的基础上完成转化，变为信念和信仰，并同情感和意志融合，才能真正化为人的内在品质。无论是自然科学知识还是社会科学知识，同样都有这种转化过程。

所以，教育过程不仅要注意知识的传授和巩固，更要关心知识的转化。在传授和巩固知识的同时，更要把信息转化为受教育者的科学信仰和信念，并同他们的情感、意志相融合，这是教育过程的重要任务，也是保证教育成功的关键环节。转化的实质，就是要把外来的信息变成人的内在品质。不能完成转化的教育不是成功的教育。

（五）信息外化

① 强化理解。人对信息的接收有两种水平：有意识与无意识。当人们面临着紧急任务，有明确的获取信息的意识时，对信息的感知就会更清楚、更明确。因此，前摄抑制控制着信息的接收，后摄抑制可以使学生对被应用信息存留更深刻的印象。客观而言，应用和理解实质上是不可分的。应用的过程伴随着思考，因而也就伴随着理解，强化着理解。反之，没有应用，有些信息在接收之后，可能会稍纵即逝。同时，应用的过程也是学生对信息进行分类、整理、归纳、编序的过程，使广泛得来的信息条理化、系统化，有助于实现新信息的再次内化。

② 应用检验。外化应用的过程也是检验的过程。学生能否实现信息的外化，就检验了学生对知识的掌握与否，以及掌握的熟练程度如何。如果学生在外化应用中能顺利地完成教师给定的应用任务，就说明学生已经掌握了教师传授的内容，教学可继续前进。反之，若学生外化困难，应用中错误百出，乃至根本不能外化，就说明学生对教师的讲授根本没有理解，或教师的讲授存在问题，从而为

教师和学生提供反馈信息，提醒他们进行自我检查，分析问题产生的原因。信息外化的方式是多种多样的，口答、练习、讨论、实际操作、测验、实验和实践等都是外化的适当方式。高水平的外化表现在学生不仅能够出色地完成教师给定的任务，而且能够实现知识的迁移，闻一知十，举一反三。

（六）综合调控

综合调控就是通过对教育过程实施结果的考评与分析，对既定设计和实施安排进行调整和控制。科学的教育过程是一种周密的设计。这种设计虽从主观上力图科学周密，然而毕竟具有很大的假设成分。在教育实施过程中，要想知道这些假设究竟是否符合实际，是否导致过程产生了预期的效果，促进了学生身心的变化，就须做一番周延的检核。只有通过考评，才可知晓预定设计的程度如何，过程各要素间关系处理的结果怎样，原因何在，需对设计做出哪些修正等。所以考评可以协助检核预定教育方案所依据的基本假设的效度，提供调整教育过程设计的反馈资料和依据，以使再度实施的过程更加理想和科学。

结果考评是运用心理测量和教育测量相结合的方法和技术，对教育过程实施结果进行的测验和评定。为实现这种考评，必须借助一系列具体的施测方法，如客观测验、实践检验等。至于采用哪些方法施测，这是一个专门的技术问题，有待专门探讨。经过效果考评而对过程所进行的综合调控是多方面的，概括起来主要包括以下方面：

① 对整个过程的调控，这种调控是指站在整个过程优化的高度，对整个过程运行状态、操作效果进行检验和评定，以获悉整个过程的综合效能状况、问题所在及其原因。

② 对局部阶段的调控，是指对过程中某一个局部阶段实施状况和效果进行检验，以提供局部调整的依据。如对基础准备阶段进行检验，就是看教师对教育活动有无充分的物质准备、精神准备、内容准备等，如果准备不充分或某方面缺乏准备，就可对此进行及时的局部调整，以保证整个过程的效果。

③ 对教育过程各构成要素的调控，如对教育者、受教育者、教育内容、教育手段、教育环境、教育途径的调控。对教育过程各构成要素的调控要坚持综合调控，即不是对各构成要素做单方面的分析和调整，而是要全面分析各要素在教育过程运行中各自作用发挥的状况，综合考虑各要素之间的联系和制约条件，从而对薄弱环节进行调整，以获得过程运行的整体效能。

需要注意的是，把一个连续的教育过程划分成上述阶段，这完全是出于理论研究的需要，是一种理论上的划分，而在实践中，各个阶段之间总是相互交叉、彼此渗透的，没有截然分明的某一个阶段。

八 教育过程现代化

现代化作为一种全方位的社会变革，不仅包括政治现代化、经济现代化、文化现代化、生活现代化，当然也包括科学技术现代化、思想意识现代化、国民文化教育现代化等。在现代化改革大潮里，教育要培养出符合现代化社会需要的各类人才，就必须伴随整个社会的改革进程，重塑人类自身，以现代化的教育过程去实现社会赋予的使命。

一切社会发展的关键因素都产生于人的智慧。无论是宇宙空间的探索、遗传工程的开发，还是计算机的设计与应用，都必须以教育为基础；无论是果敢行为、首创精神、发明发现，还是建设性活动的构思，无不有赖于学校的教育过程才最终得以产生。因此，能否实现教育过程的现代化在很大程度上决定着社会现代化的实现进程。教育过程的现代化包括以下内容。

（一）教育指导思想现代化

人的一切行为都是意识指导下的行为。所以，要想实现教育过程的现代化，首要的是使广大教育者具有现代化的教育思想和教育观念，根除一系列落后的教育思想对教育实施过程的统治，必须以新的教育观、知识观、人才观、质量观、教学观去统率学校教育活动的进程。教育指导思想的变革是使教育过程走向现代化的关键一步。

（二）教育内容现代化

教育内容现代化主要是指根据现代科学的迅速发展和受教育者认识能力、知识基础的发展变化特点，删除无益于学生发展的教育内容，选择人类认识的精华和当代科学技术发展的新成果去构成学生认识的对象。经千百年历史检验的人类成熟经验和认识精华是学生永远值得学习的内容，同时再适当增加一些经严格选择的当代文化新发展的成果，从而构成更加完善的教育内容。不能在动态发展的社会历史进程中对内容进行适当的调整，则必然有碍于学生的身心发展和社会人才培养目标的完满实现。

内容的现代化不仅指内容自身的现代化，而且也应包括教育内容理解与构成上的现代化。在传统观念里，人们只把教育内容理解为教科书里的各种知识和观念。如今人们已将教育内容的构成推向教科书和教科书以外，即显性课程和潜在课程两个方面。这样，内容的现代化问题就不仅是知识的现代化构成问题，还包括各种潜在影响问题。

（三）教育手段现代化

教育手段现代化，主要包括以下两方面内容：

① 教育过程中应设法利用现代科学技术为教育提供的各种先进的仪器设备。先进的教育手段的采用，不仅可以提高教学效率、教学效果，唤起学生学习的积极性，加强对知识的理解和消化，而且也可增进学生的健康，开阔学生的视野，培养学生开拓进取的精神和减轻教师的劳动强度，可谓一举多得。

② 教育方法的现代化。方法的现代化主要是说教育者在教育内容的传授过程中，要以教育内容和学生的身心发展特点为依据，把传统的言传口授与现代化的教学方法，如演示、实验、参观等，有机地结合在一起，恰当地运用直观、启发、因材施教、高难度与循序渐进、高速度与巩固性等原则，选择有效的教学形式，完成既定的教育任务。好的方法、原则、形式的运用，有利于高质高效地完成教育任务，使学生在活泼愉快的教育中实现身心发展，同时避免时间的延长与负担的加重。

教育者不但要善于运用合适的方法、原则与形式，而且要善于在教育实践中，创立新的方法、原则和形式。教育者要以现代社会的创新意识，捕捉教育实践中有价值的课题，经过亲身的实践运用，从中提炼出新的有效的教育方法、教育原则和适用于不同类型教育活动的形式。现代化的教育方法、原则与形式的运用过程也是思想的变革过程，而它们的创立过程则是一个尝试过程。

（四）教育环境现代化

环境是教育过程进行的重要条件，包括物质环境、文化环境、人际环境、自然环境等。环境的现代化，即以现代化的指导思想去建造学校周围的自然环境和安排学校的物质环境，创建现代的文化环境，设法形成良好的人际环境，科学协调社会与家庭环境等。教育过程的进行，不能只顾课堂。教育生态学及校园文化理论认为，学生的成长不单在课堂里，课堂外、教师的知识传授范围外的许多环境因素都对学生的身心发展起着重大的作用。所以，现代化的教育过程必须重视教育环境的建构。

02 第二节 劳动与高校教育方针概述

劳动，是人们改变劳动对象使之适合自己需要的有目的的活动，即劳动力的支出。劳动是人类社会生存和发展的基础。劳动主要是指人们在生产物质资料过程中的一种付出劳动力，并能够对外输出劳动量或劳动价值的人类活动。劳动是人们在社会生活中维持自我生存和发展的唯一手段。按照传统的劳动分类理论，劳动可分为脑力劳动和体力劳动两类。

劳动是人类活动的一种特殊形式。在商品生产体系中，劳动是劳动力的支出和使用。劳动是发生在人与自然界之间的活动，其实质是通过人的有意识的、有一定目的的自身活动来调整、控制自然界，使之发生物质变换，即改变自然物的形态或性质，为人类的生产生活和自己的需要服务。劳动创造人类，劳动创造世界，劳动创造未来。

关于劳动的内涵，每一个有劳动能力的人，都要把劳动看成是自己的光荣职责，必须以国家主人翁的态度对待劳动。劳动的外延是人类实践活动的一种特殊形式，多指创造物质财富和精神财富。劳动是人类特有的基本的社会实践活动，也是人类通过有目的的活动改造自然对象并在这一活动中改造人自身的过程。在经济学中，劳动则是指劳动力（含体力和脑力）的支出和使用。

未来的社会是信息社会，很多工作需要处理复杂的工作情境，需要人们具备较高的综合素质和能力。不论劳动课程设计，还是实施劳动教育的过程，都要充分考虑社会发展现状和未来社会对人才的需求趋势，将信息技术等代表未来发展方向的劳动技能融入劳动教育中。如今，人工智能正在逐步取代人类的劳动力，世界人口总数在未来几十年还会不断增加，但需要人类的工作岗位却越来越少了。随着科技的发展，简单的劳动必将被人工智能所替代[1]。

党和国家历来十分重视教育方针的制定与完善，根据社会发展变化情况及时充实完善与时俱进的教育方针内容。党的十九大报告中提出“要全面贯彻党的教育方针，落实立德树人根本任务，发展素质教育，推进教育公平，培养德、智、体、美全面发展的社会主义建设者和接班人”，进一步明确和发展了“立德树人”的目标、任务与使命，强调“要以培养担当民族复兴大任的时代新人为着眼点”，

---

[1] 何卫华，林峰：《大学生劳动教育理论与实践教程》[M].厦门大学出版社，2019，第1-10页。

要“加强马克思主义理论教育”“广泛开展理想信念教育，深化中国特色社会主义和中国梦宣传教育，弘扬民族精神和时代精神”“培育和践行社会主义核心价值观”，引导青年“有理想、有本领、有担当”，更好地“构筑中国精神、中国价值和中国力量”。

党高度重视教育事业，坚持把教育摆在优先发展战略地位，全面加强党对教育工作的领导，坚持立德树人，加强学校思想政治工作，推进教育改革，加快补齐教育短板，使教育事业中国特色更加鲜明，教育现代化加速推进，教育方面人民群众获得感明显增强，教育的国际影响力加快提升，人民的思想道德素质和科学文化素质全面提升，中国特色社会主义教育事业焕发出强大的生机和活力。

在推进教育事业的实践中，人们就教育改革发展提出了一系列新理念、新思想、新观点，主要有：坚持党对教育事业的全面领导，坚持把立德树人作为根本任务，坚持优先发展教育事业，坚持社会主义办学方向，坚持扎根中国大地办教育，坚持以人民为中心发展教育，坚持深化教育改革创新，坚持把服务中华民族伟大复兴作为教育的重要使命，坚持把教师队伍建设作为基础工作。这些既是经验性总结，也是规律性认识；既是根本遵循，也是行动指南，必须始终坚持，不断丰富发展。

03 第三节 高校劳动教育的时代背景与价值

一 高校劳动教育的时代背景

1.人们对劳动教育本质属性的认识大体可以分为以下四类

① 将劳动教育主要视为德育的内容。劳动教育是德育的内容之一，是对学生进行热爱劳动和劳动人民、珍惜劳动成果、树立正确的劳动观点和劳动态度、培养劳动习惯和技能的教育活动。劳动教育是使学生树立正确的劳动观点和劳动态度，热爱劳动和劳动人民，养成劳动习惯的教育，是德育的内容之一。这两个定义均强调劳动教育的德育属性，直接将劳动教育定义为德育的一部分，侧重热爱劳动和劳动人民的情感、正确劳动观念和态度的培养，把劳动习惯和技能的教育看作日常生活培养的结果。

② 将劳动教育主要视为智育的内容。劳动教育就是向受教育者传播现代生

产的基本知识和技能，培养他们具有正确的劳动观点、劳动习惯和热爱劳动人民、劳动成果的感情。劳动教育十分重视劳动过程中的智力因素，把平凡的劳动同创造性劳动结合起来，把简单的劳动与富有知识的劳动结合起来。劳动教育就是培养学生具有现代工农业生产的基本知识和基本技能的教育。这两个定义均更强调劳动教育的智育属性，将劳动教育的主要价值定位为传播现代生产基本知识和技能，提高社会劳动生产的智力水平。

③ 将劳动教育视为德育和智育的综合体。劳动教育是以劳动实践为主，结合进行思想教育。技术教育是使学生掌握一定的生产知识及技术和劳动技能。其实施有利于培养学生的劳动观点、劳动技能和劳动习惯，为普通教育和职业教育打下基础。可见，劳动教育更偏重德育，技术教育更偏重智育，二者相结合共同培养劳动观点、劳动技能和劳动习惯。劳动教育是使学生获得正确劳动观念、劳动习惯、劳动情感、劳动精神，了解和懂得生产技术知识，掌握生活和劳动技能，在劳动创造中追求幸福感的育人活动。劳动教育包括劳动思想观念的教育、劳动技术知识和劳动技能的教育。这些定义均强调劳动教育德育和智育兼具的双重属性。

④ 将劳动教育视为促进学生全面发展的实践教育形式。劳动教育指的是通过参加劳动实践活动所进行的一种有目的、有计划、有组织的培养受教育者多种素质的教育活动，是融德育、智育、体育、美育为一体的全面提高学生素质的综合性教育。可见，这个定义倾向于将劳动教育视为学生参加劳动实践活动的教育形式，并借此全面提升德、智、体、美各方面素质。

劳动教育既是一种教育内容，又是一种教育形式。作为内容，劳动教育可以理解为关于劳动的教育，有自身独特的教育任务——热爱劳动和劳动人民的情感的养成、正确劳动观念和劳动态度的培养、劳动习惯和劳动技能的培养等。作为形式，劳动教育是指通过劳动的教育，让学生通过生产劳动的实际锻炼，全面发展德智体美各方面素质。

2. 对劳动教育概念的再认识

作为全面发展的教育体系的一部分，既要看到劳动教育作为形式所具有的树德、增智、健体、育美的综合育人价值，更要看到劳动教育作为内容在国民素质养成中所具有的不可替代的独特价值。因为每个人都应工作、都得劳动，所以，具备基本的劳动能力以及对劳动的正确认知、价值观和生活态度是最基本、最重要的素质。

（一）劳动发展呈现出新趋势

随着社会生产力的发展，劳动的方式、对象、形态等都发生了深刻的变化。整体看来，劳动与科技、知识的联系日益紧密，对劳动者的素质提出了更高的要求，具体表现为体力劳动与脑力劳动走向深度融合，数字劳动、创造性劳动、服务产业的劳动成为引领时代发展的劳动新形态，要求劳动者提升职业适应度，更全面地掌握劳动知识与技能，树立创新意识。

1. 劳动、科技与知识的联系愈发紧密

科技的进步更新了人类的劳动工具，拓宽了人类劳动对象的范围，既为人们劳动素养的发展提供了广阔的空间，也对人们的劳动素养提出了更高的要求。当今世界正处于百年未有之大变局，以人工智能、虚拟现实、量子通信等技术发展为核心的第四次工业革命方兴未艾，这些科技经由发明创造，不断转化成新的劳动工具，推动着社会生产力的发展。在这一背景下，部分简单劳动逐渐被机械化、智能化、自动化生产所取代，一些传统劳动岗位逐渐退出历史舞台。这一变化给人们传统的劳动观念和劳动习惯带来一定的影响，使得有些人认为科技的发展弱化了劳动的意义，降低了社会对劳动者劳动素养的要求。

事实上，现代化科技的发展和应用使得人们的劳动工具不断升级，富含知识、科技要素的劳动岗位不断取代简单的劳动岗位，对劳动者的素养提出了更高的要求。高新技术的发展也将进一步拓宽人类劳动对象的范围，为人们提供新的劳动资源，提升人们的劳动效率。对于劳动者而言，唯有掌握前沿的劳动知识和技能才能适应社会生产力的发展和产业转型升级的需要。对于国家而言，科技对生产力发展的强大推动作用使得科技竞争越来越成为综合国力竞争的焦点，为了实现富强的奋斗目标，需要培养更多高素质的劳动者，从而增强我国的国际竞争力，推动经济的高质量发展[1]。

2. 体力劳动与脑力劳动走向深度融合

数字劳动、创造性劳动、服务产业的劳动成为引领时代发展的劳动新形态。科技的进步不断助推传统产业转型升级，传统产业在转型升级的过程中形成了就业溢出和就业转移效应，大量的新兴产业、新型劳动诞生，促使劳动的形态发生了变化。新崛起的外卖、快递、网约车、家政服务等服务行业，自媒体、代购、网络主播等新兴行业以及电子商务、数字媒体、新能源等高新技术产业提供给

[1] 卢心悦：《新时代大学生劳动教育研究》[D]. 华东师范大学，2020，第28-51页。

人们的就业岗位数量是十分庞大的，人们的就业机会并没有因为劳动的发展受到限制。

事实上，就业机会和劳动需求只是从传统产业转移到了新型产业。这一现象的背后反映出的是劳动形态的变化，过去繁重的、危险的、重复性的劳动逐渐被淘汰，取而代之的是更加需要创造力、更加需要人与人交往、更具自主性和安全性的劳动形态。这些变化表面上是科技进步带来的，但其根本动力源自人们自身发展的需要。

正是人们提升劳动自主性的渴望和促进自身全面发展的需要不断推动着科技的进步和劳动的发展。劳动者应理性地看待劳动新形态的出现，要认识到劳动的每一次进步都意味着人朝着实现全面发展更进了一步，因此，劳动者要自觉提升自身的劳动素养以适应劳动新形态，并努力通过创造性的劳动推动劳动形态的进一步更新，促使人的主体性和能动性在劳动中得到更加充分的发挥。

3.劳动形态的发展趋势正处于逐渐过渡中

劳动形态的发展趋势总体上正处在从谋生劳动逐渐向体面劳动过渡的进程中。马克思主义强调自由劳动是社会主义劳动发展的最高追求，在自由劳动条件下，人的创造天赋得到充分发挥，人的本质力量得到全部发展，劳动真正成为人的第一需要。自由劳动的实现需要以社会生产力的高度发达为前提，对于人们而言仍是一种理想目标。

因此，需要理性看待劳动发展的阶段和未来发展的趋势。社会生产力的发展促使部分劳动者不再仅为了满足谋生需要而劳动，在此基础上，他们开始进一步追求在劳动中获得愉悦感和幸福感，在劳动中实现自我发展。追求体面劳动，不仅要求社会改善劳动的条件和环境，更需要劳动者本身提升劳动素养。劳动者只有具备正确劳动观念和价值取向，自觉尊重劳动，崇尚创造，才有可能在劳动中感受到幸福和愉悦，在劳动中实现自我价值。

（二）高校学生表现出新特征

伴随着社会生产力的不断提升，社会变革深入到人们生活的各个方面。在这样的社会环境之下成长起来的高校学生，其个性特点以及劳动素养状况与以往相比有着明显的不同。高校学生肩负民族复兴的伟大使命，但高校学生担当历史使命的劳动意识和劳动能力有待进一步增强。

时代为高校学生提供了前所未有的发展机遇，但同时也给高校学生带来了诸多挑战，近年来，随着文化生活的丰富和各类社会思潮的迭起，很多劳动观涌进了学生的生活和头脑，影响着学生的人生观。高校学生的劳动素养虽然需要加强培养，但其劳动素养的发展性较强。对劳动的需求是人天生就有的。但是，这种天生的需求既可以被不断强化，也可以逐渐地减弱，而劳动教育在这方面起着重要的作用。

高校学生劳动素养存在问题的主要原因之一是高校学生劳动教育的弱化和淡化，无论是家庭、社会还是学校，对培养高校学生劳动素养的关注度都较低。因此，高校需要加强重视劳动教育，由于高校学生本身正处于智力、创造力、思维等素质发展的巅峰时期，且大多有着强烈的自我发展意识。通过加强劳动教育，可以培养高校学生自觉提升自身的劳动素养，未来成长为合格的社会主义建设者和接班人。

二 高校劳动教育的价值透视

（一）高校劳动教育的社会价值

高校学生作为最具号召力的青年群体，在社会中受到广泛的关注，提升大学生的劳动素养和劳动能力不仅能更好地满足国家现代化发展对人才的需求，更能够促进尊重劳动、崇尚创造的社会氛围的形成，从而凝聚更多的中国力量共同铸就中国梦。

1.有利于弘扬中华民族勤劳美德

勤劳是中华儿女的兴家之本，是中华民族的富国之路。勤劳代表了人们对劳动的积极态度，勤于劳动要求人们热爱劳动，不怕劳动中的苦与累，用双手创造物质财富和精神财富，进而不断提升自己的生存质量，改善自己的生活状态。

中华民族的勤劳美德内涵丰富，并不只是对物质欲望的追求，更体现着对人主观能动性的重视。古代的人们，劳动条件虽然艰苦，但能工巧匠辈出，精益求精，积极地调动自身的主体性和创造性，将自身的智慧以及对美的追求融入劳动创造中，让劳动本身成为艺术。高校学生需要传承、发扬、创新中华民族的传统美德。对高校学生进行劳动教育，引导高校学生懂劳动、会劳动、爱劳动，就是在传承和发展中华民族的勤劳美德，这将为提升劳动者的劳动素养提供强大的精神支撑和道德力量。

2.有利于营造劳动光荣的社会风尚

中国梦的实现需要全体劳动者以饱满的劳动热情投入到现代化建设的过程

中，自觉在劳动中释放自身的创造潜能，然而，只有当劳动者感受到社会对他们的尊重和关怀，他们的劳动热情和潜能才能得到充分地激发。对此，需要努力营造劳动光荣、创造伟大的社会风尚，促使人们尊重劳动、尊重知识、尊重人才、尊重创造。

加强高校学生的劳动教育为宣传马克思主义的劳动观提供了良好的平台，不仅能够增强高校学生的劳动觉悟，更能够由此带动更多的人深入理解劳动的本质和意义，促使社会公众认同劳动、劳动者的重要意义，进而推动整个社会形成劳动光荣的文明风尚，激励劳动者用勤劳托起中国梦。

3.有利于鼓励实干筑牢经济发展基石

劳动者做到实干，社会主义现代化建设才有底气。实干要求劳动者脚踏实地劳动，具备奋斗精神和奉献精神。社会发展面临着一系列新的问题和挑战，唯有实干才能推进党和国家奋斗目标的实现。马克思主义主张应该选择从事最能为大多数人带来福利而劳动的职业，因为从事这样的职业，人们能够在劳动工作中感受到尊严和幸福，产生克服一切困难的强大精神动力。这对于高校学生的职业选择、劳动追求而言具有深刻的启示意义。对高校学生进行劳动教育，可以帮助高校学生摆正劳动观念、就业观和择业观，理性选择能充分发挥自己的劳动才能并为社会主义现代化建设做出最大贡献的岗位，并能由此带动更多的人树立远大抱负，心怀国家，不懈奋斗。

（二）高校劳动教育的个体价值

加强高校学生的劳动教育，提升高校学生的劳动素养，不仅关系着国家和民族的长远发展，更对学生人生价值的实现具有重要意义。人工智能时代、知识经济时代，人工智能的崛起对个体的生活意义带来了一定的影响，劳动者只有掌握前沿的劳动知识和技术才能在生活中掌握主动权。此外，高校学生作为准劳动者，肩负着民族复兴的伟大使命。只有具备良好的劳动素养，才能在时代的洪流中前行。

1.有利于培养高校学生的独立人格

独立人格主要强调人的独立性和自主性，要求人们具有理性的思维能力和自主解决问题的实践能力，这是一个人在社会中安身立命必须具备的品质。养成独立人格先要掌握独立生活的能力，也就是基本的劳动能力，这是高校学生自立自强的起点。养成独立人格更要拥有独立思考的能力。从马克思主义劳动观出发，劳动是人和人类社会存在和发展的基础，人的思维能力是在劳动中逐渐发展起来的，人与自然、与社会、与他人的联系也是在劳动中逐渐建立和丰富的，人们劳动的过程，实际上也是认识社会、融入社会的过程。换言之，劳动是一个人走向自立自强不可缺少的途径。

在人工智能时代，人们的劳动方式日益自动化、智能化、机械化，虽然提升了人们的劳动效率，但也减少了人们的劳动机会，因此容易产生依赖技术的惰性，影响人们身心的和谐、健康发展。注重对高校学生进行劳动教育，将劳动引入高校学生的学习生活，增加学生动手动脑的劳动机会，可以促使高校学生在劳动中掌握现代劳动工具，锻炼思维能力，帮助高校学生从依赖技术、依赖他人服务的惰性中解脱出来，进而促进高校学生人格的独立，为高校学生人生价值的实现奠定基础。

2.有利于坚定高校学生的理想信念

坚定的理想信念能够引导高校学生做出合理的人生远景规划，是激励高校学生直面挑战、不懈奋斗的强大精神力量。劳动与理想信念从来都是密不可分的。崇高的理想信念是在劳动中生成的，也是在劳动中逐渐坚定的。在劳动中，人们走近社会、走近劳动者，能够深切地体会生活，加深对社会现实的理解和对劳动者的同情，从而逐渐生发出改变社会、改善人民生活的崇高理想。

在真实的劳动过程中，人们才能更有预见性地判断个体和社会未来发展的趋势，从而自觉将个人梦融入中国梦，为自身的奋斗灌注更强大的动力。许多毕业后主动选择去艰苦地区、去艰苦行业工作的高校学生，很多在大学期间有过相关的劳动实践经历。高校学生正是在这些劳动实践中感受到了自身帮助他人、服务社会的价值，感受到了自身劳动服务的潜力，其劳动意识和劳动使命才逐渐增强，更加明晰作为高校学生应有的理想和担当。注重对高校学生进行劳动教育，能够丰富学生的劳动体验，加深高校学生对民情、国情、世情的理解，开拓高校学生劳动的格局，促使高校学生为自身发展开拓更广阔的天地，进而实现人生价值。

3.有利于锤炼高校学生的意志品质

坚忍的意志品质是支撑人们克服困难、实现预期目标的强大精神力量。时代的发展为高校学生的发展提供了良好的机遇，但面对深刻的社会变革和转型，高校学生只有具备坚忍的意志品质，才能从容应对一系列的挑战，更好地实现人生价值。劳动从来都不是轻松的玩乐，始终带有严肃性，劳动的过程必然伴随着体力、精力的消耗，也经常会面临挫折和困难的考验。

一般而言，当人们开始一项新的劳动，由于缺乏一定的技巧，都需要经历一段艰辛的摸索、掌握劳动技能的过程，这一过程的劳动感受大多是劳累。但当人们掌握了这项劳动的基本能力后，便能有余力关注自己的劳动过程和劳动成果，在劳动中发挥自己的能动性、创造性，从而逐渐感受到劳动带来的获得感和成就感，感受到劳动创造的乐趣。换言之，劳动的过程就是不断克服困难的过程，不断提升自己能力的过程，因此，劳动是磨炼人们吃苦耐劳、奋斗拼搏的意志品质的重要途径。

对高校学生进行劳动教育能够给予大学生长期参与劳动锻炼的机会，能使高校学生认识到美好生活是辛勤劳动创造的，而这一过程必然不是一帆风顺的，还有助于锤炼高校学生的意志品质，增强高校学生面对挫折和困难的勇气和信心，进而提升高校学生的干劲、闯劲，激励高校学生勇敢、坚定地追求自身人生价值的实现。

4.有利于提升高校学生幸福指数

幸福是人的主观感受和体验，是人们用来评判生活是否美好的尺度，来源于人们生活的获得感和满足感。人们在劳动中释放自己的创造潜能，获得成就感，感受到自己存在的价值，能够提升人的精神状态，促使人们积极地面对生活，激励人们不断追求更高的人生价值的实现。人们都向往过上美好幸福的生活，但对幸福的定义要追求物质的充实和精神的丰满的平衡统一。

劳动幸福是一种内在的、深层的、稳定的满足感。对于高校学生而言，劳动奋斗的人生才是充满生机，符合人的本质需求的人生。对高校学生进行劳动教育，可以引导高校学生树立正确的劳动观念，端正高校学生的劳动态度，增强高校学生的劳动意识，促使高校学生在劳动中感受到生活的充实和精神的丰盈，从而提升幸福感，获得追求更高人生价值的精神动力。

04 第四节 劳动教育再发展的逻辑思路

马克思主义劳动观是界定和认识劳动教育的基石，劳动是马克思主义劳动观、劳动价值观的逻辑起点。中国特色社会主义教育发展道路，需要劳动教育的奠基。以劳树德、以劳增智、以劳健体、以劳育美、以劳创新是中国特色社会主义劳动教育的重要特征。劳动的多样性决定了劳动教育的多元性，劳动教育是五育融合的起始点和凝结点。时代的发展对劳动教育再发展提出新要求，即加强对劳动教育工作的领导，强化政策保障，确立劳动教育的独立学科地位和课程地位，建立健全劳动教育的组织领导机构和管理体系，加强劳动教育的科研、教研活动，促进国内外学术交流，促进科研成果的转化，不断提高劳动教育的科学化水平，促进社会公共教育资源向劳动教育开放。

一 劳动教育再发展的理性认知

（一）马克思主义劳动观是认识劳动教育的基础

劳动是人类创造物质财富和精神财富的活动。劳动是人的本质活动。人的本质是劳动的，人的本质也是通过劳动实现的。劳动本身就是实践，劳动产生了教育，劳动是教育的起源，教育的本质是劳动，劳动与实践通常是通用的，由此也可以把劳动看成实践。劳动就是工作，工作就是劳动，劳动也具有职业性。

现代社会的发展进步，从本源上看，是以劳动为中介机制实现了生产力与生产关系辩证统一的结果，尽管这个结果经过了曲折的历程。教育是按一定要求培养人的工作，劳动教育本身就是生存教育、实践教育、永恒教育、全民教育、创造教育、幸福教育、未来教育、全人教育。劳动教育属性的丰富性在整个教育体系中的机制作用以及对人类社会发展的历史作用是不言自明的。

（二）劳动教育具有双重属性机制

中国特色社会主义教育发展道路需要劳动教育的奠基。劳动教育是国民教育体系建设的出发点和落脚点，劳动教育也是德、智、体、美、劳全面培养的教育体系建设的出发点和落脚点，改革开放40多年以来的教育实践已经有了许多见证。劳动教育能够使高校学生获得正确劳动观念、劳动习惯、劳动情感、劳动精神，了解和懂得生产技术知识，掌握生活和劳动技能，在劳动创造中追求自己的幸福生活。劳动教育能够联通教育世界、生活世界和职业世界。劳动教育具有经验性、先进性、前置性的人生核心素养培育活动的鲜明特点，具有教育全属性机制，是人生第一教育。

劳动教育既是手段也是目的，具有双重属性机制。劳动教育的手段和目的相互作用、相互促进、相互影响的辩证机制，能够揭示和解释整个教育的内在联系或德、智、体、美、劳之间的关系。劳动教育对五育的系统性、融合性、融通性、整体价值性，具有本质的解释力和承载力。双重属性机制决定了劳动教育具有多重教育的承载性、承载机理和承载机制，具有强大的开放性、包容性和兼容性。实践出真知，勤劳出智慧。劳动磨炼人的意志，劳动发展了人。智慧劳动增加了人的审美情趣，创新始于劳动。劳动本身的教育特质承载了人的创造性活动的本质，劳动教育本质上也是创新教育。

（三）劳动教育的学科概念与课程地位

劳动教育多样性特征及其内在联系，决定了德、智、体、美、劳培养体系中的劳与综合实践活动不是一个层级的概念。劳动教育是上位概念，是学科概念，是独立课程概念。综合实践活动则是教学方式概念，作为课程概念的本体论价值不足，在战略地位上与劳动教育是有较大差别的。就教育发展状态而言，以劳动教育为机制实现德、智、体、美、劳全面培养的教育体系建设，实现五育的融通、融合的辩证统一是可能的，也是必然的。劳动教育的课程实施是作为综合实践活动内容的一部分列入的，如果课程地位与其承担的任务不匹配，在实践中就会遇到困难和挫折，需要改革和调整[1]。

二 劳动教育再发展时代命题

劳动教育再发展是国家长远发展的战略需要，是人的全面发展的需要，是人们追求美好生活的需要。这需要在学科体系、教学体系、教材体系、管理体系的设计上做准备，要在全面上做文章。社会主义建设者和接班人首先需要具备劳动素养，特别要在劳动精神、劳动情怀、劳动境界层面上加强自觉修养和修为。

① 劳动教育的核心目的是有效实施中国特色社会主义劳动价值观的教育，不仅是广大青年学生而且是全体人民都需要树立正确的劳动价值观，确立和践行社会主义核心价值观。中国特色社会主义劳动教育的目的是培养能够具有劳动知识、劳动技术素养、劳动精神、劳模精神、工匠精神，辛勤劳动、诚实劳动、创造性劳动的德、智、体、美、劳全面发展的社会主义建设者和接班人。如何完成伟大时代赋予的历史任务，决策主导仍是决定性因素。

---

[1] 徐长发：《新时代劳动教育再发展的逻辑》[J].教育研究，2018，39（11），第12-17页。

② 在高校学生职业生涯规划中，要增设劳动技术课，把劳动精神、劳模精神、工匠精神、艰苦奋斗精神的教育融入其中。要加强和深化马克思主义劳动观、劳动价值观教育。支持和鼓励高校学生积极参加社会劳动实践，从专业特长出发，创造性地参加志愿者活动、勤工俭学活动等，自觉塑造勤劳、智慧、有社会责任感、有真善美情怀、敢于担当的高校学生形象。

③ 教育部门要建立健全从上到下的劳动教育的组织领导机构和管理体系，领导和指导加强劳动教育（包括劳动技术教育、通用技术教育、职业指导）课程标准制订、教材建设、师资队伍建设、教学设备配置、基地建设等，加强评估监测工作，促进教育教学工作的落细、落小、落实、落地。

④ 加强劳动教育的科研、教研活动，促进学术交流，促进科研成果的转化，不断提高劳动教育的科学化水平。要从国家战略层面考虑教材的建设和使用，开放劳动教育教材的区域输出和输入渠道，打破地方教材垄断发行和地方保护主义的限制，促进一些具有先进的教育思想、教育理念、教学方法、学习模式、实践模式前卫的教材跨域流通，促进交流，不断提高劳动教育的教育教学质量，增强课程的先进性、科学性和吸引力。

⑤ 促进社会公共教育资源向劳动教育开放。加强国家财政投入，在师资队伍建设、设备配置、场地建设、常规运行经费等方面，形成良性的发展机制，提供可持续发展的资源保障。

第四章

高校劳动教育组织与课程建设

高校劳动教育是高等教育体系的重要组成部分，是实现立德树人根本任务的重要要求。高校劳动教育组织与课程建设，是高校开展劳动教育的重要内容。本章重点探讨高校劳动教育组织机构及其职责、高校劳动教育的理论与实践课程、高校劳动教育的课程建设。

01 第一节 高校劳动教育组织机构及其职责

一 劳动教育课教学委员会、教研室及其职责

高校学生基础劳动教育课既是一门思想品德教育和文明校园创建课程，又是一门改变师生行为习惯、学会做人做事的实践课程。要教育实践好这门课程，一定要有较强的策划力、组织力、执行力，才能达成劳动教育课的效果。为了有序和规范地实施劳动教育课，学校一般会成立劳动教育课教学委员会和教研室等机构，主要负责劳动教育课程的策划、指导、组织、实施、检查和管理等教学教务工作。

（一）劳动教育课教学委员会及其职责

学校劳动教育课教学委员会设组长1名，一般由学校负责思想政治工作的党委书记担任；设副组长2名，一般由分管学校教学工作和分管学生工作的副校长担任；设成员若干名，一般由教务处、学生工作处、后勤处、督察室和各二级学院的主要负责人参加。

学校劳动教育课教学委员会的主要职责包括：① 加强劳动教育课的思想政治工作，进一步明确实施劳动教育课的目的，端正劳动态度，教育广大高校学生积极参加劳动；② 结合学校的实际，建立和完善劳动教育课各项规章制度；③ 负责研讨劳动教育课有关教育教学重要政策规定；④ 及时解决劳动教育课学生反映的重要问题，督促劳动教育课取得最佳效果；⑤ 努力探索、改革高校劳动教育课实施和管理模式，不断丰富劳动课内容，创新教育教学形式。

（二）劳动教育课教研室及其职责

高校开设劳动教育课，是一门新增加的思想教育必修课，按照教学要求，应成立课程教研室，主要负责全校各专业劳动教育课程教学计划、组织实施、教研活动和日常管理等工作。劳动教育课教研室接受教学委员会的直接领导，接受教务处的业务指导和督察管理工作。教研室应设主任1名，一般由学生工作部（处）长担任；成员若干名，一般由各二级学院分管学生工作的副院长和学生教育科长或副科长参加，各学院具体组织实施劳动教育课的辅导员、班主任等参加。

劳动教育课教研室的主要职责包括：① 负责起草劳动课的教学计划、组织实施、检查考评、成绩录入、学分管理和奖惩等规章制度；② 加强劳动课的普遍教育，明确劳动目的，端正劳动态度，充分调动广大高校学生参加劳动的积极性，尤其要做好少数学生的思想教育工作；③ 具体负责劳动教育课的计划组织、理论教学、技能培训、实践指导、考勤管理、检查督促、讲评反馈、问题整改和资料整理等工作；④ 认真了解和掌握劳动教育课实施过程中反映出来的问题，做好家校联系沟通，及时解决问题；⑤ 按照教务处的安排，结合劳动教育课存在的问题，开展教育教学经验交流、集体备课和研讨活动；⑥ 不断探索创新高校学生劳动教育课的方法和形式，丰富劳动课程内容等。

二 教务、学工、后勤部门及其职责

劳动教育课作为一门思想政治教育必修课，按照教学规定组织实施劳动教育课，以下部门具有分工负责的工作职责。

（一）教务部门及其职责

① 教务部门负责指导协调各学院按照培养德、智、体、美、劳全面发展的社会主义劳动者和接班人的目标，修订各专业人才培养方案，审核批准专业人才培养方案。

② 教务部门负责指导劳动教育课教研室，根据学校教学规定和劳动课的计划安排，组织劳动教育课程日常教学管理工作，规范课程教学流程、检查督促教学与实践效果，及时整改存在的问题。

③ 教务部门负责每学期期初、期中、期末三次大检查，不断规范课程体系制度，完善课程教学存档资料，提高课程教育教学质量，努力使劳动课教育教学更加制度化、规范化。

④ 教务部门负责劳动教育课学生个人课程成绩、学分管理，指导课程补考、重修等工作。

⑤ 教务部门负责指导劳动教育课教研室做好劳动教育课程的教学改革，不断探索创新劳动教育课的教学和实践内容、形式和方法。

（二）学工部门及其职责

① 领导劳动教育课教研室。根据教务部门有关课程教学规定和劳动教育课

的实际，不断制订和完善符合劳动教育课实际的课程体系，科学制订学年度劳动教育课教学实践计划安排，并指导实施，健全劳动教育课规章制度，使劳动教育课更加制度化、规范化[1]。

② 加强劳动教育课宣传教育。加强对广大高校学生进行劳动教育课的宣传教育工作，组织实施党的教育方针的教育，充分认识高校开设劳动教育课的重要性和必要性，明确课程建设目的，端正劳动态度，努力营造劳动教育课的教育宣传氛围。

③ 协调院（系）课程安排、具体实施。负责指导协调院（系）做好劳动教育课的组织实施、检查督促、问题整改等工作，主动协调各职能部门劳动教育课教育教学，特别是实践课有关工作，及时协助解决劳动教育课的有关问题。

④ 指导院（系）和辅导员工作。及时了解掌握学生对劳动教育课的思想反馈，树立和宣传吃苦耐劳表现突出的典型，耐心细致地做好个别学生的思想政治教育工作，广泛调动大家参与劳动教育课的积极性、主动性。

⑤ 指导资料归档工作。指导劳动教育课教研室按照课程建设的要求，收集、整理、归档，规范地做好劳动教育课的存档资料。做好每学年教育教学工作总结，开展好各项教研活动。

⑥ 组织做好课程的探索与创新。在开展组织实施劳动教育课过程中，应及时收集劳动教育课程教学过程中的新情况，出现的新问题，及时组织分析研讨对策，不断探索高校学生基础劳动教育课新形式、丰富新内容、取得新效果。

（三）后勤部门及其职责

① 提出符合实际的劳动标准。后勤部门作为文明校园创建的重要职能部门，应根据校园文明卫生、环境绿化等要求和广大高校学生的实际，提出校园基础劳动的有关标准。如教室、实训实验室、大厅、走廊、厕所等室内的地面、墙面、桌面、门窗面、玻璃面和天花板的清扫标准，提出广场、道路、运动场、篮球场、人行道、绿化带（地）等室外清扫、清捡的标准，使学校劳动教育课的组织实施者对照标准提出要求，更加有的放矢。

② 组织劳动技能和方法培训。后勤总务部门应定期组织学生骨干进行劳动技能和方法的培训，进行好正确的劳动姿势培训，使他们掌握好各种劳动工具的使用方法，学会爱护劳动工具，熟练地掌握劳动技能和劳动工具，包括现代智能

---

[1] 何卫华，林峰:《大学生劳动教育理论与实践教程》[M].厦门大学出版社，2019，第11-20页。

劳动工具的使用方法和技能，从而极大地提高劳动教育课的质量和效果。

③ 协助做好劳动课日常检查。后勤总务部门和学校督察部门共同履行劳动教育课日常实施情况的检查指导工作，及时巡查发现校园各区域劳动教育课存在的各种问题，及时提出整改意见，协助抓紧抓好整改落实工作，提升劳动教育课的日常教学工作质量。

④ 参与统一组织的劳动督查。一般情况下，学校每周组织一次全面的、彻底的劳动教育课检查，按照统一组织和分工负责相结合的检查方式，认真详细检查，发现问题及时汇报并提出整改意见，落实好自己的检查责任。

⑤ 做好劳动教育课工具保障。根据劳动教育课参加学生数所需要的劳动工具和劳动工具正常损坏的情况，及时按程序申请、审批、购买和补充，切实保障好劳动教育课所需要的劳动工具。

三 院（系）教师、辅导员及其职责

院（系）是高校学生劳动教育课程的直接领导和组织者，负有重要的课程教育教学和实践责任。高校教师和辅导员是高校学生思想政治工作教育的管理者和组织者，对高校学生基础劳动教育课程负有直接和具体组织落实的责任。

（一）院（系）及其职责

① 纳入人才培养方案。根据学校劳动教育课教学委员会和教务处有关课程教育教学要求，纳入重要的议事日程，制（修）订各专业人才培养方案，报教务处审批执行。

② 制（修）订规章制度。制（修）订劳动教育课教育教学有关规章制度和教学计划，完善人才培养方案和教学计划的具体规定与措施，认真落实劳动教育课的教学制度、计划和奖惩规定。

③ 明确领导分工。明确院（系）领导对劳动课教育教学和组织实施的分工，加强各班级劳动课的督促检查，及时发现整改问题，不断提高劳动教育课的教学实践效果和质量。

④ 做好宣传工作。要做好劳动教育课的普遍宣传教育，按照课程要求上好劳动教育理论课，增强劳动意识，端正劳动态度，重视发现劳动实践过程中的好榜样，做好学生的思想宣传教育工作。

⑤ 完善课程档案资料。要按照课程教学管理规定，及时收集劳动教育课的

各种教学资料，做好考勤和教学登记，规范整理，完善归档。要及时录入学生的课程成绩，做好补考、重修工作。

⑥ 做好课程改革创新。要不断地做好劳动教育课的理论教学与实践改革，不断探索在高校开设劳动教育课程的途径与方法，尤其是与专业建设相结合的劳动教育，不断地增强劳动教育教学的教育效果，努力达成人才培养目标。

（二）教师、辅导员及其职责

① 详细计划，分工负责。根据学校教务部门和学工部门关于开设开展高校学生基础劳动教育课程的规定，对照各自参加劳动教育课的班级及人数，制订详细的劳动课计划，分成区域劳动小组，指定小组长负责，做好分工负责。组织班委会议和班会，明确有关规定，提出落实好劳动教育课的具体措施和要求。

② 重视教育，统一思想。教师或辅导员根据学工部门和劳动教育课教研室的布置和要求，组织好劳动教育理论课的备课，充分准备，编写好教案，并认真组织教学，做好劳动教育理论课教学登记、考勤登记、过程登记、效果评价登记，形成完整的理论教学资料。

③ 遵守制度，落实规定。负责劳动教育课组织实施的辅导员，应坚持劳动教育课课程标准和制度，做好每天早上集合考勤登记和管理工作，做好每天劳动实践课结束后的小结讲评，加强劳动课实践过程中问题的自查整改工作，重视劳动教育课实践过程中的榜样宣传和氛围营造工作，做好劳动课教育教学总结。

④ 交流经验，树立典型。教师或辅导员在劳动教育实践中，注重收集树立在劳动中不怕苦、不怕累、不怕脏、吃苦耐劳的典型，组织撰写心得体会和交流经验。注意利用实践过程，发现考察班团干部，给予评先评优，培养入党积极分子和发展党员。

⑤ 耐心细致，做好工作。加强思想教育工作，对少数认识不到位、态度不端正的行为，要及时沟通，做好耐心细致的思想教育工作。对个别我行我素、屡教不改、无特殊原因不参加劳动的问题学生，除给予补考、重修外，还应严肃教育、批评，直至纪律处分。

⑥ 加强自查，提高效率。校园劳动由于点多、面广、线长，应科学组织，合理分工。要组建一支由5～8人组成，由辅导员牵头、熟悉校园环境和有较强管理能力的督察小组，在劳动中反复巡查，发现问题当场整改，提高劳动课的质

量和效率[1]。

⑦ 收整资料，分类存档。教师或辅导员要根据学校有关课程教学管理规定的要求，认真完整收集课程计划备课教案、成绩登录和分析表、考勤表及课程教学实践总结等，填写整理好教学情况登记表，由教研室存档保管。

02 第二节 高校劳动教育的理论与实践课程

高校劳动教育课程是锻炼提高学生的综合素质和能力，树立劳动观念，端正劳动态度，学习劳动技能，增强自我管理、自我服务意识，培养高校学生吃苦耐劳的优良品质和合作意识，养成爱劳动、守秩序、讲卫生、做文明人的良好习惯的基础性课程，是一门品德实践教育必修课程。通过劳动教育和实践，端正学生对劳动的思想认识和劳动态度，掌握劳动技能，增强团结协作，传承吃苦耐劳、艰苦奋斗和珍爱劳动成果的优良品质，提高学生的文明素质和综合素质，培养高校学生养成良好的文明行为习惯，弘扬劳动精神，教育引导学生崇尚劳动、尊重劳动，树立正确的世界观、人生观和价值观，促进德、智、体、美、劳全面发展。

一 高校劳动教育理论课程

（一）高校劳动教育课程开设意义

劳动教育是教育发展的内在需求，是社会主义教育的重要特色和优势。劳动教育既能引导学生热爱和尊重劳动，弘扬劳动精神，又是开展教育工作的重要保障和必然选择。

1. 劳动教育是马克思主义教育思想的必然要求

对照人类社会的发展史，无论是人类解放和自身发展，还是获得财富，都离不开劳动，幸福也需要通过劳动创造。马克思主义提出了生产劳动与教育相结合的劳动教育思想，并确定为办好社会主义教育的一条重要原则；不同于普通的教

[1] 姚海鹰：《高等教育管理制度创新》[J]. 大学教育科学，2005（1），第35-38页。

育思想，马克思主义从唯物主义角度强调系统全面的劳动教育思想，把劳动教育提升到普遍规律的高度之上，强调人的解放需要开展劳动教育，从根本上明确教育应当为人、对人、靠人。劳动有助于人们获得生产生活经验和增强个人奋斗的主动性。

2.劳动教育是立德树人的重要途径

立德树人既是教育的根本任务，也是检验教育成效的根本标准。立德树人的目的在于培养德、智、体、美、劳全面发展的合格的社会主义建设者和可靠的接班人，劳动教育则是实现立德树人目标的一个重要过程和重要方面。首先，劳动教育丰富了教育工作的内涵，促使学生端正劳动态度并树立正确的劳动观念，能够培养学生对于劳动和劳动人民的思想感情，逐步养成热爱劳动、善于劳动以及勤于劳动的素质。其次，劳动教育和道德教育紧密联系，劳动教育也是加强德育的过程。因此，道德教育与劳动教育相结合也是德育的一种方法。高校理应重视劳动教育的重要作用和实际意义，将劳动视为形成良好道德品质的重要途径。

3.劳动教育是教育发展与社会现实的需要

马克思主义高度肯定了劳动对于创造人和创造历史的重要意义。因此，劳动教育是劳动和教育的有效结合，一方面发挥了劳动的实践效用，通过利用和总结实践经验实现了理论和实践相结合、知行合一，人们得以在实践中学习、在学习中实践；另一方面发挥了教育的效用，增进了学生对于劳动生产知识和技术的认识与理解，提高了学生的劳动实践能力以及分析和解决问题的水平。因此，劳动教育与德育、智育、体育、美育密不可分，有助于完善教育工作，培养德、智、体、美、劳全面发展的人才。只有加强劳动教育才能培养出一大批勤于劳动和善于劳动的人才，才能符合教育发展的根本要求，也是实现个人梦想和国家梦想的一个重要选择。贯彻落实党的教育方针，把劳动作为培养目标之一，是当前社会现实的需要，更是年青一代实现中华民族伟大复兴的需要。

劳动观是人们对劳动的根本看法和态度，是人们世界观和人生观的重要组成部分。劳动是创造物质世界和人类历史的根本动力，劳动、劳动者神圣光荣；劳动是一切社会财富的源泉，按劳分配是合乎正义的分配原则；劳动具有教育性价值，教育与生产劳动相结合，不仅体现出社会主义教育的本质.而且只有热爱劳动、积极参加劳动，才能实现个人的健康成长，实现人生价值。劳动是推动人类社会发展的根本力量，也是通向伟大梦想的进步阶梯。幸福是奋斗出来的。对家庭而言，没有劳动就没有物质财富的积累，就没有生活条件的改善；对个人而言，劳动不仅筑牢了成功的坚实底座，也凝结成宝贵的精神财富。劳动者只要肯学、肯干、肯钻研，练就真本领，掌握好技术，就能在劳动中发现广阔的天地，在劳动中体现价值[1]。

（二）高校劳动教育课程教学要求

① 明确目的。应明确劳动教育的教学目的，通过理论教学，达到提高学生对劳动教育课的认识，增强劳动意识，掌握基本的劳动知识，明确劳动教育的目的意义、劳动教育的组织形式和方法等。

② 充分准备。劳动教育理论教学老师要提前做好调查研究，收集有关资料，结合学生缺乏的和实际需要的，认真准备教案，做好教学课件，使用多媒体教学，提高课堂教学效果。

③ 讲究方法。重视劳动教育课程教学改革，应采取研究讨论式、启发互动式教学，必要时可以把课堂搬到现场去，贴近实际进行理论教学，增强课堂互动性，活跃课堂氛围。

二 高校劳动教育实践课程

（一）高校劳动教育实践课程场地

① 教学楼。主要包括楼内各教室和走廊、楼梯、露台、休闲场所、公共卫生间及周边等区域。

② 实训楼。主要包括楼内各实验实训室、走廊、楼梯、露台、休闲场所、公共卫生间及周边等区域。

③ 活动中心和图书馆。主要包括活动中心和图书馆各活动室、藏书室、阅览室、走廊、礼堂、露台、报告厅、休闲场所、公共卫生间，各类办公室、资料室及周边等区域。

④ 师生公寓。主要包括公寓各楼内走廊、楼梯、露台、值班室、休闲场所、庭院内及周边等区域。

⑤ 道路、广场。道路主要包括校内各机动车主、次干道，人行道和小道等。广场主要有集会广场、休闲广场、运动场、停车场、各种球类场等区域。

---

❶ 王洋：《高校劳动教育现状与推进策略》[J].沈阳师范大学学报（社会科学版），2020，44（4），第103-108页。

⑥ 食堂、车库。主要包括校园所有食堂和餐厅，地下人防设施和地下停车库及周边等区域。

⑦ 校内绿化地、生态园等。主要包括校园内各区域的绿化地、绿化林、校园湖（池）、果树园、生态园及校园周边等绿化区域。

⑧ 校园其他有关区域等。高校校园总体而言有上述主要区域，而这些区域内的清扫卫生、整理物品、优化环境等工作，一般可以依靠学生的基础劳动教育与实践课、师生的义务劳动、校园文明创建或者志愿者活动完成。

（二）高校劳动教育实践课程要求

① 学校应成立劳动教育课领导小组，主要负责专业人才培养方案的修订，决定劳动教育课的有关教育教学、组织实施、检查考评、成绩管理、学分登录和奖惩等规章制度，督促劳动教育课取得好的教学效果。

② 劳动课教研室主要负责专业人才培养方案的完善，负责劳动教育课的教学与管理实施、劳动教育课情况考核汇总、个人成绩评定与录入，根据学生劳动教育课成绩情况确定补考、重修和是否发放毕业证书等。

③ 二级学院应成立以院长助理为组长和有关辅导员、教务员等为成员的劳动教育课实施工作小组，各班级应成立以班长、团支部书记为负责人的劳动教育课组织管理和考评小组，根据校园劳动区域范围，划分成若干个劳动小组和一个考评小组，把班级学生劳动教育课落到实处。二级学院和班级主要负责劳动教育课的理论教学、具体组织实施、过程管理、考评奖惩、问题整改、学分登录和学生劳动教育课过程中的思想教育等工作。

④ 参与劳动课的学生要认真上好劳动理论课，参加有关培训，掌握必要的劳动知识和技能以及有关安全注意事项；熟悉劳动的项目、范围、标准和目标要求；劳动过程中，劳动态度要端正，不怕苦，不怕累，按时上下岗，不得迟到、早退、串岗和旷工；服从安排，听从指挥，积极主动完成工作，不消极怠工，完成规定的课时和学分；在劳动期间，要爱惜劳动工具和学校设施，节约用水。

⑤ 环境卫生要求。室内区域：保持过道、台阶、地面等干净、无积水、无烟头、无各种垃圾；桌面、墙面、天花板、窗户、玻璃和门面保持清洁卫生，无乱张贴张挂现象，无灰尘等。室外区域：无树叶、烟头等垃圾和杂物堆积，保持室外公共卫生环境干净、整洁。

随着科学技术和人工智能的发展，为了降低人工成本和提高劳动效率，未来基础劳动工具将出现更多智能型清洁设备和环卫设备，如电动扫地车、洗地机、电动尘推车、高压清洗机、三轮冲洗车等。同时，劳动方式也会随之发生变化，传统的机械性劳动，将被自动化机器、智能机器人取代。

大学校园占地面积大、师生多，产生的垃圾也多，绿化好，树木秋冬季节或者树叶更换新叶的时候经常有很多树叶枯枝掉落，这个时候就需要扫地车进行清扫，依靠人工清扫费时费力。电动扫地车契合环保的理念，是一种必不可少的清洁神器。学校食堂、体育馆等室内地面的清洁比对室外更加严格，可以使用洗地机、电动尘推车，让地面达到一尘不染的效果。高压清洗机是一款效率高、效果好的清洁工具，其利用水射流技术能够将一些难以清理的污渍轻松地去除。三轮冲洗车在高压清洗机的原理上进行了升级改造，变成了一款行走的高压冲洗车，作业范围扩大，应用范围延伸，在校园中多用于路面的冲洗。

03 第三节 高校劳动教育的课程建设

劳动教育是高等教育体系的重要组成部分，是高校实现立德树人根本任务的重要要求。高校劳动教育课程化，是高校开展劳动教育的主要实现途径之一。高校劳动教育课程化是一个有机的系统，需要明确劳动教育课程的界定和基本要求，并编写和完善以劳动科学为内容的教学教材，整合课程体系，从而切实保证劳动教育课程化的实施。

高校开展劳动教育，对于培养德、智、体、美、劳全面发展的社会主义事业建设者和接班人，具有十分重大的现实意义。其主要实现途径之一，就是使高校劳动教育课程化。课程是人才培养的核心要素，学生从大学里受益的最直接、最核心、最显效的是课程。目前，高校教育中有些课程融入了劳动教育，这些课程多侧重具体劳动技能方面，而欠缺对学生劳动科学素养全面、系统、科学的培养培育。高校开展劳动教育必须开设专门的劳动教育课程，与其他专业课同向同行，才能构建出扎实、完整的知识体系，培养德、智、体、美、劳全面发展的人才。

一 高校劳动教育实现课程化的必要性

高校劳动教育应以课程为核心，以劳动科学作为具体的教学教材，高校劳动教育实现课程化的必要性，主要体现在以下方面：

① 大学阶段的劳动教育，旨在教育高校学生了解和掌握有关劳动科学最基本的知识，特别是马克思主义劳动观。高校学生一般处于世界观、人生观和价值观逐步形成阶段，劳动教育对于高校学生世界观、价值观、人生观的确立起到十分重要的作用。正确的劳动观是形成世界观、价值观、人生观的重要基础，它是人们对人类劳动实践活动及其创造本质的基本看法。通过劳动教育，要让高校学生从思想上能够分辨是非，增强免疫力，坚定树立马克思主义的劳动观和劳动是幸福源泉的劳动幸福观。同时，正确劳动观的形成不是一蹴而就的，还需要具体的劳动科学教育，如劳动经济学、劳动社会学、社会保障学等，以及对劳动实践活动的亲自参与和亲身体验，以使高校学生从思想意识层面真正懂得劳动的全部意义，真正明确劳动创造价值、劳动关乎幸福人生的道理[1]。

② 以培养社会主义事业建设者和接班人为目的的劳动教育，应以知行合一作为教育的基本原则。以教育的视角观之，所谓的“行”，是指学校开展的具体劳动实践活动，目的是使学生亲临劳动实践场合，体验劳动的实际感受。所谓“知”，是指通过课堂教学环节，使学生掌握关于劳动的知识。在劳动实践活动中的直接体验固然重要，但是获得劳动体验绝非劳动教育的终极目的，最终目的在于对劳动道理的感悟，对劳动知识的科学把握。高校学生作为社会生产实践的准劳动者和后备力量，不仅要爱劳动、会劳动，更要懂劳动，明劳动之理。

③ 劳动教育应该作为高校基础课程中的必修课，其原因主要体现在以下方面：

a.高校劳动教育课是一门相对独立的学科，它与思想政治课具有同样的不可替代性。高校劳动教育课着重以劳动科学知识对学生进行系统教育，思想政治课则要求学生掌握政治理论、思想修养、伦理道德等多方面的知识，不断提高学生的思想政治素质和道德水平。毋庸置疑，思想政治课也包含有关劳动方面的知识，但是，这些知识都分别蕴含于思想政治课的几门具体学科当中，无法形成劳动教育的系统知识。劳动教育课程同思想政治课课程之间，在逻辑上是一种交叉关系。由此可见，高校思想政治课不能也无法取代劳动教育课。

b.高校的劳动教育课程的目的有别于思想政治课程教育的目的。高校劳动教育课要求学生不能仅驻足于良好习惯的养成，停留于道德品质的修养上，而要通过劳动教育课程的学习，深化对劳动的认识，懂得劳动的道理。

---

[1] 赵健杰，刘向兵：《论新时代高校劳动教育的课程建设》[J].北京教育（高教版），2020（2），第14-17页。

c.高校劳动教育课也有别于其他与劳动相关的专业课。劳动教育课程属于普及劳动科学知识的必修课，注重普及性，是对所有高校学生进行劳动教育的必修课；而与劳动相关的专业课，则更加注重专业性，是培养专门人才的专业性课程。

d.劳动科学应作为劳动教育的基本课程设置。马克思主义强调，劳动是人们认识和改造自然界的自觉的、有目的的能动活动。伴随着人类劳动实践活动的发展，形成了人与自然的关系、人与社会的关系，形成了基于劳动基础之上的诸多自然科学门类、社会科学门类以及思维科学门类。正是建立在共同的劳动语境下，以劳动实践为基础的诸多同劳动实践紧密联系的学科门类应运而生，并赋予劳动科学以科学性特征。

对于高校学生而言，如果不对其进行系统的劳动科学教育，学生就不能透彻地了解劳动的本质规定、劳动的创造价值、劳动的普遍意义、劳动对于实现人的全面发展的重要作用，他们对劳动科学知识的掌握难免支离破碎，甚至停留在对劳动的感性认识阶段。这既不利于学生的全面发展，也不利于学生今后的职业规划和对自身享有合法权益的认知，这是目前高校教育的一个缺憾。基于此，将劳动科学作为劳动教育的基本课程，是一个科学的选择，具有合目的性，也具有合规律性。

二 高校劳动教育课程原则与内容

课程是指学校学生所应学习的学科总和及其进程与安排。根据这一内涵，可对高校劳动教育课程下定义：以高校学生学习和掌握劳动科学知识为目的，对其学习进程和教学计划所做的总体安排。高校劳动教育不能仅囿于教育理念层面，也不仅局限于具体的劳动活动安排，必须通过系统的课程设置和教学计划的安排，使之真正落到实处，从而为实现劳动教育的目的提供必要条件和基本保障。高校劳动教育实现课程化，可供选择的途径有很多，如以劳动科学知识作为劳动教育教学内容，以促进高校学生树立正确的劳动观及掌握相应的劳动科学知识作为教育目的，遵循教育教学的一般规律，围绕劳动教育目标对劳动教学活动方式进行合理规划，对劳动教学课程进行符合学生实际的设计等。

（一）高校劳动教育课程原则

① 坚持教育引导原则。高校劳动教育要体现对高校学生积极的教育引导作用，使其通过劳动课程的学习，逐步掌握关于劳动的科学理论和知识，把握人类

劳动实践的发展规律，从而真正树立起尊重劳动、崇尚劳动、热爱劳动的意识。

② 坚持教育深化原则。高校劳动教育一定要避免驻足于“熟知”阶段所造成的浅尝辄止，而应当以实现“真知”为努力方向，即达到对劳动问题的本质揭示、科学揭示、系统揭示。一方面，要在理论上将劳动的本质、劳动实践的普遍意义解释清楚；另一方面，要将人们通过劳动实践所形成的现实关系给予透彻的分析，强调人的劳动活动作为人的研究对象，已经取得丰硕的研究成果，成为系统化的科学。

③ 坚持劳动教育从实际出发的原则。高校劳动教育在实施教学实践中，应坚持从实际出发的原则。一方面，要因“校”制宜，在劳动教育方针指导下，各个高校应以本校相关教学资源、师资队伍、学生实际等客观情况为出发点，制订并实施适合于本校实际的劳动教育教学计划；另一方面，要因地制宜，高校劳育必须与当地的实际紧密结合，要最大限度地利用本地区劳育资源，科学筹划创建劳动教育校外实践基地，要同一些生产企业、事业单位、科研院所以及服务业加强联系，使之能为学生进行劳动教育提供实践场所。

（二）高校劳动教育课程内容

① 高校劳动教育课程的教学目的。高校劳动教育是以高校学生作为教育对象，以普及劳动科学理论、基本知识作为教育的主要内容，以讲清劳动道理为教育的着力点，其目的是让高校学生通过对劳动的基本理论学习，深刻认识人类劳动实践的创造本质，深入理解劳动实践对于立德树人的重大意义，深切感悟劳动实践对于人的自由全面发展所具有的重要推动作用，使高校学生能够树立正确的劳动意识，形成正确的劳动观；进一步明确工人阶级的劳动实践在实现中华民族伟大复兴中国梦的伟大征程中所发挥的主力军作用，真正树立起尊重劳动、尊重知识、尊重人才、尊重创造的意识。

② 高校劳动教育课程的教学方法。高校劳动教育在教学方法上，应利用互联网等现代化的教学手段，结合政治、经济、文化等方面的成就，通过积极思想引导，达到劳动教育效果。

③ 高校劳动教育课程课时分配。高校可以将劳动教育课列入全校各专业人才培养方案和课程教学计划，学生在校第一学年期间，参加以班级为单位组织的劳动教育课理论教学和集中劳动实践周，共计40课时。其中，劳动教育课理论教学（包括技能培训）为4课时，应在班级劳动实践周的前一周组织进行。劳动实践周为星期一至星期日，共7天，周总计36课时，即星期一、星期二、星期四

和星期五每天按6课时计算，星期三、星期六、星期日每天按4课时计算。另外，周三下午可安排2课时的义务劳动活动。

高校劳动教育课总课时安排可以计2学分。学生个人修满课时、达到理论考试和实践考核标准，并且劳动态度端正、遵守劳动纪律、劳动效果明显，结合个人平时行为习惯评定课程成绩，60分及以上为及格，未达到60分者应重新修读，学生所获学分、成绩记入个人档案。

④ 高校劳动教育课程师资队伍建设。高校劳动教育能否取得满意的教学效果，主要取决于师资队伍的专业水平高低，因此必须加强师资队伍建设，主要包括：第一，师资来源。劳动科学由于涉猎知识面广，具有单一专业背景的教师难以承担劳动科学教学，必须对有志于从事劳动教育的教师进行全面的专业培训。除此以外，相关教师也可以走专兼职结合的路子。第二，成立劳动教育教研室或劳动教育中心。组织协调完成教学任务，并不断探索劳动教育教学规律，及时总结劳动教育的经验。第三，对从事劳动教学的专职教师，应在评优、职称评定方面给予一定的保障，以激励教师在劳动教育领域尽职尽责，充分调动他们的积极性。

三 高校劳动教育课程的教材建设

为了加强劳动科学的系统教育，应该普及劳动科学知识的劳动教育教材，以马克思主义历史唯物主义方法论为指导，以唯物史观中关于劳动的基本思想和观点作为逻辑主线，贯穿于教材的始终；以劳动实践在社会生产及社会生活各个领域的具体体现作为主要内容，形成独立、完整的教材；人们的劳动实践不仅对自然进行改造，形成人与自然的关系，而且也实现对社会的改造，形成人与社会的关系，同时在劳动实践中，劳动对人本身也产生重大影响。劳动者作为劳动实践主体，通过劳动实践活动形成一系列重要关系，如经济关系、社会关系、伦理关系、审美关系、生态关系等，这些关系的本质，都同人的劳动实践活动紧密相连，是人的本质及其利益诉求在不同领域和关系系统中的集中体现。

① 劳动科学总论。揭示劳动科学的内涵，即劳动科学是指以人类劳动作为总的研究对象，以劳动者在劳动过程中产生的劳动问题以及与劳动问题相关的一切自然和社会关系及其调整问题作为研究内容，而形成的具有内在联系和分布规律的学科群，其中每一具体劳动学科都是构筑劳动科学系统的基本要素。劳动科学总论揭示了劳动科学的学科性质、意义、研究方法，以及学习劳动科学的目

的、意义、方法和基本要求等方面内容，使学生明确劳动的本质规定，掌握劳动科学属于怎样性质的科学。

② 劳动哲学层面。以马克思主义唯物史观的基本立场、观点和方法作为主线，统摄并贯穿于教材始终，主要揭示劳动的本质、劳动的作用、劳动的价值、劳动同自然社会及人自身的关系、劳动同科技发展的关系、劳动发展的未来趋向等方面内容。

③ 人类劳动发展史层面。以历史和逻辑相统一的方法，对人类劳动实践的历史进行回顾，使学生通过学习明确人们的社会劳动实践是推动社会发展的动力这一唯物史观的重要思想，认识到劳动实践活动对于推动科技发展、社会文明进步以及人自身的全面发展所起到的重要作用。这一部分应按照人类社会不同发展阶段进行分期，描述与之相应的人类劳动的基本特征，尤其要重点描述第一次工业革命到第四次工业革命的联系与区别，以及给人类社会带来的革命性变革，强调劳动形式的变化对劳动的深刻影响，以及构建和谐劳动关系的重大意义及基本实现途径。

④ 劳动科学的主要学科层面。劳动科学大家庭里的各门具体学科，涵盖了劳动者在劳动实践中所触及的各个方面问题，有助于开阔高校学生对劳动认识的眼界，有助于丰富高校学生关于劳动的各个门类的科学知识。例如：对劳动经济学的学习，使学生掌握劳动就业、劳动报酬等基本知识，明确作为劳动者所拥有的相关合法权益是受法律保护的；对劳动关系学的学习，使学生明确劳动关系在整个社会关系系统中的地位、劳动关系的性质、和谐劳动关系构建的重大意义等；对劳动法学的学习，使学生懂得掌握必要的有关劳动者依法享有合法权益的知识，明确法律法规对实现劳动者权益的法律保障作用；对劳动伦理学的学习，使学生懂得劳动的伦理规则，明白如何劳动才能符合伦理要求；对劳动保护学的学习，使学生明确安全生产对于实现劳动者的健康权、安全权的重要意义。

第五章

高校劳动教育现状与体系构建

高校劳动教育在取得一定程度发展的过程中，也存在一些问题。构建高校劳动教育体系势在必行。本章重点探讨高校劳动教育存在的问题及成因、高校劳动教育完善策略、高校劳动教育体系及其构建。

01 第一节 高校劳动教育存在的问题及成因分析

一 高校劳动教育存在的问题

在国家、社会和高校的关注下，高校劳动教育得到了一定程度的发展并取得了一定的成果，但高校劳动教育仍然是高校教育的一个较弱环节，存在的问题也不容忽视。高校劳动教育存在的问题主要表现在以下方面。

（一）高校劳动教育观念仍相对淡薄

高校教育以学生科学文化知识的学习为主，注重对学生专业知识的传授。而对于学生劳动价值观的引导、劳动精神的培养、劳动习惯的养成以及劳动实践锻炼等方面的教育则明显意识淡薄、重视程度不够，表现在以下方面：

① 在理论教学过程中，主要以学生专业文化知识的掌握为教学目标和考核内容，关于大学生劳动价值观的教育、劳动精神的教育则是散落于各门课程教学之中，内容甚少，且教育效果跟教师自身的劳动价值观和劳动素养有很大关系，劳动教育并无专门的课程设置。

② 在劳动实践方面，各学校、各专业均有相关的专业实习，并纳入了教学计划，但实施情况差异很大，有些专业的专业实习安排的时间很短，且落实程度不够，流于形式，对学生劳动实践能力的培养难以真正起到作用。并且，大多的专业实习时间安排得较晚，通常是在高年级的期末或者毕业前的学期，难以与专业理论学习紧密衔接。另外，高校对大学生日常劳动习惯的养成关注相对较少，除了例行的卫生检查及卫生比赛活动在客观上促进了大学生的劳动锻炼外，大学生劳动习惯的培养尤其体力劳动的锻炼在许多高校中也是不被重视的。

（二）高校劳动教育缺乏科学系统管理

高校劳动教育要落到实处并取得好的效果，离不开学校的有效管理，而高校对劳动教育普遍缺乏科学、系统的管理。高校劳动教育管理中存在的问题主要包括以下方面：

① 高校教学管理中缺乏对劳动教育的物质投入和保障。高校劳动教育的开展所需要的人力资源、教学设备、劳动工具、劳动场地等都需要教育经费的投

入，只有保证劳动教育各个环节所必需的物质条件，劳动教育的运行才能实现正常化和顺畅化。而目前高校对劳动教育的资金支持和物质保障是很有限的，而缺乏必要的物质保障，高校劳动教育的顺利开展便受到了很大的限制，劳动教育的场地、设备，劳动教育的组织、管理等难以得到有效落实，劳动教育的积极性得不到充分的发挥。

② 高校教学管理中缺乏对劳动教育的制度保障。劳动教育的实施要受到多种因素的制约，而科学、规范的劳动教育制度却是高校劳动教育有序开展的必要保障和前提，有效的制度保障是高校劳动教育走上科学化、规范化，实现系统化、常态化的必要条件。高校劳动教育缺乏科学、系统的管理制度，是导致高校劳动教育存在诸多问题的关键所在[1]。

高校在高校劳动教育中没有设立专门的组织机构和有效的管理机制，直接导致劳动教育难以真正落实到位，具体表现在：一是缺乏专门的部门来对劳动教育进行系统安排；二是缺乏专门的管理人员对高校劳动教育进行统一的规划和管理。这就导致了劳动教育缺乏时间保障，缺乏组织管理和宣传的平台，劳动教育氛围的缺失等问题。同时，劳动教育具有实践性强的特点，其组织实施往往涉及多个部门多个方面的相互协调和协作。因此，劳动教育更需要有制度的保障。

（三）高校劳动教育内容与形式缺乏时代性

随着社会的快速发展，高校学生的个性特点也在不断变化，而高校劳动教育的内容和形式缺乏改变，缺乏时代性，难以适应现代化教学要求。因此，在当今日新月异的时代，高校劳动教育的内容与形式需要不断与时俱进、不断发展创新。教育与生产劳动相结合的内容上、方法上要与时俱进，不断有新的发展。在新的历史条件下，高校劳动教育应结合实际情况、立足学生实际，不断开拓劳动教育的新途径，丰富和发展劳动教育的时代内涵，增加劳动教育对大学生的吸引力，使其更具实效性，真正起到提高大学生劳动素养、促进学生全面发展的作用。

（四）高校劳动教育普及程度还不够

尽管高校为促进大学生的全面发展、提升其综合劳动素质提供了实践锻炼的机会，然而高校所提供的劳动实践活动并不能保证每个学生都有机会享有，普及

---

[1] 高亚伟：《当代大学生劳动教育研究》[D].天津师范大学，2015，第27-37页。

程度严重不够。例如，高校提供的勤工助学岗位数量有限，只有一小部分学生能有机会获得，高校组织的公益劳动、志愿服务、科技服务等劳动实践活动，虽然是增强大学生社会责任感、提升大学生劳动实践能力的途径。然而一方面大学生主动参加劳动实践的自觉性不强，另一方面活动机会较少，活动所容纳的人数也极为有限，这就使得高校劳动教育的受众面小，难以满足所有学生参加劳动实践的需要，难以有效保证大学生整体劳动教育的普及。而校外的勤工助学、社会实践活动，一方面存在信息渠道不畅、学生难以获得较为全面可靠的信息的问题，另一方面也存在诸多安全隐患，因此在很大程度上也限制了大学生参加劳动实践的机会。

二 高校劳动教育存在问题的原因

（一）高校对劳动教育重视程度不够

高校劳动教育资源分配不足、缺乏制度保障和规范化的管理，归根到底还是由于高校对高校劳动教育的重视程度不够。相当一部分大学生在劳动价值观方面出现了偏差，缺乏必要的劳动精神和劳动品质，劳动习惯较差。而高校在推进高校劳动教育的过程中存在诸多问题，没能及时有效解决大学生所存在的问题，一方面劳动教育的内容在整个高校教育中所占的比例很小，得到的教育教学资源和资金支持极为有限；另一方面，高校劳动教育缺乏有力的制度保障和系统有效的管理，高校并未设立专门的劳动教育管理部门来对大学生劳动教育进行统一、规范的管理，劳动教育没有规范的教学大纲，劳动教育的内容和时间上缺乏统一的计划和安排，没有相应的教师配备。这些问题的出现，就在于高校对高校劳动教育的重视不够。

一些高校的领导和教师忽视了劳动教育对于培养大学生良好的人格品质、优秀的劳动素质以及促进大学生身心发展等方面的作用，认为劳动教育是可有可无的，没必要占用较多的教育教学资源和进行人力、物力的投入。正是由于高校对高校劳动教育的不够重视，使得高校对劳动教育的投入不够，相关工作不到位，导致高校在高校劳动教育中的理论与实践不足，从而影响劳动教育的效果。

（二）社会与家庭劳动教育氛围不足

高校学生自身所处的环境除了学校之外，还有与高校学生成长密切相关的家庭环境、社会环境。高校劳动教育所存在的问题与家庭、社会所营造的劳动教育氛围不足有着很大的关系。一方面，深受传统观念影响，整个的家庭、社会教育氛围都一味强调科学文化知识学习，而忽视劳动教育尤其是体力劳动教育，在这样的背景下，劳动教育自然是不被重视的；另一方面，随着社会主义市场经济的发展，人们的价值观呈现多元化发展，在功利主义价值观的影响下，无论家庭还是社会更看重的是教育的显性价值或功利价值，而劳动教育对学生的隐形价值是被忽略的。此外，随着人们生活水平的不断提高，相对淡化了劳动教育。在整个家庭、社会劳动教育氛围不足的环境下成长起来的学生，很多都缺乏劳动意识或者劳动能力不强。

（三）学生主观能动性未得到充分发挥

学生是教育当中的主体，大学阶段，学生的世界观、人生观、价值观已经基本形成，已经有了较独立而成熟的思想意识和行为能力。充分发挥大学生的主观能动性在高校劳动教育的有效开展中起着重要作用，而高校劳动教育所出现的问题跟大学生自身的主观能动性未得到充分发挥有着密切的关系。

高校学生自身主动参加劳动实践锻炼的主动性和积极性不够，其主要原因还是劳动价值观的偏差以及对劳动实践的重要性认识不够，很多学生轻视体力劳动及体力劳动者，没有认识到劳动实践与自身成长的关系，因此忽视了对自身劳动品质的培养和劳动习惯的养成。而有意参加劳动实践的学生大多也是为了获得劳动报酬，而非主动弥补劳动欠缺、主动提升自身的思想觉悟和劳动品质。只有少数同学能够有意识地通过参加劳动实践来提高自身的劳动素养和优秀品质。此外，高校也未采取必要的措施来充分调动大学生自愿参与劳动教育的积极性[1]。

因此，高校劳动教育要取得理想的效果，充分调动大学生自身的主观能动性是必不可少的，外在的教育必须通过学生自身的内化才能真正起到教育的作用，大学生只有充分发挥自身的主观能动性，才能主动地去纠正自身存在的劳动偏见、克服自身弱点、改变懒散的生活作风，才能有意识地培养自身良好的劳动习惯，提高劳动素养和道德修养。

---

[1] 王洋：《高校劳动教育现状与推进策略》[J].沈阳师范大学学报（社会科学版），2020，44（4），第103-108页。

02 第二节 高校劳动教育完善策略

一 提高对高校学生劳动教育重视程度

学校、家庭、社会教育中，教育者对劳动教育的价值与意义、劳动教育活动规划与目标、受教育者学习活动与本性的最根本认识和看法，对劳动教育活动的开展具有重要指导意义。要加强劳动教育，就必然要求革除劳动教育旧有的教学理念，提高对高校学生劳动教育的重视程度。

（一）加强社会主义劳动教育的理论建设

加强社会主义劳动教育的理论建设，先要加强劳动价值观教育，应该使受教育者在思想上明确劳动教育是其接受所有教育中的重要组成部分，帮助受教育者树立正确的劳动价值观。劳动价值观包含于世界观、价值观、人生观中，开展劳动教育要以世界观、价值观、人生观内容为理论依据，从教育实践中选取适合我国现阶段高校劳动观教育现实，能够突出社会主义道德规范，有利于和谐社会建设，有利于高校学生自身发展的科学手段和优秀案例，不断改革强化高校劳动观教育的理论体系建设，做到既有一定的前瞻性，符合教育科学的国际趋势；又有一定的可操作性，从教育现状和具体国情出发，使高校学生劳动教育能够落到实处，可持续发展。

加强社会主义劳动教育的理论建设离不开学校，更离不开国家和政府在立法上给予充分肯定，国家和政府对劳动教育的重视必然会带动学校、家庭对劳动教育的重视程度。在高校课程建设体系中，高校必须将劳动教育列为学校的一门必修课程，纳入正常的教学计划，通过制度的形式明确劳动教育应有的地位，从而使劳动教育成为高校的一门必修课程。

（二）重视高校劳动理念建构

重视对高校学生进行劳动理念的建构，有利于提高他们对劳动教育的重视程度。观念决定行为。因此，除了加强劳动教育理论建设外，还需要重视高校学生劳动观念的培养。对高校学生进行劳动观念培养教育时，要注意发挥高校学生主体地位，重视自我培养。只有让高校学生参与到劳动过程中来，才能使他们体会到劳动成果的来之不易，从而懂得尊重他人的劳动、尊重劳动者，并自发维护自己或他人的劳动成果。

父母在家庭教育中，应该鼓励孩子参与到家庭劳动中来，使孩子在劳动中感恩父母的伟大，在劳动中塑造自立自强的意志品格，让正确的劳动观念在脑子里扎根。学校的劳动教育，应加强高校学生对劳动的意义与价值教育，重视观念的培养，让正确的劳动观念在学生脑子里形成。高校作为育人场所，在劳动教育过程中，必须重视高校学生的主体性地位作用。只有充分发挥高校学生的主体性作用，把劳动教育目标内化，才能切实提高劳动教育的有效性。发挥高校学生劳动主体地位，必须注重提高学生自身素养，使其自觉树立社会主义劳动观。

不同的历史时期，关于劳动观有不同的解读。由于人工智能的大量存在和科学技术的广泛应用，几乎没有一项工作是靠单纯的体力劳动可以完成的。掌握一定的生产劳动技术变得至关重要。因此，对高校学生进行劳动观念培养教育的时候，还需要加强劳动技术观的渗透教育，使他们养成在日常生活中观察和学习新技能，并适时地体验劳动的好习惯。

二 优化高校学生劳动教育环境

经济要上去，教育是基础；人才要合格，劳动不可少。与其他任何事物的发展一样，高校学生劳动教育也需要优质的外部环境。优化高校学生劳动教育环境，主要包括以下方面。

（一）营造立体的劳动观教育环境

科学的教育是立体的，它分为三个层面：学校教育、家庭教育和社会教育。父母是孩子的启蒙老师。父母对劳动教育价值与意义的认识，直接决定着他们日常生活中的言谈举止，影响着开展高校学生劳动教育的质量。家庭是孩子受教育的第一个场所，也是终身场所。优化高校学生劳动教育环境，必须重视家庭教育的作用，逐渐转变家庭劳动教育观念，让家庭支持参与到高校学生劳动教育中来[1]。

---

[1] 杨海达：《大学生劳动教育存在的问题及对策》[D].牡丹江师范学院，2016，第35-43页。

很多家长和学校对社会教育的作用认识不清，不愿让学生过早地走进社会，然而学生的培养质量最终要由社会来检验，社会、家庭、高校在劳动观培养过程中各司其职、各负其责，形成全方位的、立体的教育环境，让高校学生最终能够在实践中检验自己的认识，获得真知灼见，实现自身价值。优化高校学生劳动教育环境，必须重视和发挥社会教育的作用，为学生的成长成才提供开阔天地。

高校践行高校、家庭、社会一体的教育理念，仅靠辅导员的力量是不够的，必须要配置专门的一线教育工作者。这样才不至于总是到学生出现重大意外情况的时候，学校、家庭、社会才能联系起来。学校教育在学生的思想中占有主导地位，学校教育对家庭教育和社会教育具有指导作用。营造高校、家庭、社会三位一体的教育环境，学校扮演的是一个正规渠道和主体承载的角色，但学校教育绝不是学生接受教育的全部途径。与学生相关的家庭、社会的教育影响力绝不逊于学校教育，是学校教育的补充与完善，关系到学校教育的发展。学校教育应该从校内向校外延伸拓展，把学校、家庭、社会三者紧密地联系起来，互相渗透，互相促进，协调一致，形成统一的教育网络。

（二）舆论引导高校学生积极参与劳动

市场经济为教育改革指引了新的方向，也给劳动教育开拓了新的空间。高校学生对新技术、新知识、新讯息很好奇，接受能力也非常强，随着互联网及通信技术的日新月异，舆论在学生中所起的引导作用愈加强烈。开展劳动教育过程，充分借助舆论，对高校学生进行正确引导，可以令劳动教育的内容更加丰富、形式更加新颖、氛围更加活跃，有助于劳动教育的顺利开展。

对于高校学生而言，在正确的社会舆论引导下，有助于他们辨别对错是非，使他们认识到快乐劳动是人的本质属性，在劳动教育实践中，他们会更加主动地参与，并且在劳动中体会到无穷快乐。良好正确的舆论引导还可以使高校学生养成热爱劳动的习惯、无私奉献的精神以及树立为人民服务的劳动意识。因此，在对高校学生的劳动教育方面需要舆论的导向作用，借助于舆论，可以有机地将社会主义荣辱观教育和生产劳动实践结合起来。

三 完善高校学生劳动教育体系

（一）明确高校学生劳动教育目标

劳动教育是培养全面发展的跨世纪人才的必要途径。面对劳动情感、劳动观、劳动习惯和劳动知识、技能尚处于塑造阶段的在校学生，必须发挥高校在此阶段的主导作用，利用教师、课堂、辅导员等各方力量，充分调动高校学生的参与意识，利用他们在校期间相对充裕的时间和旺盛的精力，打造科学的劳动观和过硬的劳动技能，为他们下一阶段的人生发展历程奠定坚实的基础。

1.培养全面发展的人才

劳动教育的终极目的是使教育对象形成良好的劳动习惯，使劳动成为发自内心的自我需求，不被外部环境和其他因素所左右。高校作为学生塑造人生观、价值观的主要场所，必须发挥弘扬中华民族优良传统，营造社会主义和谐社会的主流渠道作用。针对不同年级的学生，高校可以制定不同的育人目标，培养全面发展的人才。

就大一新生而言，学校可以引导其积极参与劳动，帮助其端正劳动观念，树立良好的劳动习惯，逐步培养其独立自理的能力。开展丰富多彩的第二课堂活动、社会实践活动和公益活动，逐步把学生吸引进来，在劳动中体会生活，在生活中体验幸福人生。就大二学生而言，可以为其专业技能的学习创造便利条件，并鼓励其积极参加职业资格认证考试。就大三学生而言，可以对其进行创业与就业教育、职业技能专题培训，夯实从事对口劳动的专业基础。就大四学生而言，高校应该密切与地方的联系，为学生的专业实习开辟新道路，为学生步入社会积累下丰富经验。

2.提高社会生产力

就生产而言，劳动教育的主要目标是提高劳动者的科学技术素养，使广大劳动者的劳动效率的提高途径，从单纯依靠人体的功能向依赖科学技术作为新的生产要素投入的方式转变，从而从根本上提高社会生产力。良性的校企合作模式，有利于高校培养出经济发展所需的人才，提高社会生产力。地方高校向应用型高校转型，是高等教育内涵发展的内在需求。应用型高校中校企合作的人才培养的定位是随着社会经济的发展而产生的，是高校实现服务地方经济的重要途径。

以培养应用型人才为主要目的的校企合作模式，是适应社会经济发展趋势的新型劳动力培养方式，是基于原有的以学校教育为主的培养方式的改革和创新。校企合作模式整合了高校和企业各自拥有的资源优势，以培养拥有一定应用技术的劳动者为目的，在教学过程中强调教师的技能示范，学生全程参与模拟，在课程设计中有意识地重点突出学生的动手操作能力，充分利用建立在企业的实践实训基地和高校具备较高理论水准的师资力量，二者结合起来，将会有效解决产业工人供给问题。

（二）平衡高校学生劳动教育内容

在高校教育期间，除了要求高校学生形成完整的知识体系之外，还应帮助他们掌握一定的劳动技能，要求高校学生在重视脑力劳动的同时，还要加强体力劳动。

1.做好课程改进，培养高校学生良好的劳动习惯

完善劳动教育课程体系，做好课程改进，培养高校学生良好的劳动习惯，是高校强化大学生劳动教育工作中的一项长期过程。高校应把高校学生劳动教育作为全部在校学生的必选通识课，采取一定的措施达到良好的教学效果。

首先，科学完善师资结构，提高师资队伍建设水平。以往高校教师更多以讲授理论课程为主，实践型和技术型师资力量相对不足，针对高校学生劳动教育课程，除聘请省内外知名学者讲授理论知识之外，还应借助其他社会力量，如邀请高水平专业技术人员承担教学任务和开设讲座，学习和借鉴大量的企业操作经验等。

其次，注重课程、教材建设和资源共享。根据不同专业的学科特色，在课堂教学中采取各种手段调动学生的积极性，改进教学方法和手段，借助多媒体和网络资源，增加教学互动，设置计划外环节，增强学生的临场应变能力。另外当前产业发展日新月异，教材建设方面必须注重前沿性，有效地保证学生知识体系的更新和实践技能的持续深化。

2.鼓励高校学生重视劳动实践，实现知行合一

培养高校学生正确的劳动观，必须注重实践教学与人才培养模式创新。充分利用实践实训基地和引进的具有丰富业界实践的老师，鼓励学生制作自己的优秀作品参与校内外竞赛、评选等。掌握参与一定社会生产所必需的基本理论和基本知识，熟悉与劳动有关的方针、政策和法规等相关知识。通过强化学生的实践实习，让他们掌握一定的劳动技能，在从事相当的劳动实践之后，能够进行简单的工艺改良和创新。高校应为学生劳动教育积极搭建实践平台，同时，在校高校学生应重视劳动实践活动对自身发展的重要作用，课后主动参加一些实践来深化对所学理论知识的认识，实现知行统一。

（三）改进高校学生劳动教育方法

完善高校学生劳动教育，必须改进教学方法，主要包括以下方面。

1.利用情景模拟教学法等现代化教学手段

素质教育有别于传统教育，学校一方面要注重对学生德、智、体、美、劳的全面发展；另一方面还要注重培养受教育者的特长及尊重受教育者的个性发展。高校培育出来的学生应该是具有创新能力、广博的学识、团结合作意识、较强的动手能力、为人民服务的思想境界和奉献精神的高素质人才。要实现教育的现代化，达到素质教育的培养目标，离不开相应的教学手段，教学手段作为建设社会主义教育体系的重要载体和工具，必须与教育思想有机地结合，才能达到素质教育的要求。

情景模拟教学法，是指教师通过对事件或事物发生与发展的情景、环境、过程的模拟或虚拟再现，让学生在接近现实情况下扮演某种角色或进入某种心理状态，并和其中的人或事产生互动，以加深感受、深化认知，使学生心理机能得到开发，达到自觉接受教学内容，并在短时间内提高素质与能力的一种教学方法。情景教学法有别于所有传统的教学方法，它并不是通过教师的讲授使学生理解教材，而是为了达到教学目的，教师有的放矢地设置、创立一些生动形象的场景，在丰富具体的情境中，带给学生与教师内心的共鸣，这不仅会使学生很好地理解教材，还会使学生的心理机能得以完善和发展。情境教学法的成功与否关键在于是否带给学生精神体验，是否激发了学生内心的情感。

2.开展丰富多彩的第二课堂活动

第二课堂是第一课堂必要的补充，以培养学生的实践技能，开扩学生的劳动视野为主要目的，技能培训活动、勤工助学活动和社会实践活动等类型的第二课堂活动，是开展高校学生劳动教育的有效场所，有助于学生良好劳动素养的形成。第一课堂对高校学生的劳动观培养提出普遍性的总体要求，并解决具有共性的问题。与第一课堂相比较，第二课堂的育人模式不但活动内容宽泛，而且具有活动目标的导向性。活动内容的宽泛性有效弥补了高校学生劳动教育内容单一的不足，第二课堂通过邀请业界名家以及高水平的专业技术人员与同学们近距离接触，使高校学生切身体会到科学技术在工作实践中的应用，突破了传统的教与学的限制，将各个学科的热点、前沿的问题直观地呈现在同学们的面前，激发了他们的学习兴趣，培养了他们更加全面地解决问题的能力。

（四）规范高校学生劳动教育考核制度

高校的劳动课由于自身的教学特点所限，不能采取传统的考试方式，必须建立符合实践性、开放性的学科特点的考核体系，才能使劳动课的设置合乎学生自身和社会发展的需要。

1.建立评价规范化制度，使高校学生养成劳动习惯

建立劳动教育的考核评价机制，涉及高校学生劳动教育效果的体现和培养方案的设定，首先，把劳动观纳入学生的德育考查范围，使高校学生认识到劳动光荣，凭借自身的创造力和辛勤劳动提高自身和社会的发展水平，是人类社会可持续发展的唯一途径；其次，建立合理的劳动教育考核机制，有助于将高校学生劳动教育常态化。

建立高校学生劳动教育的科学考评机制，有助于在高校学生的道德层面扭转歪曲的认识，在价值观、人生观的层面规范高校学生的人生发展轨迹。建立规范化的劳动教育评价制度，能够提高广大师生参与劳动教育的积极性，在更广阔的范围内推广劳动教育的教学成果，并使学生养成良好的劳动习惯，达到劳动教育的效果。

2.建立多样化评价方式，引导高校学生自觉劳动

作为必修课，劳动教育必须有严格的成绩考核。考核可以分多方面进行，使评价方式多样化。比如，劳动教育相关理论知识的考核，可以采用书面考试的方式。主要考查本学期所讲的劳动教育相关内容，可让学生在本学期讲座的题目中选取一个，写成论文，按论文的完成质量给出成绩。公益劳动和自身服务性劳动的成绩考核，学校可以班级为单位，给出班级劳动成绩的总分，各班依照学校给定的总分，根据班级每个同学的劳动出勤、劳动表现和劳动效果等，给出个人成绩。对这一成绩，学校还应采取有效措施，避免分数平均化。结合劳动技术教学进行的劳动，可以由指导劳动的教师，依据学生劳动质量，给定成绩。

不同的劳动教育内容，建立不同的评价方式，例如偏向实践型的教育内容，可以采取用作品说话的方式，而关于职业伦理道德问题，可以组织学生开展辩论等方式，总之，将劳动成绩与文化课成绩一样看待，作为学业成绩的一个方面，载入档案。将劳动教育的成绩纳入毕业资格审查的范围内，不及格者，将不能获得毕业资格或延期获得毕业资格。有效的考评激励机制有助于提高高校学生对劳动教育的认识，强化其参与劳动的意识，从而引导学生自觉劳动。

03 第三节 高校劳动教育体系及其构建

劳动教育是关于劳动的教育和通过劳动的教育的有机统一。建构德、智、体、美、劳全面培养的教育体系，既要看到通过劳动的教育的综合育人价值，又要看到关于劳动的教育的独特育人价值，正确处理劳动教育有机融入与独立设置的关系。

一 高校劳动教育体系的认知

高校劳动教育是高等教育人才培养体系的重要组成部分，是顺应劳动发展趋势对高校学生进行系统的劳动思想教育、劳动技能培育与劳动实践锻炼，全面提高学生劳动素养的过程，其目的是引导高校学生在劳动创造中追求幸福感、获得创新灵感，培养具有社会责任感、创新精神和实践能力的高级专门人才。关于高校劳动教育体系的认知，主要体现在以下方面：

① 在地位上，高校劳动教育体系应成为人才培养体系的专门部分。劳动教育有自身独特的育人价值，理应从促进学生全面发展的有效途径提升为与德智体美四育并举的、全面发展的人才培养体系的一部分。高等教育是高素质劳动者大军培养的直接出口，是年轻人走向职场的最后一步训练，主要培养的是服务各行各业的高级专门人才。

因此，高校劳动教育体系在依托专业教育强化劳动知识与技能培养的同时，还需要依托专门的体系，强化大学生劳动价值观、劳动情感态度、劳动伦理责任、劳动权益意识等各方面劳动素养的培养。从实践效果看，任何教育要有效落实必须依托于一套成熟、完善、科学的课程与教学体系。高校劳动教育也应该是课程劳动与专业劳动的有机结合，在专业教育之外，应设置专门的劳动教育选修或必修课程，系统建构独立设置与有机融入相结合的高校劳动教育体系。

② 在内容上，高校劳动教育体系应反映劳动发展趋势。劳动是一个发展性的概念，在不同的历史时期有不同的内涵。随着社会的发展，劳动的内容越来越丰富多彩，劳动形式越来越富于变化，劳动者逐渐增多，劳动的世界性把人类劳动联结为一体，劳动者的体力支出越来越少，而智力支出会越来越多，劳动生产率也越来越高，劳动主体的作用越来越突出。人才的重要性使得世界各国对人才

的争夺战会越来越激烈。在此背景下，高校劳动教育体系需要增添新的内容。

③ 在形态上，高校劳动教育体系表现为劳动思想教育、劳动技能培育与劳动实践锻炼三个任务领域。其中，劳动思想教育凸显了劳动教育的德育属性，大学生劳动价值观、劳动情感态度、劳动伦理责任、劳动权益意识等方面的培养均属于劳动思想教育范畴。劳动技能培育凸显了劳动教育的智育价值，大学各专业的理论学习、实习实训、产教融合等虽不乏劳动思想教育的价值，但更偏重劳动技能的培育；劳动实践锻炼旨在引导学生在广阔的生产劳动与社会实践中增进知识、磨炼意志、增长才干、提高素质、培养社会责任感。这三个任务领域虽各有侧重，但又相互影响、相互促进，体现了高校劳动教育理论与实践相结合的过程。

④ 在目标上，高校劳动教育体系以全面提升大学生劳动素养为主要关注点。劳动教育一直被视为是促进人的全面发展的重要途径，高校劳动教育更应充分发挥好劳动教育树德、增智、健体、育美、创新的综合育人价值。但同时也要意识到，劳动教育要取得德、智、体、美四育并举的地位，根本原因在于其有独特的育人任务，即提升学生的劳动素养。高校劳动教育的劳动思想教育、劳动技能培育、劳动实践锻炼三个领域，均以全面提升大学生劳动素养为根本着眼点。换言之，大学育人的各主要环节，即思想政治教育、专业教育、实习实训、创新创业教育、就业指导、社会实践、志愿服务、产教融合等本身都含有劳动教育的基因，但如果这些育人环节的关注点主要是知识技能本身的学习、巩固和运用或一般意义上的道德养成，而非劳动素养的提升的话，就不能视为真正的劳动教育[1]。

⑤ 在目的取向上，高校劳动教育体系追求内在价值与外在价值的和谐统一。高校劳动教育的目的是引导大学生在劳动创造中追求幸福感、获得创新灵感，在此基础上为国家建设培养具有社会责任感、创新精神和实践能力的高级专门人才。这一目的定位体现了劳动教育内在价值与外在价值的统一。

二 高校劳动教育体系的建构

建构高校劳动教育体系必须以全面提高高校学生劳动素养为核心，统筹协调、处理好劳动教育有机融入与独立设置的关系。劳动作为人类最基本、最重要

[1] 曲霞，刘向兵：《新时代高校劳动教育的内涵辨析与体系建构》[J]. 中国高教研究，2019（2），第73-77页。

的存在方式，本身就具有很大的教育价值，是完整的知识建构必不可少的统合要件，是个体发展智力、增长才干、形成健全人格、养成良好品德的根基。离开了劳动就没有真正的教育，教育的任务就是让劳动渗入所教育的人的精神生活中去，渗入集体生活中去，使得对劳动的热爱成为人们的重要兴趣之一。因此，作为实现整体育人的必要条件，劳动教育理应有机融入人才培养的各个环节中。

对高校劳动教育而言，更需要强调对人才培养的有机融入。因为高等教育是直接面向职业的教育、直接通向工作和劳动岗位的教育，每个专业的教育，都带有劳动教育的性质，因此，高校推进劳动教育一定要将劳动教育与专业教育相结合，与实习、实训相结合，与思想政治教育相结合，与创新创业教育相结合，与社会实践相结合，把劳动教育融入高校立德树人的教学科研的各个方面。但是，如果只是强调有机融入，不给予劳动教育一定的相对独立地位，很有可能造成劳动教育在实践中被弱化。因此，为实现高校劳动教育的可持续发展，需要科学建构有机融入与独立设置相结合的高校劳动教育体系。

高校劳动教育体系的五个目标体系包括：劳动价值观、劳动情感态度、劳动品德、劳动习惯和劳动知识技能，代表了劳动者在思想、心理、伦理、行为、能力五个方面的基本素质表现，是高校劳动教育的五个基本目标，其中劳动价值观又是高校学生劳动素养中最核心、最深层的要素，应成为高校劳动教育的首要关注点。

高校劳动教育体系的三个任务包括：劳动思想教育、劳动技能培育与劳动实践锻炼。其中，劳动思想教育的核心任务是培养学生的劳动情感态度和劳动品德；劳动技能的核心任务是培育劳动知识技能，同时关注相应劳动品德的训练；劳动实践锻炼的核心任务是使学生养成良好的劳动习惯，同时，也是养成积极劳动情感态度、深化劳动知识技能学习的有效途径；劳动价值观作为劳动素养的最深层、核心的要素，其成熟与稳定一定离不开劳动思想教育、劳动技能培育和劳动实践锻炼三个任务合力共推。

实施高校劳动教育的主要途径包括：① 专门化的劳动教育课程建设，如专门开设“劳动科学概论”“劳动与社会保障法”等劳动教育类公共必修或选修课程，加强与高校学生劳动价值观养成和职业发展密切相关的劳动科学知识的学习，这理应成为高校学生劳动思想教育的重要组成部分。② 劳动教育有机融入高等教育现有人才培养体系的途径，包括：劳动教育与思想政治教育的结合、与校园文化的结合，二者主要完成劳动思想教育任务；劳动教育与职业生涯教育和就业指导的结合、与创新创业教育的结合、与社会实践和志愿服务的结合、与产教融合的结合则是在劳动实践锻炼中培育劳动思想和劳动技能的主要形式。

劳动教育与专业教育相结合，与实习、实训相结合，则是在知识学习与实践锻炼有机统一的过程中，强化劳动技能的培育，渗透劳动思想的教育。此外，高校劳动教育的推进也离不开各种内外部保障因素，其中，三个内部保障因素包括：师资队伍保障、条件保障和评价体系保障。劳动教育同时也需要外部社会环境的支持。

第六章

高校劳动教育的实效性及其开展对策

高校劳动教育的实效性表现在与时俱进地丰富劳动教育内容，创新劳动教育形式，必须坚持劳、教结合的马克思主义原则。本章重点探讨高校劳动教育的内容与特性表现、高校劳动教育的实效性、高校劳动教育实效性开展对策。

01 第一节 高校劳动教育的内容与特性表现

一 高校学生劳动教育的内容

人们的劳动认识和实践会受到劳动价值观的影响，在正确的价值观指导下人们才会做出正确的行为，因此，要进行高校学生劳动教育需从劳动价值观的教育入手，让观念先行。劳动价值观是人们对劳动的价值、目的和意义等的观念认识，直接影响着人们的劳动态度、劳动价值取向、劳动目标的追求、劳动价值的评判。劳动价值观是人们劳动认识和实践活动达到自觉的重要标志。高校学生劳动价值观的教育首先是使高校学生树立起劳动创造与实现自身价值的取向，培养高校学生热爱劳动、尊重劳动、珍惜劳动成果的态度和情感，并且结合自身实际树立正确的劳动目标。

热爱劳动是传统美德，勤劳勇敢是中华民族特征，高校学生是国家建设的主力军，是国家的未来和希望，担负着建设社会主义、实现社会主义现代化、振兴中华民族的历史重任，因此不仅要继承热爱劳动、勤劳勇敢、自强不息的传统美德和精神，还要让它发扬光大，因此对高校学生进行辛勤劳动、艰苦奋斗的劳动精神和劳动意识的教育就显得尤为重要。这种精神动力，也将激励着高校学生为实现自身价值、为社会进步而辛勤劳动，脚踏实地地劳动，在劳动中创造价值、实现价值。高校学生是备受社会关注，被寄予了厚望的一个群体，高校学生劳动教育应重视其劳动习惯的养成，使学生无论在体力劳动还是在脑力劳动方面都能养成良好的习惯，并形成一种自觉行为。高校教育要培养的是全面发展的人，需要通过劳动教育使学生养成良好的个人生活习惯及勤奋严谨的学习风尚。

高校学生培养的最终目的是要为社会输送品德与能力兼备的新型劳动者，然而高校课程的设置更多的是偏重理论学习，这就导致了高校学生劳动实践能力的不足，这显然是不符合社会对人才的要求的。因此，劳动教育就是要通过劳动实践活动使理论能够联系实际，使高校学生的所学能够致用，使高校学生能够掌握劳动实践的技能。高校学生劳动技能教育大致包含两部分的内容：一是教学计划内的劳动教育，这需要结合高校学生所学专业的特点具体安排，包括教学实验、课程设计、专业实习、毕业设计、生产见习等；二是教学计划外的劳动教育，包括学校提供的科技文化服务、勤工助学活动、支教服务以及高校学生自主参与、组织的社会公益劳动、生产劳动以及其他形式的社会实践活动等。

（一）高校劳动教育的基础地位

高校劳动教育在人才培养体系中具有基础地位。一方面，劳动教育在形塑劳动精神面貌、端正劳动价值取向和提高劳动技能水平方面彰显出独特的育人价值，劳动教育在培养学生树立正确的劳动价值观和良好劳动品质中的不可替代性日益凸显出来；另一方面，劳动教育作为树德、增智、强体和育美中不可或缺的一环，作为伴随学生成人、成长、成才的重要活动越来越受到重视。无论是崇德求真、向善尚美还是强健体魄，都离不开劳动的参与。正是在劳动中，学生得以养成赖以生存和发展的基本劳动能力，从中感受到自身的力量、智慧和才干，逐渐树立起服务社会、报效祖国、造福人类的信念和信心。

在劳动中，学生可以感受到知识的浩瀚和实践的伟力，从而有意识地挖掘自身潜能，将抽象的书本知识转变成为己所用的实践能力；同样也是在劳动中，学生感受到了身体的协调和心灵的和谐，是劳动让眼睛发现美，让心灵感受美，让手脑创造美。换言之，劳动教育不仅是一项具有相对独立性的教育内容，还是一种具有极高渗透性的教育形式。劳动教育在作为关于劳动的教育的同时，也是一种通过劳动的教育。正因如此，德、智、体、美、劳之间并不是相互割裂的，通过劳动教育可以实现教育的高质量发展。总之，高校劳动教育在构建人才培养体系中具有基础性和全局性的地位。

（二）高校劳动教育的实际要求

1.引导高校学生树立马克思主义劳动观

高校学生的劳动教育要引导学生懂劳动，明劳动之理，深刻认识劳动之于社会发展和人的全面发展的重要意义。对此，高校学生劳动教育在劳动价值观方面必须坚持以马克思主义劳动观为指导，引导高校学生牢固树立劳动价值观，这是高校学生劳动教育的主要使命。在人类发展史上，马克思主义的伟大之处在于发现和强调劳动的作用，指明了劳动在促进人们发展自身、改变命运、创造美好生活中的重要价值。

马克思以前的许多西方哲学家和思想家在探讨劳动时未能把握住劳动的本质，无法澄清劳动在人类社会发展过程中的地位。近代以来，随着资本主义经济的发展，国民经济学家看到了劳动与财富的关系，认为劳动是创造财富的手段并将创造财富作为劳动的根本目的，忽视了人本身的生命活动。黑格尔发现了劳动和人的主体意识的关系，虽然他只将劳动看作一种抽象的精神活动，但劳动开始被赋予积极的意义。直到马克思主义出现，劳动的本质和意义才得以揭示，马克思主义对劳动在人类社会发展中的作用进行深入探讨，深刻地指出劳动是人类最基本、最普遍的实践活动，是人和人类社会存在和发展的基础，马克思主义将劳动作为人的本质活动，认为人们在劳动中，不仅创造了物质生活资料，还创造了人本身与人的社会关系。

正确的劳动价值观是高校学生受益终生的宝贵财富。高校学生的劳动价值观不仅直接影响其大学阶段学习生活的各个方面，更关系到他们走向工作岗位以后的价值取向、就业倾向、社会责任等方面的精神特质。换言之，正确的劳动价值观不仅是高校学生在校期间成长成才的动力支撑，更是在高校学生步入社会后其职业发展和日常生活的指南。青年的理想信念在劳动中升华，青年的爱国情怀在劳动中兑现，青年的时代责任在劳动中承担，青年的奋斗精神在劳动中养成，青年的过硬本领在劳动中练就，青年的品德修为也需要劳动的打磨。正因如此，高校学生劳动教育必须引导学生树立马克思主义劳动观，促使高校学生们在劳动中感受快乐。

2. 重点培养高校学生劳动创新精神

高校需要注重围绕创新创业，结合学科和专业积极开展实习实训、专业服务、社会实践、勤工助学等，重视新知识、新技术、新工艺、新方法的运用，创造性地解决实际问题。一方面，注重创新精神的培养是与学生身心发展规律相适应的。高校学生正处于智力、创造力、思维能力各方面素质发展的巅峰时期，这就要求高校要主动抓住教育机遇，将劳动教育从技能训练提升到创新能力的培养上来。另一方面，注重创新精神的培养也是由社会发展趋势及其赋予高校学生的时代使命决定的。

随着劳动与科技、知识的联系日益紧密，劳动的智慧性、智能性日趋增强。尤其自人工智能概念诞生以来，有关人类智能和人工智能关系的讨论就未曾停歇过。高校学生只有提高创新能力才能适应国家和社会发展需求，更加充分地施展才华和竞展风采。高校学生是社会上最富活力、最具有创造性的群体，理应走在创新创造前列。高校学生只有练就过硬本领，才能以真才实学服务人民，以创新创造贡献国家。正因如此，高校需要通过劳动教育增强劳动和创新对高校学生的吸引力，培养知识型、技能型、创新型的劳动者。

3.引导高校学生养成诚实的劳动态度

高校学生正处于世界观、人生观、价值观形成和稳定的重要时期，同时又处于思想最为活跃和充满不确定性的时期，尤其需要教育工作者的有效引导。随着劳动的自主性、市场化程度逐渐加深，在孕育出新的发展机遇的同时也带来了前所未有的挑战。高校劳动教育需要对高校学生诚实的劳动态度进行培养。

大学生是劳动力市场的后备军，对国家发展的前途命运负有更加特殊的责任。高校学生们做到诚实劳动不仅是养成劳动态度的重要方面，更是打造诚实守信的社会风尚和规范社会主义市场发展秩序的重要保障。在劳动态度教育方面，高校需要更加突出培养学生诚实的劳动态度，用端正的态度为其指明人生道路的方向，为其成长成才奠定坚实的基础。

4.激发高校学生实干兴邦的家国情怀

高校学生可能会面对学习、生活、就业等方面的各种压力，需要帮助更好地解决思想困惑。高校学生劳动教育要立意高远，着重培养高校学生实干兴邦的家国情怀，激励大学生在奋斗和奉献中为社会主义现代化建设添砖加瓦。劳动教育要帮助高校学生树立正确的择业观，提倡到艰苦地区和行业工作的奋斗精神，注重培育公共服务意识，使学生具有主动作为的奉献精神。家国情怀是连接家庭、社会、国家之间的坚韧纽带，表现为社会成员对家庭幸福、社会和谐、国家富强的责任感和使命感。在劳动教育中激发大学生实干兴邦的家国情怀，根本任务就是要引导高校学生将个人的前途命运和国家民族的发展方向结合起来，以实现中国梦为精神支撑，以实现个人梦为现实动力[1]。

在日常生活中，高校学生因爱好、能力、机遇等各方面的差异，在人生目标的确立和职业道路的选择上必然会存在着很大的不同。除此之外，在人生前进的道路上，必然有遇到艰难困苦的时刻。每当这个时候，国家和人民都是高校学生的坚强后盾。如果心中没有祖国，就等于失去了立身之本和成才之基，失去了检视自我和反省自身的标准，难以经受住考验。高校劳动教育要引导高校学生与时代同步伐，与人民共命运，在日常生活劳动、生产劳动、服务性劳动中与国家休戚与共，与人民相惜，让浓厚的家国情怀化作心中的暖流，更好地实现人生价值、升华人生境界。

---

[1] 卢心悦：《新时代大学生劳动教育研究》[D].华东师范大学，2020，第28-51页。

（三）高校劳动教育的形态体现

彰显时代特征的劳动教育必须适应劳动形态的变化及其发展趋势。劳动教育并不是以帮助学生养成基本的日常生活能力为终点，而是要引导学生在社会发展变迁中养成与时俱进、开拓进取、不畏挑战的鲜明特色，而劳动则是养成这些优良品质的关键法宝。并不是一切的劳动都能带领人们站在时代的潮头，那些最大程度上让人们拥有安全感、幸福感和获得感的劳动是这个时代最鲜明的写照。

劳动形态的变化具体表现为体力劳动与脑力劳动的比例变化，数字劳动成为区别于前互联网时代、智能时代的新型劳动形态；在生产力方面表现为创造性劳动的引领作用，表现为劳动力市场上对科技研发工作者和创造性劳动者需求更大。劳动教育的基本原则之一，是适应科技发展和产业变革，针对劳动新形态，注重新兴技术支撑和社会服务新变化；深化产教融合，改进劳动教育方式；强化诚实合法劳动意识，培养科学精神，提高创造性劳动能力。换言之，顺应劳动形态发展变化及其趋势，调整劳动教育的内容和要求，是劳动教育与时俱进的鲜明体现，是保证劳动教育效果，助其永葆生机与活力的重要因素。

（四）高校劳动教育目标的确立

劳动教育是以人为本的劳动教育，以全面提升学生的劳动素养为总体目标，克服了以往劳动教育中的工具化倾向。所谓素养，在日常生活语境中经常作为“素质”的同义词被人们不加区别地使用。素质与素养之间并非完全等同，素质强调先天性，用于描述事物原本具有的性质。例如，在心理学中，素质指的是人的神经系统、感觉器官所具有的先天性。素养则更强调后天性，强调个体在各种社会关系中所形成的人格品质。从概念的情感色彩而言，素质通常作为一个中性概念来使用，而素养内在地具有支持性和正面性的取向。在日常生活中，当人们指责某人缺乏素质的时候，实则指的是其缺乏后天培养的，经过内化和外化过程所形成的品质德行。从这个意义上而言，劳动素养指的是个人在长期生活中，经过劳动锻炼和教育引导后所形成的与劳动相关的素养[1]。

劳动素养是一个涵盖劳动价值观、劳动态度、劳动精神、劳动能力和劳动习惯的综合系统概念。其中，劳动价值观是整个劳动教育体系的核心要素，是支撑

[1] 高亚伟：《当代大学生劳动教育研究》[D].天津师范大学，2015，第27-37页。

体系中其他部分的关键内容。开展劳动教育必须关注劳动价值观，劳动价值观是劳动教育的根本，劳动教育最核心、最本质的目标就是引导学生树立尊重劳动、尊重知识、尊重人才、尊重创造的价值观念；引导学生发自内心地以辛勤劳动为荣；培养学生形成与劳动人民相惜的情感；帮助学生挖掘劳动创造的积极性和主动性。

高校劳动教育要注重培养学生勤俭、奋斗、创新、奉献的劳动精神。当然，强调劳动价值观教育在劳动教育中的核心地位，绝不意味着对劳动技能、劳动习惯等教育内容的否定。反之，正是在多次的劳动技能训练中，在多次的劳动创造试验中，在长期坚持不懈的劳动习惯养成中，学生才能真正树立起坚固的劳动价值观。

（五）高校劳动教育的价值取向

劳动教育是在继承马克思主义教育与生产劳动相结合思想基础上发展的。

教育与生产劳动相结合是培养全面发展的人的根本途径。劳动教育是回归人的教育，强调劳动体验，突出劳动教育在磨炼意志、铸造人格方面的重要作用。在马克思主义关于人的本质学说的视域下，劳动在实现人的本质中始终处于基础、决定性的地位。从人与动物的关系而言，没有劳动，就无法完成从自然史到社会史的过渡，无法实现人在物种方面的提升。正因如此，可以将自由自觉的活动即劳动称作人类的本质。

从人与人的关系而言，可以进一步将人的本质归结为一切社会关系的总和。其中，在劳动中所形成的生产关系是各式各样的社会关系的基础。从人与自身的关系而言，可以将人的需要归结为人的本性，而人的需要又是人进行劳动创造的内在原因和根据，是人的本质的动力方面。随着人的需要日益多元化和多层次，劳动作为一种改造现实的对象性活动，不仅将头脑中的变为现实中的，不仅是实现生活目的的外在手段，其本身还将日益成为生活的目的本身。

换言之，劳动教育的本真就在于，它在引导学生改造外部世界的同时改造自身，从而使学生不断地趋向于自由而全面的发展。劳动不仅是谋生的手段，它超越了生物性的生存维度，更加突出作为生活意义本身的劳动。对此，劳动教育应当以唤醒个体对完整生活意义的追求为己任，从劳动本身就是一种生活的维度出发，将劳动中物的尺度和人的尺度统一起来，为培养全面发展的社会主义建设者和接班人服务。

二 高校劳动教育的特性表现

（一）高校劳动教育彰显时代性

高校学生劳动教育的时代性主要体现在针对劳动新形态，与时俱进地丰富劳动教育内容，创新劳动教育形式。不断发展的科学技术和产业变革促使劳动形态发生了深刻的变化，根据马克思主义教育与生产劳动相结合的思想，结合社会发展的实际状况和需要，高校学生劳动教育必须与时俱进，积极主动地与社会生产力发展相适应。在传统的劳动教育中加入更加符合时代特点的要素。例如，组织高校学生关注现代化农业生产技术方面的进步，带领学生见证农业发展的成果和农民生活水平的提高，从而引导学生形成对劳动伟大和劳动人民伟大的直观感受；不仅组织学生走进工厂、车间，还可以走进高新技术园区，从而使学生在实际操作和体验中加强对新知识、新方法、新工艺、新技术的学习和实践应用。

高新企业也应该为学生体验现代科技条件下劳动实践新形态、新方式提供支持。日常生活劳动、生产劳动和服务性劳动成为三种主要的劳动教育内容。劳动教育拓展了劳动的服务性、公益性内涵，更加强调在劳动中建立起人与人之间的紧密联系，为帮助他人和社会发展贡献力量。

（二）高校劳动教育具有综合性

劳动教育虽然取得了相对独立的地位，但建立科学有效的人才培养体系离不开劳动教育与德育、智育、体育和美育之间的深度融合，也离不开家庭、学校、社会劳动教育力量的整合。因此，高校学生劳动教育相比过去彰显出更加明显的综合性特征，致力于实现高校学生的自由全面的发展。一方面，从马克思主义的劳动观而言，人的各项身体机能，包括人的思维能力、实践能力、审美能力等都是在劳动中不断发展起来的。高校学生劳动教育需要建构自己的教育体系，弥补人才培养体系中劳动教育这块短板，为高校学生劳动教育发挥树德、增智、强体、育美的综合育人价值奠定基础，进一步落实立德树人的根本任务。另一方面，劳动是人类社会最基本的实践活动，劳动教育的起点不在学校而在社会。开展高校学生劳动教育在要求开齐学校劳动课之外，还要求充分调动社会、家庭的劳动教育力量，创造全方位对高校学生进行劳动教育机会，强化综合实施。这些都体现了高校劳动教育综合性的特点。

（三）高校劳动教育突出实践性

高校学生劳动教育不再是单纯地利用生产劳动、手工制作等方式，而是注重与社会实践紧密结合。高校学生劳动教育结合高校学生实际采用多种教育形式，使学生在劳动中获得体验，在实践中得到锻炼。高校学生劳动教育的形式除了课堂教学的理论渗透，还有专业实习、教学实验、课程设计、毕业设计、生产实习，学校提供的科技文化服务、勤工助学活动以及高校学生自发参加的社会公益劳动、生产劳动以及其他形式的社会实践活动等。这些劳动教育形式打破了劳动教育的单一性和机械性，更加注重学生参与劳动教育的体验性以及社会实践性。

对高校学生劳动教育而言，开设劳动课程，开展劳动理论学习固然必要，但组织高校学生进行劳动，亲身体验劳动过程更为重要。高校学生劳动教育鼓励高校学生进行体力劳动，就是强调将劳动教育落到实处，将劳动渗透到高校学生的生活中，让高校学生时刻都可以劳动，促使高校学生养成良好的劳动习惯。劳动是人类社会最基本、最重要的实践活动，劳动观念、劳动习惯、劳动精神、劳动能力都是劳动者在日复一日的劳动过程中形成的，也都是通过劳动者的劳动实践表现出来的。

高校学生只有积极参与劳动，走进社会、走近劳动者，才能积累更多关于劳动创造财富、劳动创造美好生活、劳动者是创造社会历史的主体的感性认识，丰富劳动体验、职业体验，为其更深入地理解马克思主义的劳动观，进而树立正确的择业观、就业观奠定基础。也只有在日常生活劳动、服务性劳动和生产劳动实践中，高校学生才能掌握日常生活和职业发展所需的基本劳动能力，增强自立意识、创新意识和公共服务意识，感受现代劳动新形态和新方式对劳动者素质提出的更高的要求，从而促使高校学生自觉提升自身的劳动素养。高校学生劳动教育以其更加丰富的体验性和实践性让学生在劳动中获得体验，在实践中得到锻炼，能够有效提升高校学生的动手能力、沟通合作能力及解决实际问题的能力，为他们将来更好地胜任本职工作、更好地融入社会、奉献社会奠定良好的基础。

（四）高校劳动教育追求多样性

高校学生劳动教育要成为学生喜闻乐见的教育活动的重要前提是贴近学生的日常生活。在传统的劳动教育中，大多时候片面地强调统一性，缺少差异性思维，从而导致劳动教育收效甚微。劳动教育要积极主动地探索更具有地方特色、更能体现学校特点的教育方式。劳动教育强调尊重不同地区和学校之间的差异，尊重各个阶段学生发展的实际需要，尊重不同学生个体间存在的差异，有针对性地开展高校学生劳动教育。例如，在拥有农田、草场、山林等丰富自然资源的地区，可以在高校学生劳动教育中安排更多的学农实践活动；而在城市化程度较深的地区，则重点加强与企事业单位、社区、社会组织的合作，更多地开展服务性劳动和生产劳动实践。

在设有农场的学校，可以充分利用校园农场组织学生干农活、学技艺，在播种、浇水、施肥、收割中体会“一分耕耘一分收获”的道理。在缺乏专门劳动教育场所的学校，可以充分利用校内资源，适当地将校园内的绿化、卫生、巡逻等劳动任务分派给学生，从而帮助学生理解美好生活来之不易。在具有浓厚历史文化底蕴的学校，可以将地方特色传统劳动技艺和劳动文化融入高校学生劳动教育中，引导高校学生感受工匠精神，领悟到劳动的人文价值。

只有尊重差异性、追求多样性，才能焕发出高校学生劳动教育的蓬勃生命力，引导高校学生树立正确的劳动价值观，养成优良的劳动品质。此外，劳动教育依据马克思主义的劳动观，将劳动分为生产劳动和非生产劳动两大类，并将非生产劳动再细分为日常生活劳动和服务性劳动。基于此，高校学生劳动教育将日常生活劳动、生产劳动和服务性劳动作为主要内容，有利于扭转过去将劳动教育等同于生产劳动教育的片面看法，更好地彰显高校学生劳动教育的多样性。

（五）高校劳动教育具有导向性

高校学生劳动教育除了要承担基本劳动观教育与动手能力的培养这些基础性的任务之外，更重要的是要实现对高校学生更高层面上的价值导向。高校是培养人才的摇篮，当今国家间的竞争实质上是人才的竞争，高校教育能够培养怎样的人才关系到国家的未来。因此，高校学生劳动教育不仅要实现对大学生基本劳动素质以及劳动情感的培养，更要重视其更高层面上劳动价值观的引导，使高校学生树立起为民族振兴、国家繁荣发展而进行创造性劳动的意识，培养年青一代不怕吃苦、勇于担当、勇于创造的劳动精神以及为社会创造财富、为社会进步作出贡献、为人类发展提供帮助的社会责任感。只有在具备扎实的专业知识、过硬的劳动素质的基础上，拥有强烈的社会责任感的高校学生才是高校教育该培养的人才，也只有这样的人才才能真正成为推动国家繁荣发展的决定力量。

（六）高校劳动教育具有顺应性

对高校学生进行劳动教育不仅是国家培养人才的需要，同时也是高校学生自身成长和发展的内在需求，符合高校学生身心发展的规律。高校学生经过基础教育阶段的知识积累以及大学阶段的教育，已具备较成熟的世界观、人生观、价值观，并具有了丰富的知识储备，而多年的学校教育接受的大多是理论知识，其接受实践锻炼的机会甚少，其自我发展意识不断增强，实现自我价值的愿望不断增强，因此，进行理论知识的教学显然已经无法满足高校学生自身成长与发展的需要。

劳动教育顺应了高校学生自我发展的这一需求，为高校学生的未来发展提供了途径。劳动教育的开展为高校学生提高劳动能力、实际操作能力以及将专业知识与实践相结合的能力提供了锻炼机会，促进了高校学生的社会实践能力的发展，提升了其综合劳动素质，满足了高校学生自身社会化发展的需要，符合高校学生成长、发展的规律。因此，高校学生劳动教育满足了高校学生自身成长和发展的内在需求，为实现大学生的全面发展提供了可能。

02 第二节 高校劳动教育的实效性探析

高校开展劳动教育意义重大，有利于贯彻落实教育方针，有利于加快推进创新型国家的构建，有利于激发实现中国梦的内生动力。对于劳动教育，不同的学者有着不同的理解。有学者以德育为视角，认为劳动教育是德育的重要组成部分；有的学者把劳动教育看作是智育的一部分，认为它是培养学生劳动技能的教育活动；有的学者则把劳动教育视为促进学生德、智、体、美全面发展的重要途径，应该贯穿教育过程始末。

高校劳动教育是指高校在高等教育体制改革的新形势下，为适应社会发展需求，针对高校学生展开的关于劳动观念、劳动技能、劳动素质的教育活动。教育说到底是做人的工作，其出发点和落脚点都应归结到人身上。高校开展劳动教育，要在教授学生劳动知识和劳动技能的基础上，更加注重向学生传授正确的劳动意识和劳动精神，使他们树立尊重劳动、热爱劳动的价值观。

高校劳动教育的开展，不仅注重引导学生辛勤劳动和诚实劳动，同时更加重视他们的创造性劳动；不仅教授学生掌握科学知识和劳动技能，而且十分注重培养他们的自主创新能力。高校劳动教育培养创新型人才是顺应形势发展所需、世界大势所趋、国家命运所系和个体生存所求的必然结果。通过开展高校劳动教育有助于使高校学生在由自发性劳动向自觉性劳动转型升级方面具备更强的能力，从而为创新型国家的建设提供人才保障[1]。

劳动在人类发展史上发挥了重要作用。劳动是推动人类社会进步的根本力量。只有依靠人民，依靠辛勤的、诚实的、创造性的劳动，才能实现奋斗目标，开创美好未来。努力实现中华民族伟大复兴中国梦，大力建设社会主义现代化国家，奋力实现人民群众对美好生活的向往，从根本上离不开每一个劳动者的辛勤劳动、诚实劳动和创造性劳动。高校开展的劳动教育不仅能为高校学生提供安身立命的基本技能，同时注重激发高校学生的家国情怀，从而激发出高校学生为实现祖国富强而奋斗的青春力量。

高校劳动教育实效性，需要注意以下方面：

① 坚持马克思主义劳、教结合的原则。马克思主义强调教育和生产劳动结合的重要性，没有教育和生产劳动的密切结合，社会生产就无法达到现代技术水平和科学知识现状所要求的高度，只有实现这两者的结合才是提高社会生产的唯一方法。高校劳动教育工作的开展必须坚持劳教结合的马克思主义原则，推动马克思主义劳动观中国化继续发展前进。

② 摆正劳动教育在教育体系中的位置。提高劳动教育在整个教育体系中的地位很重要。以劳树德、以劳增智、以劳健体、以劳育美、以劳创新的劳动教育在整个教育系统中具有基础性、全局性地位。劳动教育是德、智、体、美基本素养培育之后，走向真正意义的社会劳动的中间环节。只有恰当地摆正劳动教育在整个教育体系中的位置，才能更加充分地发挥出高校劳动教育的育人作用。高校在教学中应相应提升劳动教育所占比重，加快建立一批高素质的劳动教育教师队伍。高等学校应组织专业化的师资队伍在高校学生中开设学生喜爱的劳动教育课程，开展适合学生的劳动教育活动，选举具有代表性的学生劳动模范。

高校通过开设劳动教育课程，帮助高校学生全面地了解劳动的各种形态，正确地认识体力劳动和脑力劳动、简单劳动和复杂劳动、物质生产劳动和精神生产劳动、生产性劳动和服务性劳动以及数字劳动的内涵、地位、价值等。高校通过开展劳动教育系列活动，帮助高校学生深刻体悟劳动在自身成长成才道路上所具有的重要影响，深入领悟劳动在人类文明发展史中所发挥的重大影响，深层感悟劳动在实现中华民族伟大复兴征程中所激发的磅礴力量。

---

[1] 赵丽云，张雯：《新时代高校开展劳动教育的实效性研究》[J].河北青年管理干部学院学报，2020，32（1），第61-64页。

03 第三节 高校劳动教育实效性开展对策

一 提高对高校劳动教育必要性的认识

（一）提高高校学生对劳动教育必要性的认识

高校学生是劳动教育的主体，充分发挥主体的主观能动性是有效开展高校学生劳动教育的核心和关键。认识是行动的先导，要使高校学生积极主动地参与劳动教育，首要的是提高高校学生对劳动教育必要性和重要性的认识。随着当今社会对人才素质的要求越来越高，加之目前就业形势越来越严峻，高校学生同时面临着自我发展、就业等一系列的问题，如果不重视自身劳动素质的提升将很难适应社会发展的需要。

当今社会所需要的是德才兼备的人才，既需要有过硬的专业知识技能，又需要具备良好的道德品质和优良的职业素养，因此，高校学生要在大学期间充分重视劳动教育并在劳动教育中培养自身的独立能力并建立良好的责任意识，形成正确的劳动价值观并积极参与劳动实践以提高自身劳动实践能力、提升自身综合素质，为自身成长、未来发展以及更好地为国家发展、社会进步作出应有的贡献奠定良好的基础。

首先，高校学生要树立起正确的人生价值观。人的思想、行为都要受到自身价值观的影响，高校学生要自觉树立崇高的人生价值观，知道自身担负的责任，明白个人价值的实现不在于个人享受，而在于对国家、对社会、对他人的贡献。而这种奉献也一定不是单向的，人在为他人奉献的同时也在实现着自身的价值，反倒是没有清晰的个人价值观以及一切只为己的个人价值观，由于其狭隘性限制了人的发展。只有树立起正确的人生价值观，意识到自身所担负的责任，才能产生提高自身品行和能力的自觉。

其次，高校学生要清楚地认识到自身存在的问题。高校学生在树立起崇高的人生价值观的同时，要清楚地认识到自身所存在的问题和差距。当代高校学生由于成长条件的普遍优越，导致部分学生的劳动意识及劳动能力可能不足。高校学生要清楚地认识到自身所存在的问题以及自身与社会要求之间的差距，并自觉寻求改变，只有做到未雨绸缪，才能避免在毫无准备的情况下投身社会遭遇不必要的挫折。

最后，高校学生要正确认识劳动教育的必要性和重要性。要克服自身存在的问题，高校学生劳动教育是必不可少的。高校学生要充分认识劳动教育对于自身成长和发展的必要性和重要性，通过劳动教育获得正确的劳动价值观，通过劳动实践获得生活与个性上的独立，增强面对挫折的心理素质，提升自身品德和能力。正确认识劳动教育的必要性和重要性是充分调动学生参与劳动教育热情、引发学生产生通过劳动实践不断提高自身综合素质的自觉性的前提条件，在此基础上，大学生劳动教育才有望取得良好效果。

（二）提高高校对劳动教育必要性的认识

教育要与生产劳动相结合，教育要为社会主义现代化建设服务，要培养全面发展的社会主义事业的建设者和接班人。高校要提高对高校学生劳动教育必要性的认识，这不仅是贯彻落实国家教育方针的要求，同时更是现实的需要。当今社会发展对人才的依赖性越来越强，对人才素质的要求也越来越高，大学是为社会培养人才的摇篮，大学能够培养怎样的人才直接关系着国家的建设和发展，因此，高校肩负着为国家、社会培养德才兼备、综合素质过硬的专门人才的责任。而高校要为国家、社会培养输送高素质人才，需要与时俱进转变传统观念，既要清楚当前高校学生的现状，又要了解社会对人才的要求，从而为人才培养找到一条正确而有效的途径。

1.提高对当前高校学生存在问题的认识

成长于优越的家庭环境和社会环境之中的一些高校学生由于从小缺乏劳动锻炼和劳动教育，导致相当一部分人存在着劳动观念相对淡薄、劳动能力不足、综合素质不高、对生活的理解和认识片面等诸多问题。

大学对人才的培养不是以把科学文化知识的教育传递给学生为终结的，高校学生迈出校门直接面对的是社会这个更大的舞台，学生能否顺利地适应社会并贡献社会，其素质能否符合社会的要求，这些都是高校需要关注的问题，也是高校应承担的社会责任。因此，高校要转变传统观念，充分认识当前高校学生所存在的问题及其与社会要求之间的差距，立足社会现实，为培养真正符合社会要求的全面发展的高素质人才创设条件。

2.提高对高校学生进行劳动教育必要性的认识

要解决高校学生所存在的问题，培养拥有崇高的理想、实干的精神、社会责任感和历史使命感的人才，只有思想政治教育或心理教育是不够的，任何理论的教育都要结合实践教育才能取得良好的效果，而劳动教育正是将理论教育与实践相结合的教育途径，是高校实现育人目标所不可或缺的教育内容。

一方面，劳动教育有助于培养学生的独立性，使学生养成良好的劳动习惯，具备独立的生活能力，树立正确的人生价值观，拥有独立、健全的人格；另一方面，劳动教育有助于学生克服自身的问题，在劳动实践中获得勤奋踏实的做事态度，良好的意志品质，不怕吃苦、艰苦奋斗的优良作风以及优秀的道德品质[1]。

3.使学生具备过硬专业技能和综合素质

劳动教育在培养学生良好品质的同时，能使学生具备过硬的专业技能和综合素质。因此，高校应提高对高校学生劳动教育重要性的认识，转变对高校学生劳动教育可有可无的不正确认识。

二 准确把握高校劳动教育应遵循的原则

（一）坚持劳动教育的社会导向性原则

高校学生劳动教育同其他方面的教育一样，要受到多种因素的影响和制约，因此必须遵循一定的原则。劳动教育原则是劳动教育在不同范围、不同层次、不同方面开展时所要遵循的基本准则，是劳动教育制定者、实施者需要首先考虑的问题，坚持劳动教育的原则能够避免劳动教育的盲目性。

高校学生劳动教育首先要遵循的就是社会导向性原则，即劳动教育的培养目标要不脱离国家的教育方针政策和社会对人才的要求。具体而言，高校学生劳动教育的开展要符合社会主义国家人才培养的要求，符合我国社会主义的前进方向，高校学生劳动教育的开展不能以功利主义为导向，而要以为国家、社会培养德才兼备的高素质劳动者，培养社会主义的建设者和接班人为导向。明确了高校学生劳动教育所应遵循的原则和指导方向，便清楚了劳动教育的发展方向，在高校学生劳动教育的开展中，劳动教育就不再只是一种形式，不再只是为了劳动而劳动、为了教育而教育，在高校学生劳动教育的内容和方式选择上就有了一定的指导依据。

坚持劳动教育的社会导向性原则，就是要在高校学生劳动教育的开展中培养

---

[1] 高亚伟：《当代大学生劳动教育研究》[D].天津师范大学，2015，第27-37页。

社会主义人才所应具备的社会主义道德情感，社会主义的责任感，热爱劳动、热爱劳动人民的思想情感，艰苦奋斗的劳动精神，吃苦耐劳的劳动品质以及奉献社会主义事业所应具有的综合能力和优秀素质。

（二）坚持高校学生全面发展的原则

劳动教育既需要遵循社会导向性的原则，即劳动教育的培养目标要不脱离国家的教育方针政策和社会对人才的要求，同时劳动教育又要以学生利益为出发点，坚持高校学生全面发展的原则，这两者是统一的。全面发展是马克思主义关于人的发展的重要内容，马克思主义强调人的全面发展表现在：人的主体性的不断提升和发展，即人的主观能动性的发展，体现在人对自然、社会的认识、利用和改造方面的主动性、自主性、选择性、创造性，以及人对自然、社会的责任方面的道德性、理智性、自觉性等；包括人的思想和精神在内的，人的内在的全面发展；人与自然、社会的协调发展。

马克思主义强调，实现人的全面发展的根本途径是教育与生产劳动相结合。培养全面发展的人，是党和国家教育方针对人才培养的基本要求。大学教育阶段德育目标是教育引导高校学生牢固树立爱国主义思想和全心全意为人民服务思想，自觉遵守法律法规和社会道德规范，加强自身道德修养，具备良好的心理素质和艰苦奋斗、开拓进取的精神，促进高校学生思想政治素质、科学文化素质和身心健康素质全面协调发展。同时，实现全面发展也是高校学生自身成长、发展的内在需要。

因此，高校学生劳动教育要坚持高校学生全面发展的原则，以学生的全面发展为劳动教育的目标导向。通过劳动教育使学生树立正确的劳动价值观，养成良好的劳动习惯，在劳动中锻炼身体、增强体质、磨炼意志、保持身心健康，培养创新精神和吃苦耐劳精神，提升思想境界，培养集体主义情感和为人民服务的劳动精神；通过劳动教育，实现以劳育德、以劳增智、以劳健体、以劳益美、以劳长技、以劳怡心的目标，最终使学生主体性得以发挥，具有主观能动性，能够根据主体需要开展有目的的劳动活动，不断丰富精神世界，提升精神境界和人格品质，充分发挥创造性，提升综合能力，实现全面发展。

（三）坚持理论与实践相结合的原则

高校学生劳动教育在方法上要注意把握理论与实践相结合的原则。只进行理论教育或者过多地偏重理论教育，劳动教育就变成了形式化的言教，只能使学生得到一些劳动观点、劳动技能知识，难以提升劳动实践能力；只注重劳动实践的教育而忽视劳动教育理论的总结和传授，劳动教育就变得缺乏精神内核，其结果就是劳动实施了，但劳动锻炼中的劳动情感培养、劳动道德养成被忽视了，从而也会导致劳动教育的效果不理想。因此，高校学生劳动教育中理论教育与实践锻炼要充分结合起来，在劳动理论教育中进行劳动实践锻炼，在劳动实践中进行理论的应用和理论的总结和升华，真正实现知与行的统一。

（四）坚持贴近学生实际的原则

高校学生劳动教育无论在理论教育还是劳动实践教育当中都要切合实际，贴近学生生活。劳动理论教育不能是单纯的说教或者遥不可及，而是要贴近学生生活，从小处着眼，理论教育要结合学生生活实际才能被学生更好地理解和接受。劳动实践的设计同样要贴近学生的生活、学习、工作，注重细节。

一方面，劳动教育要紧跟时代，关注学生个性特点。由于时代不同，成长背景不同，学生的个性特点和心理特质也有所不同，劳动教育要在了解学生特质的情况下，开展适应时代发展、适应学生个性特点的劳动教育形式，提高学生的兴趣和参与热情。另一方面，劳动教育要注重从小处着眼，细微处着手。劳动教育不一定是观念的灌输、理论的讲述，也不一定是统一的劳动实习，劳动教育更需要从小处着眼，抓住生活的细微之处，于生活、学习的细微处开展劳动教育，使高校学生劳动教育达到润物细无声的效果。

三 加强高校领导管理，确保劳动教育落到实处

在高校学生劳动教育的具体实施中，高校承担着劳动教育的主要任务，是直接进行劳动教育的机构。为确保国家关于高校学生劳动教育的政策落到实处，高校学生劳动教育取得实质性的成效，应着重加强高校对高校学生劳动教育的领导管理，从而使高校学生劳动教育工作制度化、常态化。

（一）健全高校劳动教育管理机制

任何一项教育的有序开展都离不开教育管理机制的作用，高校劳动教育管理机制是确保高校劳动教育顺利、有序开展的制度保障，高校的劳动教育管理机制尚不健全，是导致高校学生劳动教育存在诸多问题、教育效果不够理想的主要原因。高校学生劳动教育同其他教育形式一样，有教育主体的参与、教育目的的制

定、教育开展的环境、教育方式方法、教育运行的程序及教育运行的保障等诸因素的配合，因此高校学生劳动教育的贯彻落实需要有一套系统完善的运行管理机制来确保其顺畅运行。

要健全高校劳动教育管理机制，需要设立专门的管理机构，投入必要的物质保障，选拔和培养一批高素质的专业化师资队伍对高校学生劳动教育进行系统的管理，确定劳动教育的目的，制定劳动教育的具体实施方案，只有实现各项要素的有效配合才能保证劳动教育管理机制的正常运行，从而有效保障高校劳动教育有序地进行，提高高校学生劳动教育的效果。

（二）健全高校劳动教育考核机制

教育考核是教育过程中必不可少的一环，起着检验教育效果的作用。在当前高校的教育考核机制中，重视对学生文化课的考核，学生文化课成绩成为学生评价的主要标准，而本就不受重视的劳动教育并没有专门的考核机制和考核标准。加强高校劳动教育建设，增强高校学生劳动教育的效果，有必要建立健全高校劳动教育的考核机制。

建立健全高校劳动教育考核机制有利于促进高校学生劳动教育体制的健全，增强教师和学生对劳动教育的重视程度。将劳动教育结果纳入学生考核评价体系中，有助于调动学生参与劳动教育的积极性，有助于教师更全面地了解学生信息，掌握学生情况，并通过劳动教育考核情况不断发现问题、进行反思、总结经验教训，从而不断调整劳动教育的内容、方式、方法，不断增强劳动教育效果。同时，健全劳动教育考核机制需要注意的问题包括：劳动教育的考核要建立长效考核机制，坚持劳动教育考核的持续性和连续性；考核的内容要全面，具有层次性；考核标准要具有科学性，通过该评价标准能够较准确、全面地反映学生在劳动态度、劳动技能等方面的情况。

（三）拓展高校劳动教育平台与途径

高校学生劳动教育的开展要结合当代高校学生思想、行为特点以及高校学生的实际需求，结合教学特点，不断探索和改进劳动教育的方法和途径，使之更具吸引力和实效性。高校学生关注更多的是未来就业与发展的问题，比如考研、出国等问题，在这样的学业压力下很难去考虑劳动教育的问题。

劳动教育的开展应该关注高校学生最关心的问题，将劳动教育问题同就业问题相结合，如果劳动教育确实能够在解决高校学生最关心的问题上发挥作用，将会极大增加其吸引力，增强高校学生的参与度。就业问题的确是当前高校和高校学生都非常关心的问题，如果就业问题得不到解决，也会给高校学生当前的在校学习增加负担和不安定因素，还可能会引发社会的不稳定、不和谐。

因此高校学生劳动教育应注重其实效性、避免空洞性，努力探索劳动教育培养学生劳动素质与服务学生就业相结合的途径，拓宽劳动教育平台。坚持以专业教育为基础，将劳动教育与专业知识学习相结合，专业实习与就业指导相结合，并不断丰富劳动教育的途径和形式，使学生能够加深对专业学习与社会需求之间的认识，增强责任意识，提升道德品质，提高劳动能力。

（四）促进学校、家庭与社会密切合作

尽管学校是高校学生接受劳动教育的主要场所，直接承担着对高校学生进行劳动教育的任务，但作为与学生关系密切的家庭以及社会大环境对高校学生劳动教育的效果也产生着不可忽视的影响，因此，单靠高校的作用来达到高校学生劳动教育的良好效果显然是不够的，应促进学校、家庭与社会的密切合作，使三者有机地统一起来。

家庭是劳动教育的重要阵地，家庭环境对一个人的影响是最直接和深远的，同时也是终身的，家长在日常生活中的言谈举止对孩子具有潜移默化的影响，家长的价值观及教育方式直接影响着学生的劳动价值观和劳动习惯。因此，要使高校学生劳动教育取得良好的效果，家庭劳动教育是必不可少的。高校要建立与家庭的密切合作，实现与学生家长的联系和及时沟通，使家庭转变劳动教育认知，积极配合学校劳动教育，在家庭生活中不断提高学生的劳动能力，通过积极的引导使其树立起正确的劳动态度和价值观，培养其劳动热情和劳动情感，通过劳动增强责任意识，养成良好的劳动习惯，提高劳动实践能力。

每一个个体都是社会的人，都要受到社会这个大环境的影响，尤其在社会快速发展的时代，社会价值逐渐多元化，人们受到社会环境的影响越来越大。高校学生劳动教育同样深受社会环境的影响，高校劳动教育要充分利用社会环境对高校学生劳动教育的有益方面，克服社会环境对高校学生的不利影响。

大众媒体是社会环境中的重要因素，随着大众传媒的普及，它们对人们生活的影响无处不在，高校学生劳动教育需要有效利用大众传媒的引导作用，充分利用报纸、杂志、书籍、广播和电视等媒体。大众传媒应当致力于传播正能量、报道好典型和好方法，构建劳动教育网络平台，创建贴近校园生活、贴近师生实际的内容，增加知识性、趣味性、思想性和服务性，在整个社会当中逐渐形成热爱

劳动、热爱劳动人民、尊重劳动、重视劳动教育的良好风气。

高校要充分发挥教育行政主管部门的职能作用，确保劳动教育政策的贯彻落实。保持高校与社会的有效沟通，引起社会各方面对高校学生劳动教育问题的关注，努力争取获得企业、事业等社会相关单位的关心和支持，为高校学生参加劳动实践与教学实习争取到更多的机会，真正使劳动教育实现日常化、生活化、社会化，促进高校学生劳动教育的发展。

第七章

多维度的高校劳动教育创新及实践路径研究

劳动教育作为高校学生全面发展的重要内容，需要多维度地进行教育创新，培育创造性劳动意识，努力构建更高水平的人才培养体系。本章重点探讨高校劳动教育实践路径创新、基于创新创业教育的高校劳动教育创新、基于供给侧思维的高校劳动教育推进路径、基于立德树人的高校劳动教育创新路径。

01 第一节 高校劳动教育实践路径创新研究

劳动是推动人类社会进步最根本的力量。中华民族的辉煌的历史和今日震惊世界的发展奇迹，都是中国人民通过劳动获得的。社会理想的实现是个人理想实现的基础，高校学生正处于人生成长的黄金阶段，个人理想要同国家前途、民族命运相结合才能变为现实。高校加强劳动教育，要引导高校学生努力学习现代科学知识和技术，不断提高为人民服务的本领和水平；要教育引导青年高校学生树立崇高的理想信念，坚定投身中国特色社会主义建设事业的决心，自觉把个人的理想追求融入国家和民族的事业中，勇做走在时代前列的奋进者和追梦人，为实现中华民族伟大复兴的中国梦而奋斗。

劳动教育作为我国教育体系的重要组成部分，是高校落实立德树人根本任务的有效路径。高校要把学生的品德修养、创新精神和实践能力的培养贯穿于教育教学的全过程，不断提高学生的责任感和使命感，切实增强学生解决问题的实践能力。劳动教育在高校的开展，有助于培养学生正确的劳动观和价值观，有助于引导青年学生坚定理想信念、树立家国情怀、奋力建功立业、自觉承担起作为社会主义建设者和接班人的历史使命。换言之，劳动教育是筑牢高校立德树人的基石。高校加强劳动教育能更好地实现立德树人。在高校中营造崇尚劳动、尊重劳动的教育氛围，有利于培养学生热爱劳动的良好品质，有利于培养学生高尚的劳动情感，进而促进高校德育工作的有序开展。

劳动对人和社会发展的独特价值，使得劳动教育成为现代学校教育的重要内容和学生全面发展的重要组成部分。劳动教育对当代高校学生的成才有着非常重要的意义。劳动教育的根本指向是立德树人，对学生加强劳动教育，既能实现思想层面劳动精神的培养，又能实现实践层面劳动技能的提升。劳动精神作为民族精神与时代精神的重要组成部分，在文化传承、价值引领、教育引导方面与社会主义核心价值观具有高度的统一性和契合性。

劳动教育与高校思想政治教育有机融合，是提升高校思想政治教育工作时代感和针对性、培育和弘扬社会主义核心价值观、促进高校学生全面发展的有效途径。高校加强劳动教育，将专业知识传授和劳动技能训练紧密结合起来，有助于培养学生良好的专业素养和精益求精的工匠精神，从而为社会培养出更多具有专业知识、创新能力、精湛技艺的高素质人才。

一 高校劳动教育体系的创新构建

高校劳动教育体系的构建必须以全面提高高校学生综合素质为目标，以提升高校学生劳动素养为核心，统筹兼顾、协调推进，主要包括以下方面。

（一）以劳动思想教育为依托

思想对于行为具有重要的指导作用，劳动价值观是劳动素养最核心的要素。劳动思想教育的中心任务，就是要培养学生的劳动情感和劳动品德，从而促进学生正确劳动观的养成。高校推动劳动教育必须以劳动育人为目标，要充分发挥课堂主渠道作用，促进劳动教育与知识体系教育的有机结合，通过开设劳动教育类思想政治课和选修课、专业课与劳动教育相融合等方式，充分挖掘各类课程中所蕴含的劳动教育元素和所承载的劳动育人思想，让学生在学习科学文化知识的同时，养成正确的劳动价值观。

此外，校园文化在劳动价值观的形成过程中发挥着潜移默化的作用。将劳动思想教育与校园文化相结合，通过建设校园劳动文化景观，邀请劳动模范开展校园巡讲、工匠精神座谈会，开展学生劳动模范选树活动等，营造以劳动为荣的校园氛围。教育引导学生把握劳动精神和奋斗精神的实质和内涵，树立正确的劳动价值观，养成劳动意识，端正劳动态度，激发劳动兴趣[1]。

（二）以劳动技能培育为核心

党的十九大报告提出，要建设知识型、技能型、创新型劳动者大军，弘扬劳模精神和工匠精神，营造劳动光荣的社会风尚和精益求精的敬业风气。这不仅为高校培养更多具有工匠精神的高素质技能型人才指明了前进方向，而且对高校人才培养模式提出了更精准的要求。培养高素质的应用型人才是高校肩负的重要职责。高校要深化教育教学改革，重构人才培养方案，围绕培养应用技术型人才的方向，将劳动教育与专业教育相结合、与职业生涯规划和就业创业指导相结合、与校企合作产教研相结合，着力打造技能型人才培养的高地和平台。

高校要教育引导学生掌握劳动技术知识和技能，有效提高学生的综合职业能力。此外，高校要完善学历教育与劳动技能培训并重的现代教育教学体系，根据科技发展趋势和市场需求，优化专业布局，把劳动技能培育作为优化教育结构和

---

[1] 马世磊：《新时代劳动教育在高校实践路径研究》[J]. 三江高教，2019（2），第33-36页。

培养大国工匠、能工巧匠的重要方式。在资源配备、平台保障、监督评价等方面积极构建劳动技能培训长效机制，推动劳动教育的价值回归，使学生成长为高素质的技能型人才。

（三）以劳动实践锻炼为手段

在劳动教育的开展过程中，要坚持理论学习与实践锻炼相结合，整合各类实践教育教学资源，不断丰富劳动实践的内容和形式，拓展劳动实践锻炼的平台，充分发挥劳动实践锻炼对高校学生劳动精神、劳动情怀、劳动习惯培育的独特作用，需要注意以下方面：

① 高校要充分发挥劳模、工匠和学生身边朋辈榜样的示范、引领和辐射作用，引导学生积极参加劳动体验、技能竞赛等实践活动，以劳促学，使学生真正成为劳动教育的受教者、劳动精神的弘扬者。

② 加强校企合作、开展协同育人是应用技术型人才培养的关键环节，高校要充分发挥校企合作协同育人的功能，充分利用企业资源，建立劳动教育实践基地，采取课堂教学与生产实践相结合的形式，为学生提供实践锻炼的平台，让学生在劳动实践中受到教育、增长能力、为社会做贡献，从而全面提升学生的综合素质和动手能力，实现全面发展。

③ 高校要积极运用德育实践、社会实践、志愿服务等方式，积极构建劳动教育项目和课程体系，开设劳动实践教育必修课，设立劳动奖学金，激励和引导高校学生崇尚劳动、尊重劳动、热爱劳动，树立劳动观念，锻炼意志品质，以劳树德、以劳增智、以劳促技、以劳强体、以劳育美、以劳创新。

劳动教育是高校培养综合性人才的必由之路。高校应务本崇实，以劳动思想教育为依托，以劳动技能培育为核心，以劳动实践锻炼为手段，积极建构全方位、立体化劳动教育体系，培养政治素质过硬、劳动情怀深厚、专业功底扎实、实践能力突出的综合性人才。

二 高校劳动教育着力点的创新推进

创新推进高校劳动教育的着力点在于：强化思想引领，凸显劳动教育的导向性；激发学生活力，强化劳动教育的认同度；凝聚教育合力，强化劳动教育的协同性；丰富教育形式，强化劳动教育的亲和力。高校要深刻认识加强劳动教育对于人才培养工作的重要性，转变观念，积极探索扎实推进高校劳动教育工作的着力点。

（一）强化思想认识，凸显劳动教育引领性

马克思主义劳动理论强调劳动是一切社会历史发展的前提和基础，也是价值的唯一来源。从某种程度上讲，马克思主义的整个思想体系是围绕着劳动问题而展开的。在劳动与人类关系方面，劳动是人类赖以生存的决定力量。在劳动与社会发展关系方面，劳动是一切历史的基本条件，有了人类的劳动才有了人类社会的生活和历史，是劳动创造了人类社会。同时，劳动也具有道德的意义，爱劳动是共产主义道德的基本规范。在社会主义社会，劳动人民是社会的主人，劳动是光荣的事，热爱劳动、热爱劳动人民是一种社会公认的美德。

教育作为促进人类发展与完善的工具和手段，与劳动共同具有目标的一致性和途径的共通性。因此，劳动教育作为人类可持续发展的重要内容，是人类获得物质资源和精神价值的实践活动，有助于培养人们自我服务的能力、积极的劳动态度以及尊重劳动、尊重劳动人民的情感。要把劳动教育作为高校思想政治教育的重要内容，在学生中弘扬劳动精神，提升劳动素养，形成良好的劳动习惯。

人的全面发展是马克思主义的根本价值，也是党制定教育方针政策的根本遵循。在大力推进教育发展的进程中，始终坚持以学生为本的指导思想，将实现学生的全面发展作为价值追求，充分体现了中国特色社会主义教育的价值导向。一方面劳动教育具有其独特的价值，对于学生劳动素养的培养具有积极作用；另一方面劳动教育又具有综合教育价值，起到树德、增智、健体、益美的基础性作用，对于促进学生的全面发展具有积极作用。

（二）激发学生活力，强化劳动教育认同度

认知是认同的基础和重要前提。高校学生是自我意识较强和相对独立的社会群体，他们的世界观和人生观正处于从探索走向成熟的阶段。成长环境、价值多元化、社会信息化等因素，对他们接受劳动教育产生了重要的影响。因此，加强劳动教育，要遵循高校学生的认知规律，先要强化学生对劳动教育的认知认同。要充分发挥思想政治理论课的主渠道作用，结合当前高校学生成长环境以及社会发展形势，从理论上解决劳动教育的认知问题，将彰显劳动亘古不变的本质特征的真理性认识讲深、讲透、讲活，讲进每一个人的心里，要强化学生对劳动教育的理论认知。

通过对形势与政策的分析，用事实说话，使高校学生切实感受到中国特色社会主义事业所取得的伟大成就，从劳动是谋生的手段向生活的第一需要转变，引导学生将劳动作为实现自我价值的内在需要，增强对劳动价值观的认同。劳动教

育具有更加丰富的内涵，要发扬中华民族传统文化中勤劳奋斗的优良传统，也要与时代特征相适应，避免认识上的片面性。

情感认同是认同的核心和关键。没有情感认同就没有真正意义的价值认同。在对劳动教育认知认同的基础上，高校学生对劳动教育的情感认同体现在对劳动教育的理解、认可、依赖等方面。情感认同产生于主体现实需要的满足，主要包括以下方面：

① 要强化实践体验。实践体验是通过触发道德情感，将认知的劳动价值放在学习生活实践去观照、去体验、去感悟，从而促进个体对劳动教育的情感认同，提升劳动素养。要教育引导高校学生参与志愿服务类、生产劳动类、创新创业类等多种形式的劳动教育实践，使他们通过今昔对比、中外对比等，从实践中增强崇尚劳动、尊重劳动人民、尊重劳动成果的同理心，实现劳动价值理想、价值取向与价值标准的统一，提升劳动素养。

② 要注重校园文化的感染。校园文化是物质环境、精神氛围、规章制度和特色活动的统一体，也是劳动教育的重要载体，具有示范、凝聚、导向以及目标达成等功能。榜样的力量是无穷的，高校通过论坛、讲座等形式，组织劳动模范、行业精英等走进校园，发挥先进劳动典型的示范引领作用，营造崇尚劳动的浓厚氛围和精益求精的敬业风气，感染并引领高校学生勤奋做事、勤勉为人，培养学生热爱劳动的情感，培育和践行社会主义核心价值观。

行为认同是认同的落脚点和最终目标。高校学生对劳动教育在理论认同和情感认同的基础上，无论是在理智上或情感上都容易找到劳动教育与个人成长的契合点，通过劳动实现个人理想和人生价值成为高校学生成长的内在需要，从而有助于他们将劳动教育内化为自己的价值准则和行为规范，形成行为认同。

劳动教育的价值认同并不是从外界强加给接受主体一套绝对高尚的价值体系，是通过基本的社会共同价值要求向接受主体提供合理的社会价值要求的同时，使自我在日常经验生活中逐步实现自我追求与他者要求的内在统一和有机和谐。只有落实到自觉行为，才能使认知认同与情感认同得以丰富和升华，价值认同更加持久。因此，高校要将劳动教育融入学生的日常生活，引导学生用实际行动证明劳动在促进个人全面发展中的积极作用，做到知行统一。

（三）凝聚教育合力，强化劳动教育协同性

① 强化顶层设计。整体性是马克思主义的根本属性，做好高校劳动教育，需要遵循规律性与目的性的统一，做好顶层设计。高校要高度重视学生劳动教育

工作，从人才培养全局做出宏观性、整体性的把握，着力构建科学、整体、循序渐进的劳动教育系统。科学把握劳动教育内容重点、实施方式与运行机制的特点和规律，在系统结构上做好整体构思，把握重点，注意衔接，优化环境，在师资队伍建设、条件保障、评价体系、社会支持等各个方面做好统筹规划，立足长远发展的目标，系统地协调好劳动教育各相关主体，实现劳动教育的战略目标[1]。

② 突出有效融入。劳动本身具有很强的教育价值，又是个体发展智力、形成健全人格、养成良好品德不可或缺的重要条件。高校要围绕当前人才培养的现实需要，将劳动教育与思想政治教育、专业教育、社会实践、创新创业教育以及校园文化等相结合，有机融入人才培养的各个环节。在具体实施过程中，要突出融入过程的科学性、针对性和有效性。

③ 注重协同推进。从影响因素而言，高校劳动教育仅依靠学校的力量无法取得理想的效果，需要高校、社会和家庭等多个主体共同参与，协同推进，汇聚教育合力，需要注意以下方面：

a.在高校内部，在学校党委的统一领导下，与学生教育管理相关的教务、学工、后勤、宣传、团委等部门、机构之间要加强协调，构建教育主体协调、教育内容整合、教育载体配合和教育模式结合的协同机制，形成教育、管理、服务育人的合力，提升劳动教育的系统性和科学性。

b.加强与企业、社区等校外社会组织的联系，拓展劳动教育的教育内容与实践路径，强化劳动教育理论与实践的协同，探寻有利于高校学生劳动价值观教育的资源，强化劳动教育的社会参与，凝聚教育合力。

c.加强与学生家长的互动。家庭是高校学生最基础的生活和教育环境，对高校学生的劳动教育也有着重要的影响。高校要加强与学生家长的经常性交流与互动，发掘家庭在高校学生劳动教育引导方面的潜能，强化家长积极承担学生劳动教育的责任感，提升劳动教育效能。

（四）丰富教育形式，强化劳动教育亲和力

1.丰富教育的内容和形式

劳动是一个发展性的概念，在不同历史时期的内涵和形态也不相同。高校学生作为重要的网络使用群体，在信息技术的影响下，他们的思维模式、交流方

---

[1] 孟国忠:《新时代扎实推进高校劳动教育的着力点》[J].中国高等教育，2019（21），第45-47页。

式、聚集方式等与过去相比都发生了很大的改变。因此，知识经济时代的劳动教育也要与时俱进，要关注创意经济、互联网思维、大数据、云计算服务、个性化学习、个性化定制生产等发展趋势，主要包括以下方面：

① 在教育方式上，高校要结合当前学生的成长环境以及学生的身心发展特点，创新教育方式，注重利用翻转课堂、微课堂等方式讲好劳动教育理论课，凸显劳动教育技术之难。同时，教师还可以通过网络、手机客户端等更接地气、更有显示度的方式就劳动价值观、劳动精神、劳动人物等反映的热点、难点问题与学生进行互动交流，增强劳动教育的即时性、趣味性。

② 在教育内容上，高校要与时俱进，紧跟形势，充分体现劳动教育内容的现实性和时代性。当前，我国正处于大力实施创新驱动发展战略的重要时期，需要一批专业技能过硬、自主创新能力强的劳动者。与之相适应，高校劳动教育倡导的是知识型创造型劳动，就是将劳动教育与创新创业实践与时代发展要求相结合，培养知识型、技能型、创新型时代新人。

2.关注学生的主体地位

劳动是社会进步的根本力量，也是幸福生活的源泉。在劳动教育的过程中，要突出高校学生的主体地位，主要包括以下方面：

① 要激发学生的主体意识，回归人之本质，以学生为本，直面学生最关心、最直接、最现实的问题，尊重学生，理解学生，开展愉悦性、自由性、创造性的劳动教育，注重学生个性特长的培养与学生全面发展的有效统一，引导学生通过劳动追求幸福生活。

② 充分发挥学生的主体性。学生社团有参与过程、形式被学生接受，成效让学生认可的特点，很好地体现了主体性教育的原则。高校要充分发挥社团在学生自我教育中的积极作用，调动学生参与劳动教育的热情，引导学生在参与和劳动教育相关的社团活动的过程中，通过自己的体验与感悟，培养对劳动的内在热情与劳动创造的积极性，从而形成正确的劳动价值观。

3.关注真实的生活情境

劳动教育是高校学生思想政治教育的重要途径，也是贯彻全面发展教育方针的一个重要组成部分。只有融入日常生活实际的教育才是落到实地的教育。当前社会的分工越来越细，互联网经济崛起，在给人们生产生活带来便利的同时，也带来了一些问题。因此，高校劳动教育，更应重视高校学生日常生活能力的养成。高校要基于必须、适当、可能的原则，将劳动教育融入校园文化建设、勤工俭学、社会实践等活动当中，将劳动教育与高校学生日常生活管理充分地结合起来，包括个人生活和集体生活范围内的劳动，培养学生自我服务性教育，引导学生逐步形成勤俭节约的、健康的生活习惯和适度的消费习惯，学会照料自己的生活，自觉承担集体生活中的劳动义务，不过度依赖家长和他人，并通过日常生活实践检验劳动教育的效果，提升劳动教育的针对性，为最终培养自强自立、务实肯干的工作作风打下坚实基础。

02 第二节 基于创新创业教育的高校劳动教育创新研究

劳动教育是中国特色社会主义教育制度的重要内容。劳动教育既要助力中华民族的伟大复兴的实践，培养堪当民族复兴大任的时代新人，也要培养学生通过辛勤劳动、诚实劳动、创造性劳动创造美好生活、实现人生价值的意识与能力。与劳动教育紧密结合、打造创新创业教育升级版，已经成为当前高校创新创业教育的重要任务。

高校创新创业教育和劳动教育都是为了解决高等教育人才培养与社会需求脱节问题而进行的理念更新与模式变革，其面向未来工作世界、劳动世界的共同取向，使二者在结构上具有很强的内在关联性。从同构共生的系统思维看，高校创新创业教育和劳动教育在教育目标上的互利性、教育内容上的关联性、方式方法上的共通性和师资队伍上的互借性，为二者的紧密结合、同构共生提供了内在可能性与必要性。

一 创新创业教育与高校劳动教育的内涵重叠

创新创业教育是以培养具有创新精神、创业意识、创业能力和社会责任感的开拓型人才为目标的一种新的教学理念与模式。其核心教育内容不是教会高校学生如何创办企业，而是使高校学生能像企业家一样思考与实践，具备将来从事不同职业所需的知识、技能和特质，主要包括：辨别生活中机遇的能力，产生新想法和组合必需资源、抓住机遇的能力，创办和管理新企业的能力，不囿于常规的批判性思维能力。

创新创业教育不仅是高等教育主动适应经济社会发展的迫切要求，也是高等教育自身改革发展的迫切要求，是高校学生素质教育的新突破，是高校人才培养模式的新方法、新探索。创新创业教育要求高等学校以培养引领社会发展的开拓型人才为目标，不断更新教育观念，改革人才培养模式，将人才培养、科学研究、社会服务紧密地结合起来，实现从注重知识传授向注重知识应用与能力养成转变，切实提高人才培养质量。

高校劳动教育是顺应劳动发展趋势，对高校学生进行系统的劳动思想教育、劳动技能培育与劳动实践锻炼，全面提高高校学生劳动素养的过程，其目的是引导高校学生在劳动创造和追求幸福感、获得创新灵感，培养具有社会责任感、创新精神和实践能力的高级专门人才。通过对劳动教育的概念梳理可以发现，劳动教育既可以理解为关于劳动的教育，如培养学生热爱劳动和劳动人民的情感、正确的劳动观念和劳动态度，养成良好的劳动习惯，具备胜任生产劳动的基本知识、技能等，也可以理解为通过劳动的教育，即让学生通过生产劳动的实际锻炼，全面提升德、智、体、美各方面素质。完整的劳动教育应该是关于劳动的教育与通过劳动的教育的有机统一，既要强调关于劳动的思想教育、知识技能培育，又要注重劳动实践锻炼。

因此，作为高等教育人才培养体系的重要组成部分，高校创新创业教育和劳动教育都是为了解决高等教育人才培养与社会需求脱节问题而进行的理念更新与模式变革，都特别强调与劳动发展趋势紧密结合，面向未来工作世界、劳动世界培养人才，都特别注重培养高校学生的社会责任感、创新精神和实践能力。甚至从某种意义上可以把创新创业教育理解为高校劳动教育的重要组成部分或重要实践模式之一。

每个学生都是不同的个体，在思想意识、专业知识、学习能力、兴趣爱好、心理品质等方面都存在差异。高等教育阶段是高校学生走向职场的重要阶段，其教育的核心目标就是全面提高高校学生适应甚至引领未来职业发展的各方面劳动素养。因此，从价值取向上，可将高校劳动教育分为两部分：提高高校学生就业素养的劳动教育和提高高校学生创业素养的劳动教育。其中，提高高校学生创业素养的劳动教育无疑就是创新创业教育的核心任务。

二 创新创业教育与高校劳动教育的同构共生关系

所谓同构共生，是指两个系统之间在某些结构上具有相对的一致性或可相互借用的共同要素，且两者之间存在积极的相互依存关系，并通过相互影响形成新的结构，达到互利共生、共同发展的效果。同构共生关系得以建立的前提是两个系统在结构上具有相对的一致性或可相互借用的共同要素。创新创业教育和劳动教育概念内涵上的交叉重叠性说明，它们本身就是一个事物的不同表现方面，因为核心目标与侧重点的不同而表现出不同的形态，但在结构上具有高度的内在关联性使二者在客观上具备了紧密结合、同构共生的可能性。

（一）教育目标上互利

创新创业教育的本质目标是培育企业家精神。一个理想的企业家除了需要具备创新精神外，还需要具备两种精神：一是敬业精神，将勤勉节俭、诚实守法、尽职尽责地营利视为自己的天职；二是合作精神，善于从事人类合作的制度创新或者是合作秩序的拓展。因为，企业家不同于商人或老板，不仅要善于发现商机，更要具有正确的人生价值观和高度的社会责任感。真正的企业家，既要善于发现并利用市场机会，不断地通过创造性劳动获得利润，又要满怀使命感，视经营好企业为天职，正确处理好个人、企业与社会的关系，树立回报社会的人生观，诚实、守信、勤劳、敬业的职业观和克制的财富观。

高校创新创业教育比较重视培养高校学生的创新精神、奋斗精神、挑战精神，但对敬业精神和社会责任感的培养明显不足。对于一些高校学生创业者而言，最重要的素质是创新意识、吃苦耐劳和挑战精神，敬业精神和社会道德的重要性则相对靠后。可见，大多数高校学生仅把创新创业理解为发挥创新精神和奋斗精神创造财富、实现个人价值，对作为企业家应具备的社会责任感与使命感认识不足。这样的创新创业教育可以培养出大量的商人或老板，但很难培养出真正的企业家。

真正的企业家必然崇尚劳动、尊重劳动，愿意通过自己的辛勤劳动、诚实劳动、创造性劳动发财致富，并积极承担社会责任，尊重劳动者，乐于与其他劳动者合作追求利润、创造财富、共享成果。同时，企业家所需具备的创新精神更是创造性劳动的一种典型表现。创新创业教育与劳动教育相结合，有利于引导人们跳出将劳动仅理解为普通体力劳动的偏见，站在劳动发展新业态的高度重新看待劳动，深刻认识劳动的脑力化与创造性本质[1]。

综上所述，创新创业教育与劳动教育的目标具有明显的互利性。劳动教育与创新创业教育的紧密结合，既能为创新创业教育提供正确的价值引领，又能推动劳动教育的理念更新。

---

[1] 刘丽红，曲霞：《论高校创新创业教育与劳动教育的同构共生》[J].中国青年社会科学，2020，39（1），第103-109页。

（二）教育内容上关联

创新创业教育改革成功的重要经验之一是从知识、能力、品质、本领四个方面系统搭建创新创业训练的内容体系。在创新创业知识方面，强调从课程和教师抓起，让学生具备扎实的专业基础知识，知晓创新创业的规律方法和过程；在创新创业能力方面，强调从课堂抓起，培养学生的独立思考能力、协作精神和社会担当能力；在创新创业品质方面，强调从素养抓起，培养学生守法、诚信、担当、奉献的优秀品质；在创新创业实践方面，强调从平台抓起，让学生在多元化、高端性实践平台中历练创新创业本领。

高校可以将创新创业教育纳入课程教育体系和人才培养方案，由专业教师开设创新创业教育课程，企业高管担任校外导师，校企合作建立实践基地，创业就业指导中心组织跟进各类创业实践活动，逐步形成立体化、多层次的创新创业教育模式。

高校劳动教育的内容应该包括三个维度，即劳动思想教育、劳动知识技能教育与劳动实践锻炼。在劳动思想教育方面，要特别强调深入体会劳动的永恒价值；在劳动知识技能教育方面，不仅要让学生扎实掌握专业知识与技能，更要普及与高校学生未来职业发展密切相关的劳动科学知识，如劳动关系协调、劳动法律、劳动经济与管理、劳动与社会保障、劳动安全与卫生、劳动心理健康等。在劳动实践锻炼方面，要把劳动教育融入广阔的第二课堂活动中，全面推进劳动教育与高校学生社会实践、志愿服务、创新创业教育、职业生涯教育、就业指导及校园文化的结合，通过多种形式的劳动实践锻炼，全面历练高校学生的劳动能力，培养他们积极的劳动情感态度和正确的劳动价值观。

劳动教育的劳动思想教育、劳动知识技能教育与劳动实践锻炼三个维度都与创新创业教育存在密切的关联性。在劳动思想教育方面，对劳动价值的深刻体会、对劳动的积极情感态度、对劳动者及其劳动过程与成果的尊重等，与学生守法、诚信、担当、奉献的优秀创新创业品质相关。

在劳动技能培育方面，扎实的专业知识基础是劳动教育和创新创业教育的共同关注点，而必要的劳动科学知识更是创新创业教育中高校学生申请创办企业、加强新创企业的风险防范和组织管理应必备的知识。市场营销的知识与技术、企业管理的知识与技术、财税金融知识、法律与政策方面的知识都是高校学生创业者自我评价的非常重要的学校创业教育内容。

在实践锻炼方面，劳动教育强调让学生结合生产生活实践进行锻炼，以劳树德、以劳增智、以劳健体、以劳育美、以劳创新，全面提高高校学生素质，这一点与创新创业教育的实践训练异曲同工。

（三）方式方法上共通

在教育方式方法上，创新创业教育和劳动教育都强调做中学，都具有突出的实践驱动性。创业能力完全是从做中学来的，而不是依靠听讲，因此必须改变学习方式。高校学生对创新创业教育的实践性学习需求很高，但目前的创新创业教育总体上还不能完全满足学生的这一需求。

对劳动教育而言，实践性一直是其重要特征，劳动教育是对高校学生参加社会生产的实际训练，劳动教育是教育年轻人在劳力上劳心的实践活动。在人工智能来临时代，劳动教育的实践性特征显得更为宝贵，有助于人们走出人工智能带来的“幻象”，回归生活自身，回归大自然，回归真实世界，使学生有机会直接面对现象，面对实事而可能去求是，这是理解世界的机会，是颠覆性创新的机会。因此，高校劳动教育在组织形式上应格外强调实践导向的学习，努力加强学术学习与学生未来专业工作预期之间的联系。劳动教育与创新创业教育所具有的实践性学习特点，决定了可以为二者搭建共同的实践平台，引导高校学生走进工作世界、投身劳动生活。

（四）师资队伍上互借

师资力量的不足是制约创新创业教育发展的重要瓶颈。一些高校开展创新创业教育课程的老师还不能满足自己的需要，从事创业教育和培训的教师大多没有经历过创业实践，没有受过系统的创业教育，使得教学内容理论性过强，与实践联系不紧密，使有些学生想创新创业却不知道从何做起。高校最缺乏的普遍是有丰富的创业实践经验或企业管理经验的实践型师资。可见，高校创新创业教育师资队伍的结构和数量很难满足现实需要。

实际上，无论是创新创业教育还是劳动教育，都需要建立一支多元化、复合型的师资队伍。多元化、复合型的师资队伍需要三方面的力量：一是既懂学科专业理论又懂专业操作实务的双师型专业教师；二是谙熟创新创业或劳动教育的学科知识与教育规律的专业化专职教师；三是由各行各业校外优秀实务人员组成的社会型兼职教师。可见，两支师资队伍的结构具有高度相似性。

无论是创新创业教育还是劳动教育，在本质上都是为了提高高校学生适应未来工作世界的能力，都需要指导教师能够很好地将学生当前的理论学习与未来的发展需要结合起来，多元化、复合型的师资队伍的素质要求也是基本一致的。因此，创新创业教育与劳动教育的师资队伍具有明显的可互借性，打造一支高素质的师资队伍，可同时带动两方面教育质量的提高。

三 创新创业教育与高校劳动教育结合的实践路径

依据创新创业教育与劳动教育结构上的内在关联性，在实践中，需要寻求创新创业教育与劳动教育紧密结合的有效路径，进行统筹设计，实现二者互利共生、双向深化，可考虑从以下方面进行。

（一）设计进阶式教育目标

高校需要摒弃对创新创业教育目标的狭隘化、功利化认识，结合时代社会发展需要和教育规律，循序渐进地设定融劳动价值观塑造和创业意识、创新精神、创业能力培养为一体的进阶式创新创业教育目标观。以劳动价值观的塑造作为创新创业教育的基础性目标，夯实高校学生的敬业精神、合作精神、诚信意识、责任意识等优良创业素质的培养，在此基础上依次进阶，设计创业意识培养目标、创新精神培养目标、创业能力培养目标，切实提高高校学生从事创造性劳动的能力和水平。

（二）设置呼应式课程体系

创新创业教育应是一种面向全体的普遍性教育与针对少数的专业性教育双轨并行的广谱式教育。这种广谱式创新创业教育体系，既强调全覆盖，又体现分层次和差异化，包括四个部分：一是面向全体学生开展通识型创新创业启蒙教育；二是结合专业和学科特点，开展嵌入型创新创业教育；三是针对有明确创业愿望的学生进行专业型创业管理教育，提升创业实战技能；四是初创企业者开展职业型创新创业教育，以职业化培训体系帮助创业者渡过企业初创期。

劳动教育作为面向全体高校学生的普遍性教育，可有效呼应、充实通识型创新创业教育和嵌入型创新创业教育的课程体系。在创新创业教育启蒙阶段，除了开设创新创业通识类课程外，还可配合开设劳育类通识课程，将明创业之理与明劳动之理有机结合，为高校学生企业家精神的培养奠定基础。在嵌入型创新创业教育阶段，可结合各专业特点强化本专业的劳动伦理品德教育、劳动法律法规教育及劳动发展趋势与就业趋势教育，助推学生更好地结合专业学习识别创业机会、预测创业风险、强化创业管理。

（三）进行贯通性实践训练

创新创业教育强调做中学，这种做中学应该是体系化的、贯通性的，而不是散点式的。同样，劳动教育也需要实践性学习，但这种实践性学习绝不是简单的、浅尝辄止的形式化劳动体验，而应该在系统化的劳动实践锻炼中增进知识、技能，培养深厚的劳动情感。因此，创新创业教育与劳动教育均应提倡贯通性实践体验训练。依据体验式学习的四个阶段，即具体体验、观察反思、概念的抽象化、主动检验，贯通性系统设计体验学习的每一个环节。

高校学生创业实践成功的基本经验就是提供做中学的良性体验式学习循环：第一步，学生通过青年企业联盟进行真实的创业体验；第二步，接受市场检验、反馈，进入创业反思观察学习阶段；第三步，青年企业联盟为学生提供兼职专家教师指导，进行创业反思后的再次理论学习；第四步，再次学习之后的再次实践检验。

（四）建设一体化师资队伍

创新创业教育师资与劳动教育师资的可互借性，决定了各高校可将劳动教育的师资与双创教育的师资合二为一，进行一体化建设，达到事半功倍的效果。在双师型专业教师培养上，要进一步深化校企合作、科教融合、产教融合，鼓励和支持专业课教师深入一线参与生产和管理实践，进行产学结合的研发、教学；在专业化专职教师培养上，要把创业教育培训与必要的劳动科学培训结合起来，培养既懂创业知识又懂劳动发展规律的专职教师；在社会型兼职教师队伍建设上，要使各行业领域的科学家、大国工匠、劳动模范、成功创业者、优秀企业家等各类劳动精英进校园活动常态化、机制化、多样化，在各种不同类型的行业精英的示范引领下，实现劳动价值观、创业意识、创新精神、创业能力的一体化培养。

03 第三节 基于供给侧思维的高校劳动教育推进路径研究

劳动教育作为高校学生全面发展的重要内容，已经被提上重要日程，高校深入开展高校学生劳动教育势在必行。高校劳动教育要想扎实有效推进，收到实际预期效果，必须深刻转变理念，树立供给侧思维，变被动为主动，为高校学生劳育培养前瞻谋划、专门设计、科学安排，才能促进高校学生全面健康发展，不断满足中国特色社会主义建设的需求。高校要始终紧贴时代发展需求，不断创新方式方法，采取各种措施手段，积极努力提供新的教育产品，为学生德、智、体、美发展创造无限的空间与广阔的舞台，有力促进高校学生成长成才。

一 以供给侧思维推进高校劳动教育的必要性

（一）适应经济社会改革发展客观需要

当前，我国经济发展进入新常态，供给侧结构性改革的实施，推动中国经济不断走向新高度。同时，也引发了各行各业深刻变革。从高等教育承担的社会责任而言，高等教育的改革方向必须与经济社会的供给侧改革要求相一致，必须积极探索供给侧改革背景下高校创新发展的新思路。而高等教育供给侧改革更为重视的是对高等教育宏观性、长期性、战略性问题的关注。因此，高校应积极适应社会发展趋势，将劳动教育纳入高等教育供给侧改革范畴，站在供给侧角度，既要做好宏观谋划、长远规划，也要做好微观设计、科学安排，稳定有序合理推进。高校劳动教育如果得不到高校学生的真正重视，就无法化作高校学生主观自觉的具体行动。因此，必须站在供给侧的角度，思考如何为高校学生提供恰如其分的劳动教育。

（二）促使高校服务学生全面发展现实路径

劳动对于学生的健康成长和社会的持续发展，其重要意义不言而喻，作为高等教育教学与思想政治引领，必须立足社会发展需要，认准社会主义办学目标，思考如何供给劳动教育，为学生全面健康发展补齐短板。树立供给侧理念，就是要求高校在筹划实施劳动教育过程中，转变长期以来劳动教育边缘化的局面，变无动为主动，变无视为可视，变无为为有为。只有这样，才能进一步激发高校开展劳动教育的主观能动性和行动自觉性，促进劳动教育的健康快速发展。

二 以供给侧思维推进高校劳动教育的方法手段

劳动教育引入供给侧思维，即是要立足国家社会发展的时代使命，瞄准未来信息时代人与社会发展，在准确掌握高校学生时代特质与成长规律的基础上，竭尽所能地为学生更好地接受劳动教育提供思维思想、方法手段和平台载体，使学生学在其中、思在其中、育在其中、乐在其中。为此，高校在劳动育人方面，应该注意以下方面。

（一）提供思想供给，强化劳动意义

思想是行动的先导，要想使劳动教育落地生根、有效推进，必须使教育主体与客体之间相互协调、密切配合、良性互动，才能相得益彰。高校必须解决好思想认识问题。对于教育主体而言，在这一问题上的认识需要加强调整转变，尽快改变思想上与行为上的惯性，积极适应国家、社会对实施劳动教育的迫切需求。对于教育客体而言，由于固有的原因，转变学生思维比较困难，将劳动化作行动更加不易，所以要从思想方面入手，积极主动、持续不断地开展思想教育，理解供给劳动的意义和价值，让学生在思想上充分认识到劳动对于人类起源、生存和发展，对于人的健康成长，对于社会发展进步所发挥的至关重要的作用，使学生在认识上引发共鸣，在思想上产生影响。

（二）提供师资供给，增强劳动教育师资力量

教育要有教育的土壤，离开了师资投入，便难以取得劳动教育的成效。师资供给更能体现高校开展劳动教育的决心和力度。高校应根据办学规模和学生体量，采取专兼结合的方式，配备相应数量的劳动教育教师，使劳动教育有专人负责，确保劳动教育有良好的开端和长足的发展。

劳动教育既是一门实践课，更是一门思想教育课。高校应把劳动教育与思想政治课程有机结合，在开展思想政治课程过程中，积极渗入劳动教育，传递劳动意义，宣扬劳动美德，于润物无声中播下劳动的种子。应加强教材建设。开展劳动教育，离不开适用的教材资源，在明确了劳动教育目的意义的基础上，高校更应该根据学校性质、办学特色和学生特点，编辑适合本校学生使用的劳动教育教材，使这项教学活动更有针对性，更具严肃性，使劳动教育更加规范有序。

（三）提供实践供给，提供劳动教育平台载体

没有实践就没有劳动教育，高校应主动供给实践平台与舞台，给学生劳动体验创造广阔空间，积极推崇投身传统劳动。人类社会发展到今天，劳动概念外延得到了极大拓展，但传统意义上的劳动作用仍不可替代，更不能取代。高校应该鼓励高校学生积极走进农家、农田，参加春种与秋收，体验劳动的过程，了解农耕文化，培育农耕精神，锻造劳动品格。

① 深入开展社会实践。随着时代发展，社会实践已然成为劳动的一种形式，高校应积极挖掘社会实践潜力，发掘更多实践资源，将社会实践赋予劳动内涵，让学生感受到实践过程即是劳动的过程。要结合所学专业，鼓励学生走进工厂、企业等一线，将专业与实践相结合，提高劳动动手能力，特别是积极搭建创新创业平台，激发学生劳动的自觉性，使他们在实践中诠释劳动内涵。

② 深入开展体育运动。体育运动与劳动之间存在共性关联，既皆有强健体魄的作用，同时也会磨炼学生意志耐力，培养学生养成挑战自我、战胜困难的品格。所以，体育运动具有一定的劳动功能，因此，要鼓励高校学生积极参加体育运动，培养拼搏精神、勇敢精神，为高校学生形成优秀的劳动品质，承担未来繁重的工作任务奠定基础，丰盈劳动精神储备。

（四）提供榜样供给，塑造激励学生成长劳动典型

典型是学生成长的标杆与领航者。在劳动教育过程中，高校要主动培育和树立劳动典型，带动学生参与到劳动教育中来。教师要有意为之。开展劳动教育，教师的引领作用至关重要。无论课上课下，教师都应给学生树立吃苦耐劳、热爱劳动的形象，积极向学生传递正能量。在学生活动设计中，应预设教师角色，鼓励或要求教师积极参与。比如，北方高校应充分利用冬季清雪的有利时机，深入开展劳动教育，动员教师走进冰天雪地，与学生一起参加扫雪劳动；有条件的高校，应积极鼓励教师主动走进田间地头，带领学生共同耕作；开展实验过程中，教师应尽可能地与学生一起坚守实验室，以实际行动向学生传递敬业精神和求真精神，共同分享耕耘之苦、收获之美和真理之甜。

在开展劳动教育过程中，学生党员、学生干部要成为热爱劳动、投身劳动的带头人，尤其在大型活动中，应有意识带动全体学生参与其中，体验劳动过程，感受劳动乐趣。在评优选先过程中，要主动设置最美劳动者，劳动创造之星，社会实践先进集体、先进个人，自强不息、刻苦成才标兵等荣誉称号，树立一批劳动育人典型，引领全体学生共同历练劳动品质。

（五）提供活动供给，营造劳动育人良好氛围

劳动教育的深入开展，离不开良好环境的涵养，良好育人环境的营造，离不开育人氛围的烘托。应开展经典品读活动。积极主动开展与劳动教育相关的经典名著阅读活动，让学生从作者或主人公身上寻找闪光的劳动精神。例如，可以组织开展马克思著作品读，了解马克思关于劳动对于人及人类社会发展的重大作用

等。应开创“劳动说”专题活动，邀请“五一劳动奖章”获得者、优秀创业人士、优秀校友，以及学生中的劳动典型，讲述他们成长的经历和感人故事，让高校学生看到劳动对于成功成才的重要作用。

（六）提供家风供给，发挥家庭教育促进作用

家风教育是劳动教育不可或缺的课堂。要积极开展家风家训教育活动，让每个高校学生了解家族奋斗史，了解其长辈为改善生活条件、推进社会发展进步进行的艰苦劳作，看到幸福生活是靠勤劳的双手获得的，使学生认识到不劳动不得食、不劳动不成长的朴素道理，从而激励学生积极投身劳动。

总之，劳动教育是高校学生全面发展不可或缺的重要环节，培育高校学生劳动品质，既是高校学生健康成长的需要，更是培养社会主义建设人才的需要。开展劳动教育，需要高校积极思考，主动作为，只有以供给侧的思维去推动，为学生成长成才主动设问创新，才能使劳动教育开启更多智慧、求得更大实效。

04 第四节 基于立德树人的高校劳动教育创新路径研究

劳动教育是以劳动为载体的教育形式，它是学校教育的重要组成部分，高校劳动教育的核心指向就是立德树人。高等学校要加强高校学生的劳动教育，引导学生形成正确劳动价值观、培养辛勤劳动精神、养成诚实劳动态度，培育创造性劳动意识，努力构建更高水平的人才培养体系。

劳动教育对高校学生德育、智育、体育、美育这四个方面的促进是毋庸置疑的。加强劳动观点和劳动技能的教育，是实现学校培养目标的重要途径和内容。各级各类学校都要把劳动教育列入教学计划，逐步做到制度化、系列化。高等教育的任务是培养具有创新精神和实践能力的高级专门人才。要完成这个任务，就必须积极推动高校学生参加生产劳动和社会实践活动，只有在劳动和社会实践活动中，才能培养高校学生的创新思维和实践能力。创造性的劳动者能够手脑并用、改造事物、分析事物，能够发现新方法、新道理。高校学生作为即将进入社会成为劳动者的群体，作为国家未来各条战线的中坚力量，通过劳动教育培养其社会生存能力、社会责任感，促进其自身的全面发展具有极其重要的意义。

劳动对人和社会发展具有独特价值，劳动教育作为高等教育改革的一个切入

点，作为高等教育观念转换的突破口，是一个极为重要、不容忽视的教育内容。重视对高校学生的劳动教育，在开展劳动教育过程中让高校学生发现劳动之美，弘扬劳动光荣精神，是高校当前和今后一段时期必须抓好的一项重要使命和工作任务。高校学生的成长离不开劳动，劳动教育在高校人才培养中不能缺位。劳动教育成为现代高等教育的重要内容和高校学生全面发展、成长成才的重要组成部分。劳动教育不仅要让学生学到劳动技能和本领，更要令其从思想上和心灵上受到启迪和磨砺，不仅使其成为德、智、体、美、劳全面发展的人才，更深层次的含义是让个体生命的潜能得到充分自由、全面和谐的发展。

一 以马克思主义劳动观武装高校学生头脑

马克思主义的劳动价值观与劳动教育观博大精深。高校对高校学生开展劳动教育，可以采取推荐必读经典书目、开办学术讲座、组织研讨会等形式，引导高校学生认真学习马克思主义的劳动价值观与劳动教育观，全面深刻领会其核心要义，以武装高校学生的头脑。从主要内容上，一是要把握马克思主义关于劳动创造世界、劳动创造历史、劳动创造人本身的历史唯物主义观；二是要掌握马克思主义关于劳动是商品价值的唯一源泉、资本主义的社会本性是劳动剥削、按劳分配是实现社会正义的重要原则的政治经济学理论；三是要懂得马克思主义关于劳动形成人的本质、劳动是实现人的全面发展的重要途径、教育必须与生产劳动相结合的教育学原理。

高校要引导学生认真学习马克思主义中国化的最新理论成果，用以指导自己的学习、工作与生活，在鲜活的学校生活与丰富的社会生活中努力践行，领会、体悟劳动的深刻意蕴与内涵。

二 以中华民族勤劳奋斗传统美德滋润学生心田

勤劳勇敢、自强不息自古以来就是中华民族精神的重要内容，是中华民族的传统美德。在中华民族五千年的发展进程中，是前人不畏艰辛，依靠顽强拼搏的精神，用智慧与汗水谱写了中华民族的文明史。这正是中华民族历经沧桑而不衰，巍然屹立于世界民族之林的根本所在。中华民族勤劳奋斗的传统美德素材丰富厚重，高校应该组织人文社科院系的专家、学者为高校学生编写集思想性、知识性、针对性、可读性于一体的教育读本，由相关部门或社团组织开展丰富多彩、喜闻乐见的校园文化活动，使学生在活动中接受教育，启迪心智，增强自信，强化认同。

当下，高校要引导学生弘扬中华民族勤劳奋斗的传统美德，树立个人梦融入中国梦的家国情怀。任何时候、任何情况下，劳动都是创造物质财富和精神财富的基础，是实现伟大梦想的要点。勤劳是福，必须倾力实干，力戒空谈，要始终保持辛勤劳动和努力付出的精神状态，勤劳勇敢，发奋图强，不断超越自我，创造辉煌，追寻更大幸福和梦想。

三 以不畏艰辛、奋发有为的代表人物引领学生行为

高校学生主体意识强、思维活跃、充满自信，十分关注社会对个体发展的要求，对社会主流、非主流的思潮、现象敏感，经常会自觉不自觉地将社会媒介宣传的名人品质作为参照，试图将其品质转化为自己的个性品质。榜样的力量是无穷的。应该充分利用各类媒体，大力宣传在我国成长起来的不畏艰辛、奋发有为的科技精英、学界泰斗、航天骄子、教育大师、医学权威、商业巨贾、大国工匠的非凡业绩与突出品质，凸显他们成功的一般规律，以此引领学生的成长成才之路[1]。

四 以科学理性的方式方法推进高校劳动教育

（一）整合教学资源，构建劳动教育多样模式

在劳动教育的实施过程中必须注重多学科的渗透、多路径的实施、多形态的结合以及多功能的实现。在多学科渗透方面，所有的公共课、专业课、选修课都应该充分挖掘劳动教育资源，特别是在综合课程训练、完成毕业论文（设计）等过程中，让学生在潜移默化中接受劳动教育的熏陶；在多路径的实施方面，学校劳动教育、家庭劳动教育、社会劳动教育应该统筹、融通，相互渗透、互为补充。

在多形态的结合方面，倡导课程学习与参与研究中心任务、教师科研项目等的实验实训、技术制作、文学艺术创作、艺术作品展演相结合；课程学习与校外

---

[1] 段振榜，甘玉婷：《以立德树人引领新时代高校劳动教育》[J].特立学刊，2019（3），第52-55页。

实践、共建、合作基地生产、科研任务承接等相结合；课程学习与平时的社团自我服务劳动、公益服务劳动、志愿者活动相结合，课程学习与个性化学习、个性化定制生产等相结合，体现劳动的转化度、整合度、超越度、发现度，体现劳动内在的综合和丰富特性，使高校学生树立更为宽广、更为开阔、更为崇高的劳动观念。

（二）尊重教育主体，激发学生参与劳动的积极性

高校劳动教育的主体是学生，只有广大高校学生自觉、积极、主动参与劳动教育，充分利用劳动教育资源开展创新创业活动，不断提高自己的创新意识和创造技能，劳动教育才能取得预期效果。学校层面和院系层面既要有顶层设计和实施方案，又要有落地落实的细则和激励措施。

在激励学生方面，将参与劳动教育情况纳入学生年度评先选优的重要指标体系，设置单列奖项，对表现突出的学生授予荣誉称号；对参与专业学习中的系列实验实践活动、参与学校社团素质拓展活动、参与社会团体相关实践活动一视同仁，只要有成果、有影响、有贡献，都给予肯定、鼓励与推介，特别突出者经院系教学指导委员会认定，奖励学分；要引导高校教师、管理工作者、后勤服务者热情支持学生的劳动教育活动，给予必要的专业指导、经费支持、条件保障，尽可能满足学生需求，努力营造良好的劳动教育氛围，精心打造富有时代气息、学校特色的劳动教育品牌。

（三）健全评价机制，强化高校劳动教育效果

高校劳动教育开展是否到位，是否有效，学生的劳动观念是否更新、劳动态度是否端正、劳动技能是否强化、劳动精神是否具备，都必须依靠是否建立、健全了劳动教育的考核评价机制，由此规范和推进劳动教育的深入开展，达到强化劳动教育效果的目的。要将劳动教育列入学校各专业人才培养方案，在人才培养目标、毕业生素质能力要求、学分要求、课程设置等方面做出明确规定，使原来隐含在各类分项中的与劳动教育相关的内容显性化、具体化，便于实施过程中教与学的统筹，有据可依、有章可循。对劳动教育考核评价，坚持课堂内外并举、理论教学与实践教学并重、基本技能培养与专业技能提升同等。既包括对劳动教育理论课的考核，也包括对劳动实践课的考核，评价方法应该坚持多样性和灵活性相统一的原则，不同专业实行分类评价，不同层次实行分层评价。

参考文献

[1] 才忠喜.高校学生劳动教育的探索与实践[J].黑龙江教育（理论与实践），2017（5）：37-38.

[2] 陈宇航，程瑞.我国高等教育管理方式转变问题研究[J].现代教育管理，2015（11）：19-22.

[3] 陈泽龙.高等教育宏观管理体制创新与创新型人才培养[J].中国成人教育，2008（16）：35-36.

[4] 段振榜，甘玉婷.以立德树人引领新时代高校劳动教育[J].特立学刊，2019（3）：52-55.

[5] 高亚伟.当代大学生劳动教育研究[D].天津：天津师范大学，2015：27-37.

[6] 葛新斌.学校组织与管理[M].北京：北京师范大学出版社，2015.

[7] 郭武军.高校教育管理创新的思考[J].中国成人教育，2007（5）：46-47.

[8] 韩影.创新教师管理制度推进高等教育内涵式发展[J].现代教育管理，2018（7）：68-72.

[9] 何卫华，林峰.大学生劳动教育理论与实践教程[M].厦门：厦门大学出版社，2019.

[10] 侯文军.论大学生教育管理方式的转变[J].江苏高教，2019（9）：107-110.

[11] 华炜.高校教育管理创新举措探讨[J].江苏高教，2017（6）：34-36.

[12] 靖庆磊.劳动教育的新时代高校立德树人之维[J].学校党建与思想教育，2020（8）：52-54.

[13] 雷虹，朱同丹.以学生为中心视域下高校劳动教育的意蕴解读及路径选择[J].黑龙江高教研究，2020（3）：134-138.

[14] 李彬，王斌.互联网+时代高校学生管理模式的转变及创新研究——评《高校学生管理创新模式研究》[J].林产工业，2019，56（10）：71.

[15] 李洋，余克勤，季景玉，等.中国高等教育管理机制创新：以“双一流”建设方案为视角[J].江苏高教，2018（12）：63-66.

[16] 刘丽红，曲霞.论高校创新创业教育与劳动教育的同构共生[J].中国青年社会科学，2020，39（1）：103-109.

[17] 卢静.高校教育管理创新策略研究[J].中国成人教育，2016（22）：50-51.

[18] 卢双盈.高校劳动教育与学生素质的全面发展[J].天津职业技术师范学院学报，2004，14（4）：53-57.

[19] 卢心悦.新时代大学生劳动教育研究[D].上海：华东师范大学，2020：28-51.

[20] 马世磊.新时代劳动教育在高校实践路径研究[J].三江高教，2019（2）：33-36.

[21] 孟国忠.新时代扎实推进高校劳动教育的着力点[J].中国高等教育，2019（21）：45-47.

[22] 潘中祥.基于互联网思维的高校学生管理工作路径转型[J].高教探索，2019（2）：35-39.

[23] 裴文波，岳海洋，潘聪聪.高校大学生劳动教育的多维透视[J].学校党建与思想教育，2019（4）：87-89.

[24] 曲霞，刘向兵.新时代高校劳动教育的内涵辨析与体系建构[J].中国高教研究，2019（2）：73-77.

[25] 石佩臣.教育学基础理论[M].北京：教育科学出版社，2018.

[26] 孙劲松.新形势下高校教育管理的特点与创新策略[J].河北能源职业技术学院学报，2007（1）：16-19.

[27] 孙秋霞.高校劳动教育功能探析[J].山西青年，2018（10）：66-67.

[28] 陶慧.高校大学生劳动就业与创新创业教育探析[J].劳动保障世界，2019（26）：8.

[29] 王红悦，熊建练.略论高等教育管理创新[J].湖南师范大学教育科学学报，2005，4（3）：90-92.

[30] 王继元.内涵建设背景下高校学生教育管理创新的路径选择[J].现代教育管理，2012（10）：115-118.

[31] 王洋.高校劳动教育现状与推进策略[J].沈阳师范大学学报（社会科学版），2020，44（4）：103-108.

[32] 胥海军.对地方高校学生教育管理工作创新的思考[J].学校党建与思想教育（普教版），2015（9）：65-66.

[33] 徐长发.新时代劳动教育再发展的逻辑[J].教育研究，2018，39（11）：12-17.

[34] 杨海达.大学生劳动教育存在的问题及对策[D].牡丹江：牡丹江师范学院，2016：35-43.

[35] 姚海鹰.高等教育管理制度创新[J].大学教育科学，2005（1）：35-38.

[36] 张佳文.高校劳动教育的真善美意蕴及其实现路径[J].教育教学论坛，2019（52）：55-56.

[37] 张译匀.激励理论应用于高等教育管理探究[J].中国成人教育，2019（10）：26-28.

[38] 张毅哲.高校提升大学生劳动教育质量的价值考量及推进思路[J].佳木斯职业学院学报，2020，36（9）：150-151，154.

[39] 赵海琪.浅析高校构建劳动教育与思政教育结合育人的实践探索[J].才智，2020（9）：50.

[40] 赵健杰，刘向兵.论新时代高校劳动教育的课程建设[J].北京教育（高教版），2020（2）：14-17.

[41] 赵丽云，张雯.新时代高校开展劳动教育的实效性研究[J].河北青年管理干部学院学报，2020，32（1）：61-64.

[42] 朱坚，薛俊强.治理视域下高校发展性学生工作机制建构[J].浙江师范大学学报（社会科学版），2018，43（5）：110-113.

[43] 朱京津.高等教育评价体系构建——评《高等教育管理与质量评价研究》[J].高教发展与评估，2019（2）：2.

[44] 朱瑞，马梦祥.高校开展大学生劳动教育的意义及措施[J].知识经济，2020（3）：148-149.